障害をもつ人の心理と支援

—育ち・成長・かかわり—

目黒達哉　石牧良浩 ● 共編

学術図書出版社

はじめに

　このたび，本書，「障害をもつ人の心理と支援─育ち・成長・かかわり─」を出版いたしました。

　旧の本書（「障害者の心理・『こころ』─育ち・成長・かかわり─」）を刊行いたしましたのは，2007年のことでございます。早いもので，15年の月日が経ちました。これまで本書をご愛用いただきました皆様に深く感謝申し上げます。

　時代も変わり障害児・者を巡る諸問題も変化しつつ，それに伴っての新しい法制度や新しい資格も誕生しております。本書はより高次なレベルへと進化いたしました。

　これまで，心理系の資格といえば，公益財団法人日本臨床心理士資格認定協会が認定する臨床心理士が代表的な資格として，準国家資格のような役割を果たしてきたといっても過言ではなく，そしてそれは約30年の歴史があります。そんな中で，2015年に厚生労働省・文部科学省（共管）で公認心理師国家資格が誕生致しました。また，特別支援学校教諭になるには，これまでは小中高普通免許状，いわゆる基礎免があれば可能でした。しかし，昨年度からは特別支援学校教員免許状を取得していないと教員採用試験を受験できなくなりました。いずれの資格免許においても養成科目の中に障害者・障害児心理が関連の科目が位置づけられています。

　本書刊行の目的は，心理職，福祉職，教職を目指す学生の皆さんの基本的な学びのためや既に専門職に就かれていらっしゃいます先生方が日ごろの実践に役立つ，そして実践を振り返るための専門書として出版したものです。こうした方々の一助となれば幸いですし，そうであることを願っています。

　令和4（2022）年4月

編著　目黒　達哉

石牧　良浩

「障害のある人」，「障害をもつ人」の議論

　本書の書名は，「障害をもつ人の心理と支援　―育ち・成長・かかわり―」となっております。書名に関しましては，執筆者の間で，「障害のある」なのか「障害をもつ」なのか，いずれなのかで議論がございました。

　文部科学省（2021）は，「障害のある子供」といった表現をしています。また，教育現場で「障害をもつ」という使い方は，「好きでもったわけではないからと…」修正をされたというご経験のある執筆者もいらっしゃいました。このことにつきましては，編著者も一人の執筆者として検討の余地があると感じました。

　そこで，執筆者の先生方全員にご意見をお伺いしました。その結果過半数の先生方から「障害をもつ」が良いのではというご意見をいただきました。

　「障害をもつ」あるいは「障害のある」という表現のあり方について，企画段階で編著者は「障害をもつ」で考えておりました。執筆者の中では「障害のある」が適切ではないかというご意見もございます。

　「障害のある」という表現に関しましては，その人自身に障害があるのでなく，その人が生きている社会や周囲の環境に障害があるという意味もあるようです。冒頭でも述べましたように，文部科学省の表現は「障害のある」となっています。

　これらのご意見や見解を踏まえまして，編著者は苦渋の選択をいたしました。結論は「障害をもつ」であります。編集者は，「障害のある」という表現にはどこか諦念というかニュアンスが，「障害をもつ」という表現には障害をポジティブに自分自身の一部として捉えるような力強さが含まれるのではないかと考えました。それゆえ編著者としては，「障害をもつ」という表現をその人自身が障害を抱えている（もっている），そして障害と共に向き合って生きるという意味で，それを支援していきたいという願いを込めたいと思い至りました。どうかご理解いただきますようお願い申し上げます。

　なお，執筆者の中には，「障害のある」という表記をされている方もいらっしゃいます。編著者はそれを否定せず，また，修正することもせず，それを尊重したいと思います。ですから，本書では「障害のある」と「障害をもつ」の両方の表記が存在することをご了承ください。編著者は，刊行前にこのような議論ができましたことがとても有意義であったと思います。どうか読者の皆様におかれましても，今一度，「障害のある」，「障害をもつ」の意味合いを考えつつ，本書にふれていただければ幸いです。

参考・引用文献　文部科学省（2021）障害のある子供の教育支援の手引

　令和4（2022）年4月1日

編著　目黒　達哉

石牧　良浩

目　次

第Ⅰ部　身体障害・知的障害・精神障害・発達障害をもつ人の心理と支援

第Ⅱ部　障害をもつ人の育ち・成長にいかにかかわるか

第Ⅲ部　障害をもつ人の教育と福祉

序　論

障害をもつ人の育ち・成長・かかわりについて

1. 障害の理解

　私たちが生きている社会には，どのような障害をもった方々がいるのであろうか。障害があるとレッテルを貼ってしまうようで不快な気分にもなるが，障害をもつ人を理解するという観点でふれておきたい。

(1) 障害の概念

　まず，障害に概念について考えてみたい。障害の概念を理解するには，世界保健機関（WHO）の障害のモデルが有効である。

　世界保健機関は，1980 年に「国際障害者分類（ICIDH）」の障害モデルを発表した。次いで，2001 年には国際障害分類を改訂して「国際生活機能分類（ICF）」の障害モデルを示した。

　国際障害分類では，障害を疾患及び疾患による変調に起因して障害が生じるとしている。そこでは障害を第一段階として「機能障害」，第二段階として「能力障害」，第三段階として「社会的不利」の三段階の過程でとらえている。第一段階の機能障害とは「身体の損傷や欠損」を指している。第二段階の能力障害は「機能障害が原因となって行動が制限されてしまい，思うような行動がとれない」ことをいう。第三段階の社会的不利は「機能障害による能力障害により社会活動が制限され，社会的役割が妨げられること」である（図 0-1）。

　では，なぜ国際障害分類が改訂され，2001 年に国際生活機能分類が発表されたのかというと，

```
DISEASE
  or      → IMPAIRMENT  → DISABILITY  → HANDICAP
DISORDER    (機能・形態障害)   (能力障害)      (社会的不利)
(疾患・変調)                                    ↑
```

図 0-1　ICIDH：WHO 国際障害分類（1980）の障害構造モデル

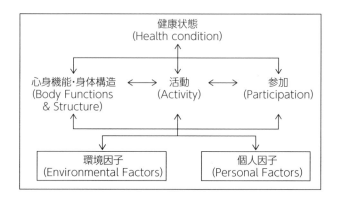

図 0-2　ICF：国際生活機能分類（2001）の生活機能構造モデル

国際障害者分類は障害をもつということは社会的不利を生じさせるという否定的な見方があったが，それを生活機能という肯定的な見方へ転換させるということを意味していたのである。さらに障害者の社会参加に流れから個々の能力よりも環境因子が重視されるようにもなった。

　国際生活機能分類では，国際障害分類の「疾患・変調」という表現を「健康状態」と表現していると考えられる。生活機能を「心身機能・身体構造」「活動」「参加」の三つの次元と背景因子として「個人因子」と「環境因子」で考えるようになった。また，国際生活機能分類では，障害は活動制限であり，参加制約という捉え方をしている（図0-2）。

(2) 障害の種類

　次に，障害の種類について理解したい。

　障害の種類をあげてみると，身体的なものから精神的なものまである。ここでは身体障害者福祉法，「療育手帳制度について」（昭和48年9月27日厚生省発児第156号），精神保健福祉法を参考にして障害の種類と心理・行動の特徴にふれてみたい。

　身体面での障害は視覚障害，聴覚障害，言語障害，肢体不自由，知的障害，重度・重複障害，そして中途障害などがあげられる。精神面では精神障害，情緒障害などがある。人間の五感（視覚・聴覚・嗅覚・味覚・皮膚感覚）に関する障害としては視覚，聴覚の障害である。嗅覚，味覚，皮膚感覚に障害があっ

ても，日常生活にはさほど支障はないと思われる。しかし，目が見えない，耳が聞こえないとなると，外界との接点が閉ざされることになる。これは日常生活において大きな支障を来す結果となる。そうなると健常児・者とは異なった世界を体験することになり，その人自身は精神的にも脅かされるのである。言語障害は言葉が発せられない場合等をいう。これはコミュニケーションの障害となり，対人関係をもつ上で問題となる。手足に障害がある場合は肢体不自由という。これは手足を自由に動かすことができないとなると，自分の思うことができない，行きたいところへ行くことが困難になる等の日常生活における行動範囲が狭められる。次に知能の障害である。これは知的障害，知的発達障害，発達障害，精神遅滞，精神発達障害などさまざまな用語がある。この障害は発達の遅れが生じる。軽度の場合は日常生活に支障なく，社会適応も可能である。しかし中度となると介助が必要である。そして，重度は重症で保護しなければならず，社会適応は困難である。

　これまでは身体的，器質的な問題を取りあげてきたが，精神的な障害にも目を向けてみたい。そこで情緒障害，精神障害を取りあげてみたい。情緒障害は一般的に子どもの『心』の問題，情緒面の問題としてとらえられている。例えば夜驚，夜尿，チック，緘黙，吃音，分離不安，不登校など，子どもの不適応の問題である。また，精神障害は一般的に青年期以降に起こる問題で，うつ病，躁うつ病，統合失調症などがあげられ，病理が深いと社会的適応が困難となることがある。

　2004（平成 16）年 12 月に成立し，2005（平成 17）年 4 月から施行された発達障害者支援法において，自閉症，アスペルガー症候群，学習障害，注意欠陥多動性障害などが定義された。発達障害の「発達」とは，低年齢からの発達期に何らかの脳機能障害が考えられ，その後の発達に影響が見られるということである。

　この世の中には，人生において疾患・事故に遭う前は健常児・者として，その後，障害をもつ人として生きている人々もいる。これを中途障害者という。人生の途上で疾患や事故に合い障害を背負うのである。

2. 人であること

　障害を理解するうえで，筆者は人間学的視点が重要であると考えている。この人は身体障害，あの人は知的障害とレッテルを貼って片づけてしまうだけで

は本当にその人を理解したことにはならない。いささか文学的な表現方法になるかもしれないが，障害をもつ人としていかに生きるか，その家族としていかに生きるかという視点である。そして，それを支援者としてどのように支えるのかということである。支援者はその障害をもつ人およびその家族とよくかかわり，何を感じているのか，何に悩んでいるのか，どういう戸惑いを感じているのか，どのような葛藤が生じているのかを直感的・感覚的に感じ取ることが大切である。障害をもって生きるということは五体満足な健常者から見ると計り知れない生きづらさや苦痛を伴っていることであろう。

　現代社会では，障害をもつ人に対する偏見・差別・誤解はまだまだ残っているように見受けられ，家族が世間に対してオープンになれず，肩身の狭い思いをしていることもある。親は子どもの障害に対してどのようにアプローチをすればよいのか日々葛藤し，「私が死んだらこの子はどうなるのだろうか」という将来に対する不安や心配もあろう。支援者は，多くの人にかかわる中で，こうした人の『気持ち』を汲み取る訓練をする必要がある。

3. 障害をもつ人の育ち，成長，かかわりをどうとらえるか

　障害をもつ人の成長を健常児・者と同様に捉えることには無理が生じる。健常児・者は，通常，誕生から加齢に伴って，知能は成人（およそ20歳ぐらい）までは上昇し，ピークに到達するといわれている。20歳を越えると徐々に下降傾向を辿るのである。軽度の知的障害では成人における発達は10～12歳程度といわれている。また，中度では成人における発達は6～7歳程度といわれている。さらに，重度・最重度になると成人における発達は2～3歳程度といわれている。

　一般的に健常児・者は誕生から成人までの間に家庭（親），学校（教師），そして地域社会等でのさまざまな体験を通して確実に知的発達を遂げ，個人差はあるが一定基準以上に知能指数は上昇していくのである。これを量的発達とよぼう。しかし，量的発達を障害をもつ人を理解するうえで導入してもうまくいかないこともある。それでは障害をもつ人の親や家族はいつも失望するしか他になすすべがないのである。

　そこで発想の転換をすることが必要であろう。それは，知的なもの，量的なもの以上に大切なものがあるということだ。例えば，生まれつき語彙が少なかった子が小学校高学年ぐらいから急に増えてきたとする。また，自閉スペクトラ

ム症の子でなかなか靴をそろえて家に上がれなかった子がそろえて上がれるようになったとする。これをどう捉えるかである。健常児では当たり前のことであるが，その障害をもつ子どもの育ち，成長という視点でとらえるならば非常に有意義なことである。これまで達成できなかったことができるようになったのである。このほんの些細な変化であるがそれをうまく汲み取っていくことが私たちの課題であり，それが障害をもつ人としての育ち，成長ではないだろうか。これが質というものだ。たとえ障害があっても，その障害はその人の一部であり，一人の人としての生きているということを見失ってはならない。これを量的発達に対して**質的発達**とよぼう。障害をもつ子どもの親がここまで到達するには，それ相当の子どもとのかかわりや人生体験があってからこそであろうし，そういう発想の転換ができる親がどれ程いるだろうか。少なくとも専門家はこうした視点を持ち，親を支え，励ましていく努力が必要であろう。

　しかし，健常児・者と質的発達は無関係かといったらそうではない。健常児・者も個の存在であり，一人の人である。健常児の質的発達も考慮する必要がある。健常児・者は相対的には同様な発達段階を辿るであろうが，一人ひとりをよく見てみると十人十色である。したがって，質的発達と量的発達の両面を見ていく必要があり，質的発達と量的発達は相互に関連し合っていると考えられ

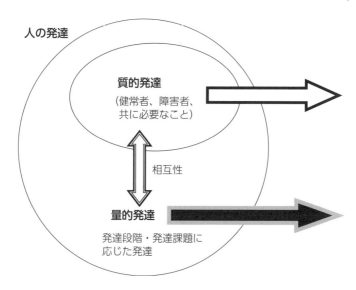

図 0-3　質的発達と量的発達（筆者作成，2021）

る。

　次に障害をもつ人とのかかわりをどう捉えるかということである。まず支援
者と被支援者（ここでは障害をもつ人）は上下関係を思わせる関係ではなく人
格対人格でなければならない（2000，辻）。世間では支援者が上で被支援者が
下という関係性として捉えがちであるが，決してそうではない。支援者は支援
者である前に一人の人であることを忘れてはならない。なお，矛盾したことを
いうようであるが，被支援者は支援者の支援を求め尊敬したいのであって，支
援者が被支援者に対する立ち居振る舞いに気をつけるよう心がける必要があ
る。なぜならば，その尊敬心が障害をもつ人とその家族の『心』の支えとなり，
それと同時に障害を癒す力となる可能性をもたらすからである。

　先にも述べたようにさまざまな障害をもった人がいる。その障害による特性
やその人がもっている特有の特性が絡み合っている。支援者にとってかかわり
やすい人とかかわりにくい人がいるが，障害をもった人とかかわっていると健
常者が生きていく中で何か置き去りにしてきたものを失っていないということ
に気づかされる（2000，辻）。それは純粋さ，素直さ，正直さ，優しさといっ
た類の『心・気持ち』といわれるものである。むしろ健常者の方が自分自身を
正当化したり，誤魔化したりなど，何か大切なものを見失っている可能性があ
ることを認識しておく必要があろう。

参考・引用文献

(1) 池田勝昭・目黒達哉共編『障害者の心理・「こころ」―育ち・成長・かかわり―』
学術図書出版社，2007
(2) 池田勝昭・目黒達哉共編『こころのケア―臨床心理学的アプローチ』学術図
書出版社，2010
(3) 芝垣正光・目黒達哉・石牧良浩編著『改訂　現代心理学の基礎と応用―人間
理解と対人援助』樹村房，2018
(4) 芝敬一「知的障害とその心理的影響」市川隆一郎・堤賢・藤野信行他編　介
護福祉士選書 8『障害者心理学』建白社，p.117-118，2000
(5) WHO. ICIDH（International Classification of Impairment, Disability and
Handicap），1980　（厚生省大臣官房統計情報部編「WHO 国際障害分類試案（仮
訳）」厚生統計会，1984）
(6) WHO. ICF（International Classification Disability and Health），2001.
（障害者福祉研究会編『ICF 国際生活機能分類―国際障害分類改訂版』中央法規
出版，p.17，2002）

第Ⅰ部

身体障害・知的障害・精神障害・発達障害をもつ人の心理と支援

第1章

視覚障害をもつ人の心理と支援

1. 視覚障害とは

(1) 視覚障害の意味

1) 視覚障害の定義

　視覚障害は，視覚器の健康状態の変化（病気，変調，傷害など）に伴う，① 眼鏡などの光学的矯正によっても回復不可能で永続的な視機能（視力，視野，色覚，光覚，眼球運動，調節，両眼視など）の低下，② コミュニケーションや歩行，身辺処理などの活動制限，③ 社会生活における参加の制約の状態の総称である。これらの状態は背景因子（環境因子と個人因子）と相互作用し，その範囲と程度は変化すると柿澤（2013）は説明している。

　また，WHO（世界保健機関）の「疾病・傷害および死因統計分類」（ICD-10 2003 年版）による定義では，盲はよく見える方の眼で矯正視力が 20/400（0.05）以下，ロービジョンはよく見える方の矯正視力が 20/400（0.05）を超えるが 20/60（0.3）未満としている。

　学校教育の観点から視覚障害をみると，「両眼の視力がおおむね 0.3 未満のもの又は視力以外の視機能障害が高度のもののうち，拡大鏡等の使用によっても通常の文字，図形等の視覚による認識が不可能又は著しく困難な程度のもの」と障害の程度を示している（学校教育法施行令第 22 条の 3）。

　福祉の観点では，両眼の視力と視野の状態から視覚障害の基準を示しており（身体障害者福祉法施行規則別表第 5 号），視覚障害の程度によって 1 級から 6 級まで分類され，視覚障害の身体障害者手帳が交付される。

2) 視覚障害の分類

　視覚障害を視機能の側面から分類すると，盲（blindness）とロービジョン（low vision）に大別される。盲は，主に視覚以外の感覚を使って日常生活等を行い，学習場面では点字を使用する。ロービジョンは，見えにくい状態ではあるが視覚を使って日常生活等を行い，学習場面では普通文字（墨字）を使用する。

　「弱視」については，医学的弱視と教育的・社会的弱視と区別される。医学分野では，医学的弱視（amblyopia）とよばれ，乳幼児の視力が発達していく過程において視力の発達が抑えられた視力障害である（丸尾，2014）。一方，教育分野では弱視 partial sight とよび，社会的には低視力 low vision とよばれる。教育的・社会的弱視は，なんらかの疾患があって両眼とも視力が不良で，そのため全然見えないわけではないが，普通の人に比べてかなり視力が不良であるものをいう（丸尾，2014）。このように英語では区別されているが，日本においては同じように弱視とよんでいるため，注意する必要がある。

3) 視機能の障害

　視機能は，視力，視野，色覚，光覚（明順応・暗順応），眼球運動，調節，両眼視等から成り立っている。視覚障害は，視機能による視力障害，視野障害，色覚障害，暗順応障害，眼球運動障害，調節障害，両眼視障害等が含まれる（香川，2016）。特に教育分野では，主に視力障害，視野障害が大きな問題とされているが，羞明（まぶしさ）や色覚の障害についても問題がある。

(2) 視覚の成り立ち　目の働きと見え方の評価

1) 視覚器の構造

(a) 視覚器の構成

　視覚器は，眼球，視神経，視覚中枢，眼球付属器から構成されている。眼球は眼窩の中にあり，視神経を経由して視覚中枢と連絡している。（表 1-1）

表 1-1　視覚器の構成

			外　膜	角膜，強膜
視覚器	眼　球	外　壁	中　膜	ぶどう膜（虹彩，毛様体，脈絡膜）
			内　膜	網膜（神経網膜，網膜色素上皮）
		内　容		房水，水晶体，硝子体
	視神経（視神経乳頭〜視交叉）			
	視中枢			
	眼球付属器（眼瞼，結膜，涙器，眼筋，眉毛，睫毛，眼窩）			

(b) 眼球

　眼球は，直径 24 mm の球形の器官である。眼球は三層の外壁（膜）で覆われている。眼球の外壁は，外膜，中膜，内膜の三つの膜でできている。眼球の内容は，房水，水晶体，硝子体からなる。（図 1-1）

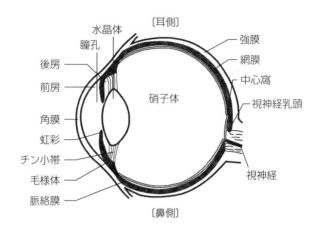

図 1-1　眼球の水平断面図

a．透光体

　眼に入る視覚（光）の情報は，角膜，前房，水晶体，硝子体を通って網膜に届く。この光が角膜から硝子体まで通る道筋を透光体という。透光体は，光を通しやすくするため透明になっている。透明体が疾病により濁ってしまうと光が網膜に届きにくくなり，視覚障害の原因につながる。角膜混濁や白内障は透光体混濁の典型と言える。

b．虹彩と瞳孔

　虹彩は，いわゆる人の「黒目」とよばれる部分でぶどう膜の最前部にあり，中央に瞳孔がある。瞳孔は，カメラの絞りの役割をしており，明るい時には縮瞳し，暗い時には散瞳して光の量を調整している。

c．眼球の膜（外膜，中膜，内膜）

　眼球は，外膜と中膜，内膜による 3 層の膜で覆われている。外膜は，角膜と強膜により構成されている。角膜は外膜の前方にあり，眼球の形を保持している。無血管性の透明組織であるため，光を屈曲させて眼球内に導いている。強膜は白色不透明で頑丈な膜でできており，眼球の形状を保持するとともに眼球内容を保護している。中膜はぶどう膜とよばれ，虹彩，毛様体，脈絡膜で構成されている。ぶどう膜は，メラニン色素が多く，瞳孔以外から光が入ることを防いでいる。カメラでいう暗幕の役割をしている。また血管も多く，眼内に栄養や酸素を供給している。内膜は網膜とよばれ，神経網膜と網膜色素上皮から

なる。網膜は眼球の一番内側にあり，光を知覚する重要な働きを行っていることから，カメラでいうフィルムの役割を担っている。網膜の内部には視細胞があり，視力や色覚を認識する錐体と明るさを認識する杆体に分けられる。網膜の中心はくぼんだ構造になっており，中心窩とよばれる。この中心窩を含む網膜の中心部を黄斑とよび，視力が最も高い。

d．屈折と調節

角膜と水晶体は，カメラのレンズのように光の屈折を調節して焦点（ピント）を合わせる役割をしている。角膜は眼の最前面にあり，透明で球面状の形組織となっている。光を屈折させて眼内に光を届け，屈折力は43.05D*である。角膜は，網膜に焦点を合わせるために必要な屈折量の約3分の2まで屈折する。さらに水晶体で残りの屈折を行う。水晶体は虹彩の後ろにあり，透明で凸レンズ状の形となっている。水晶体は，光を屈折させて網膜上に投影させる。また，毛様体筋の働きによって水晶体の厚さを調節させ，ピントを合わせている。

＊D（diopter：ジオプター）：
　　屈折力の単位で，焦点距離（m）の逆数で表し，Dと表す。
　　D＝1m／焦点距離
　　　例）　1D　焦点距離1mの凸レンズの屈折力
　　　　　－1D　焦点距離1mの凹レンズの屈折力

(c) 視神経と視中枢

a．視神経

視神経は，視神経乳頭から視交叉までをいう。視神経乳頭は，網膜神経節細胞から出た神経繊維が集まっている。視神経繊維は視神経乳頭から眼窩内を通って頭蓋内に入り，脳底を後方へ向かい，視交叉に達する。

b．視路

外から眼に入ってくる光は，角膜で屈折され，瞳孔を通過し，水晶体でさらに屈折されて硝子体に入り，網膜の視細胞を刺激する。網膜視細胞に与えられた刺激は，視神経を経て大脳皮質後頭葉皮質に達してはじめて視覚となる。この視覚情報の伝達経路を視路という。視交叉では，左右の視神経繊維のうち，耳側半分からきた繊維はそのまま同側にいくが，鼻側半分からきた繊維は反対側にいくという反交叉を行い，視索となって，外側膝状体に達する。外側膝状体を出た神経繊維は，視放線となって後頭葉の鳥距溝のブロードマン17野にある大脳皮質中枢に達する。なお，外界の視覚情報は，水晶体から網膜に届く

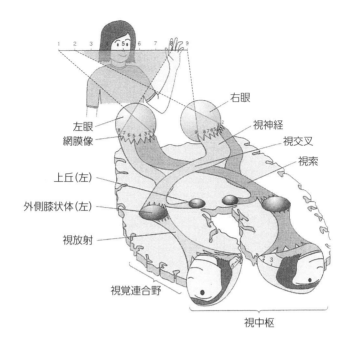

図 1-2　視路の模式図
[香川邦生・千田耕基編『小・中学校における視力の
弱い子どもの学習支援』教育出版，2009，p.22]

際に上下左右が反転されている。大脳に視覚情報が伝わった後，上下左右につ
いても正しく処理され，認識されることになる。（図 1-2）

c．視中枢

　視覚を知覚する視知覚皮質は，大脳後頭葉の鳥距溝を中心としたブロードマ
ン 17 野である。ブロードマン 18 野は，視覚に関連した運動の中枢で視運動皮
質という。ブロードマン 19 野は，高次の視活動を担っている。また，眼球運
動の中枢となるのは，ブロードマン 8 野である。

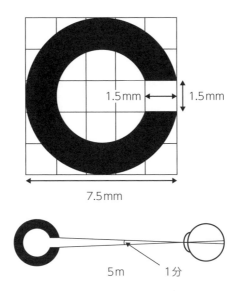

図1-3　ランドルト環と視力の関係
[香川邦生・千田耕基編『小・中学校における視力の
弱い子どもの学習支援』教育出版，2009，p.24]

2）主な視機能

（a）視力

　視力とは，物体の形や存在を認識する眼の能力である。視力は，どれくらい細かく見分けられるかについて，閾値として示すものである。

　視力は，2点をかろうじて識別できる最小視角 θ （分）で表す。少数視力は，最小視角の逆数で表される。（図1-3）

　　　少数視力＝1／視角（分）　　※視角1分＝1／60度
　　　　例）視角1分が認識可能な場合　　　少数視力（1.0）＝1／1
　　　　　　視角10分が認識可能な場合　　少数視力（0.1）＝1／10

（b）視野

　視野とは，視線を固定した状態で見える範囲のことである。視野は，固視点を中心とした角度で表す。正常視野の広さは，外方100°，下方70°，内方および上方は60°である。また，色を感じる範囲を色視野といい，白，青，赤，緑

の順に狭くなる。眼疾患により視野異常となる主なものは狭窄と暗点である。狭窄は，視野の広さが狭くなるもので，求心性狭窄，不規則性狭窄，半盲などの種類がある。暗点は，視野の中に点状，斑状に欠損があるもので，中心暗点，周辺暗点，輪状暗点などの種類がある。なお，正面から耳側 15°の位置に直径 5°程度の円形の視野欠損がある。これをマリオット盲点という。マリオット盲点は，眼底の視神経乳頭に相当する。

（c）色覚

色覚とは，色を感じる眼の機能である。色覚は，視細胞のうち錐体が関与することから，網膜の中心部で良く周辺部で不良となり，明るい所では良く，暗い所では不良となる。色覚は，波長 400 ～ 700 nm が可視光線の範囲となる。

色覚は，色相，明度，飽和度（彩度）の三つの要素に分けることができる。色相は，可視光線の波長で決められ，短波長 400 nm ～長波長 800 nm に移行する際，紫，藍，青，緑，黄，橙，赤に変化する。明度は，色の明るさであり，飽和度は色相に白の混じる度合いである。

（d）光覚

光覚とは，光を感じ，その強さを区別する機能である。明るい所（明所視）では錐体が，暗い所（暗所視）では桿体が働く。つまり，明るい所では錐体が働き，視野の中心部が良く見え，色を感じる。暗い所では桿体が働き，視野の周辺部で比較的見えて明暗がわかるが，色は感じない。明るい所から急に暗い所に入ると見えにくくなるが，しばらくすると初めより見えるようになる。このように，暗所に順応することを暗順応という。逆に，暗い所から急に明るい所に出るとまぶしく感じる（羞明）が，すぐに慣れてくる。これを明順応という。暗順応の時間は約 30 分と長く，明順応の時間は約 1 分と短い。

3）視機能の把握

視覚障害には，視力障害，視野障害，色覚障害，羞明（まぶしさ）などがあるが，これらの機能を評価，把握していくことが医療や教育等の分野において非常に重要なものとなる。

（a）視力検査

視力検査は，一般にランドルト環の視標を用いて 5 m の距離から検査する。遠距離からの視力を遠見（遠距離）視力，近距離からの視力を近見視力（近距離視力）といい，通常，遠見視力は 5 m，近見視力は 30 cm の視距離で測定する。

5 m の視距離から 0.1 の視標が判別できない場合には，その視標が見える位置まで近づき，視標と距離から計算して求めることになる。例えば，0.1 の視標が 1 m の距離でかろうじて判別できれば，その視力は 0.1 × 1/5 = 0.02 となる。それでも測定でない場合には，眼前で検査者の指の数がわかる指数弁，手の動きがわかる手動弁，暗室内で光の明暗が判別できる光覚弁となる。光を感じない時には視力 0 となり，全盲という。

幼児の視力検査では，ランドルト環の単独視標や絵視標，守実式ドットカードなどを使用して測定する。3 歳未満の乳幼児や重度重複障害児の視力検査には，縞模様の視標（テーラーアキュイティカード等）を用いて測定したり，視覚誘発電位（VEP）や視運動性眼振（OKN）を用いて検査したりする。

(b) 視野検査

視野検査は，一般的には片眼ずつ検査を行う。検査する方の眼で固視点（中央）を注視し，視標がわかる範囲を記録していく。検査の方法には，大きく分けると対座検査と量的視野検査がある。対座検査は，検者と被検者が向かい合って検査を行い，周辺視野や中心視野を検査する。対座による検査は視野狭窄を見つけるスクリーニング的な役割がある。また，低学年の小学生などには，簡易的なボード（タンジェントスクリーン）を用いて検査することがある。量的視野検査は，周辺視野と中心視野を同時に検査することが可能であり，動的視野検査と静的視野検査の 2 種類がある。

(c) 色覚検査

色覚の検査は，石原式色覚検査表などの色覚検査標がスクリーニングとして用いられている。医学的診断としては，アノマロスコープを主に用いて色覚異常の種類と程度を判定する。社会生活に即応した検査として，パネル D-15 検査を用いた色相配列検査がある。

(d) 教育，福祉分野の視機能評価

医療分野よる視機能の検査は，眼疾患の発見や予防，治療方針，治療効果等を客観的に把握することが目的となる。これに対して，教育や福祉分野では弱視（ロービジョン）の人が学習場面や日常生活においてより活動しやすくなるために視機能を把握することが重要となる。特に教育分野では，視力や視野，色覚等の測定原理を理解した上で，応用的に視機能評価を行うことを教育的視機能評価とよんでいる。

教育や福祉における視機能評価では，白黒反転や視距離，照明，コントラス

ト等を変えて視力や文字サイズを確認したり，視覚補助具（弱視レンズ，拡大読書器）を選定したりしている。また，視対象のサイズと視距離から推定視力を求めたり，文字や絵カードを使って視野を確認したりするなど，具体的な支援に役立てている。

4）主な眼疾患と見え方の特徴

（a）未熟児網膜症

　早産のため網膜血管が十分に発育しない間に生まれた場合，網膜血管がない網膜が低酸素状態となる。その後，血管新生を起こし網膜症が発生する。出生時体重 1,600 g 以下，在胎 32 週以前の未熟児に高頻度に発症し，在胎期間が短いほど重症化しやすい。見え方としては，網膜周辺部に軽度の瘢痕がある場合には比較的視力が良好ではあるが，網膜が剥離する範囲によって視力や視野に影響を及ぼし，失明する場合もある。

（b）網膜色素変性症

　遺伝子変異によって視細胞が変性する疾患である。変性は杆体と網膜色素上皮から始まり，徐々に錐体と脈絡膜まで進行していく。遺伝形式は，常染色体劣性遺伝による場合が多い。杆体の変性からはじまるため夜盲が発症し，杆体の多い部分が見えなくなり（輪状暗点），やがて周辺視野狭窄，視力低下が起こり，徐々に進行して失明する。見え方としては，夜間や暗い環境では非常に見えにくく，輪状暗点により視野 20°〜 30°の範囲が見えない状態となる。進行性の眼疾患ため，やがて羞明（まぶしさ）を伴いながら視野の中心部に向かって徐々に見えなくなっていく。視力は比較的長く保たれるが，視野が 10°以下に狭まってくると失明に近い状態になる。

（c）視神経萎縮

　視神経の外傷，炎症，変性，病変，腫瘍および周辺組織のからの視神経への圧迫などにより，視神経繊維の変性と機能消失をきたしたものをいう。視神経萎縮には，単性視神経萎縮，炎性視神経萎縮，網膜性視神経萎縮，緑内障性視神経萎縮などの種類がある。見え方としては，視力障害や視野欠損がある。特に視野では，病因となる疾患によって中心部や周辺部の欠損の程度が異なる。

（d）小眼球・虹彩欠損

　小眼球は眼球全体，虹彩欠損はぶどう膜における発生異常によるものである。無眼球はまれであり，通常痕跡程度の小眼球がみられる。眼球が極度に小さい

場合，義眼を使用することもある。虹彩欠損は，虹彩の下方が欠損している。見え方としては，小眼球の場合には強度の屈折異常が多く，重度の場合には光覚弁や全盲になることもある。虹彩欠損の場合には，虹彩による光量を調節することが困難であるため，羞明が強く，見えづらい状況となる。羞明を軽減するために遮光眼鏡の装用が重要となってくる。

(e) 緑内障

緑内障とは，緑内障性視神経症とよばれる視神経乳頭の形状と視野の異常をきたし，慢性に進行していく疾患である。緑内障には，眼圧の高い緑内障と眼圧の正常な緑内障（正常眼圧緑内障）がある。眼圧降下にむけた治療の継続が重要となる。見え方としては，網膜が欠損していくため視野障害があり，視力も徐々に低下し最終的には失明にいたる。

(f) 白内障

白内障とは，水晶体の混濁をいう。水晶体の混濁は，蛋白の変性，繊維の膨化や破壊によるものである。原因別の分類では，先天白内障，加齢白内障，外傷性白内障，併発白内障，全身疾患に合併する白内障，薬物・毒物白内障などがある。見え方としては，混濁の程度，範囲，部位によってことなるが，霧視（ものがかすんで見える），羞明，昼盲（明るい所での視力低下），複視（ものが二重，三重に見える）などの他に，屈折変化（近視化，乱視化）がある。

2. 視覚障害をもつ人の心理的・行動的特性

(1) 視覚障害児の発達の特徴

視覚障害児の発達に影響する要因について，五十嵐（1991）は以下の4点を指摘している。

1) 行動の制限

視覚障害がある乳幼児では，見えないもしくはかなり見えにくい状態であるため行動が制限される。聴覚による音源定位はできるようになるが，距離情報を理解するまでに時間を要するため，リーチングは10カ月頃となり，見えている乳幼児よりも遅れることになる。また，魅力のある対象に気づくことが難しいため，はいはいをする経験が少なく，つかまり立ちや歩行に移行する場合が多い。愛着行動では，微笑反応の少なさや人見知りの発現期の遅れについての報告（フライバーグ，1977）がある他，泣き行動が多い反面，定位行動，接近・接触行動，後追い行動が少ない報告もある（小泉，1971）。さらに，盲幼

児の未知環境における行動の消極性についての報告もある（鈴木，1971）。

　このように，乳幼児期における行動の制限は，身体発達や知的発達に影響を及ぼし，さらに社会的な経験不足によって社会性やパーソナリティの発達においても影響される可能性がある。

2) 視覚的情報入手の制限

　視覚に障害のない乳幼児は，視覚からの情報によって具体的に概念形成をしていく。一方，視覚障害児は自分自身の直接的な体験による知識がほとんどのため，情報量が少なく，偏った知識や誤った知識をもってしまう可能性がある。見えないことや見えにくいことは，具体的な知識だけでなく言語発達や知的発達においても大きく影響することになる。

3) 視覚的模倣の困難

　乳幼児において模倣は非常に重要な学びとなる。視覚障害児は視覚的模倣が不可能であったり困難であったりするため，日常の生活動作や技術を自分一人で身に付けていくことが難しくなる。そのため，必要な日常の生活動作を普段から意識的に学んでいくことが重要となる。

4) 視覚障害児に対する社会の態度

　視覚障害児を取り巻く社会の態度，特に発達の初期段階においては養育者の育児態度はパーソナリティ形成を含めた発達に大きな影響を与える。養育者が視覚障害について理解し，全盲児にはさまざまなものに触れる経験，弱視児には環境を整えた上でさまざまなものを見る経験を積み重ねていくことでさまざまな面の発達を促すことにつながる。周囲の人々の態度についても，視覚障害児のパーソナリティや自己肯定感の形成していく上で非常に重要である。

　これらの視覚障害児の発達を規定する四つの要因について，家族や支援者（医療，教育，福祉関係者等）が十分理解して，視覚障害児との関わりを工夫し，環境を整えていきながら，乳幼児期から切れ目のない発達支援をしていくことが重要となる。

(2) 盲児・者の心理的・行動的特性

　盲児の言語発達については，バーバリズム（verbalism）の問題が指摘されることが多い。バーバリズムは唯言語主義ともいわれることもあるが，事物関係についての体験がなく，言葉だけの連想によって発せられる言語のことをいう。盲児自身が直接経験できない色や景色，動いているものの様子等の事柄に

ついて会話で出てきた時に，自分の体験で得たイメージで言葉を使ってしまうこととなる。言葉の意味理解が制限されたり誤った理解になったりしないためにも，直接経験する機会を積極的に設けながら確かな言語理解につなげていくことが重要となる。

盲児・者は，視覚以外の感覚を使って外界からの情報を得ている。特に触覚は，点字に代表されるように非常に有効な感覚器官である。触覚は皮膚で触れた感覚をいうが，触覚の他に，圧覚，温覚，冷覚，痛覚等も含まれる。触覚は，一般に自分から指先を動かしてものを触る方（触運動）が，指先にものを動かされて触る方より状況がわかりやすい。触運動は指先からの触感覚だけでなく，指・手・腕等の筋肉の動きや手首・肘・肩等の関節の動きを含めた総合的な感覚である。この触運動によって，肌触りや質感，形状，大きさ，硬さ，温度，重さ等を理解することができる。特に，視覚障害教育では触覚による観察を「触察」と表現している。

(3) 弱視児・者の心理的・行動的特性

先の主な眼疾患と見え方の特徴でも示したが，視覚障害の原因となる眼疾患はさまざまで見え方の特徴も異なっている。このことは同じ視力値であっても眼疾患によって見え方に大きな違いがあることを意味している。弱視児・者の見え方について，香川（2016）は，以下の6点で説明している。

1) ピンボケ状態：カメラのピントが合っていない状態。
2) 混濁状態：スリ硝子を通して見ているような状態。
3) 暗幕不良状態：暗幕が不良な室内のため周囲が明るすぎてしまい，映像がきれいに見えない状態。
4) 光源不良状態：暗幕状態が良くても，映写機の光源が弱い場合には映像が暗くうすいものになってしまう状態。夜盲といわれているものもこの状態といえる。
5) 振とう状態：弱視児・者には眼球が不随意に揺れ動くことがある（眼振）。本などを左右に小刻みに揺れながら読むと文字などが見えにくくなる状態に近い。
6) 視野の制限・暗点：視野の中で見えない部分があり，見え方が制限されしまう状態。視野の一部が見えない状態の他，中心暗点や求心性視野狭窄等がある。

　さらに，小林（2018）は上記以外に色の弁別力が低い場合があると説明している。弱視児・者は，色の明度，彩度，色相の 3 要素の中で，特に彩度と色相の弁別力が低く，明度の近い色（赤と茶，ピンクとグレー等）の識別が困難なことが多い。

　このような弱視児・者の見え方を踏まえて，一人一人に応じた見やすい環境を整え，幼児期から見る意欲を育んでいくことが基本となる。そして，効果的な視経験を重ねながら見えたものの意味理解や正確な言語理解の習得につなげていくことが原則といえる。弱視児は小学校等で教科書を読んだりする際に，極端に目を近づけていることが多い。これは，目を文字やものに近づけることによって見たいものを拡大させて見ている状態である。また，顔を傾けて斜めの方向から見ている弱視児もいる。これは，視野に制限があったりする場合に，より見やすくなる角度から見ている状態である。そのため，弱視児の見た目の姿勢や行動を問うのではなく，行動している意味について根拠を持って探っていくことが教育現場では特に重要となる。

（4）中途障害

　眼疾患を含む進行性の病気や事故等によって見え方の状態が困難になってきたり見えなくなったりする中途障害児・者への心理的・行動的特性は，先天性の視覚障害児・者の場合と異なるところがある。

　志村（2007）は，後天性視覚障害の特性について，後天盲と後天性弱視に分けて説明している。後天盲では，失明する前までは視覚を中心に情報を得ていたため，失明後においても視覚情報を入手する欲求が強い。そのため，視覚以外の感覚を使っての生活様式に切り替えることは心的抵抗を感じる場合が多くみられる。

　また，中途障害による失明の障害受容については，キャロル（Thomas J. Carroll, 1977）が，① 心理的安定に関連する基本的な喪失，② 基本的技術の喪失，③ 意思伝達能力の喪失，④ 鑑賞力の喪失，⑤ 職業，経済的安定に関する喪失，⑥ 結果として全人格に生じる喪失の項目から具体的に「20 の喪失」について述べている。このことからも，失明による障害を受容し，リハビリテーションの可能性を探り続けることが重要であると考えられる。

　一方，後天性弱視では，網膜色素変性症に代表される視野障害や夜盲などの状態について受容していくことが困難である。見えていた状態から徐々に視野

が狭まり，夜になると見えにくくなってくると，視覚情報が極端に減少し困難をきたすようになる。特に，歩行においては危険性が増してしまう状況となる。後天性弱視者への支援は医療，教育，福祉の連携において進められてきているため，弱視者が積極的に支援を受けていくことが望まれる。

(5) 重複障害

　視覚障害の他に障害を合わせ有する場合，知的や肢体不自由，聴覚障害など多様である。柿澤（2021）による 2020 年全国視覚特別支援学校視覚障害原因等調査結果報告では，視覚障害特別支援学校に在籍する学部別重複障害の割合は幼稚部 60.3％，小学部 58.2％，中学部 50.7％，高等部 43.1％，専攻科 2.5％であった（総数 38.6％）。また，全国視覚特別支援学校児童生徒の重複障害の実態（柿澤，2015）では，1980 年の調査以降重複障害の在籍数については，ほぼ横ばいの状態となっている。さらに，視覚障害と合併する障害の種類では，知的障害のみ（44.87％），知的障害＋肢体不自由（17.11％），知的障害＋発達障害（5.27％），肢体不自由（3.52％），聴覚障害（1.94％），発達障害（7.76％）などであった。

　一方，視覚障害を有する重複障害の児童生徒は，視覚障害特別支援学校以外の特別支援学校においても多くの児童生徒が在籍している（石川・鳥山，2002），（浅野・佐島，2003）。また，視覚と聴覚の両方に障害を有する「盲ろう児者」もいる。平成 24 年度厚生労働省の盲ろう者に関する実態調査によると，総数で 13,952 人いると報告されている。盲ろうの状態として全盲ろう，弱視ろう，盲難聴，弱視難聴があるが，弱視難聴児者が最も多く，盲ろうに知的障害などの他の障害を合わせ有する場合もある。

　これらの報告からもわかるように，視覚障害と他の障害を合わせ有する幼児児童生徒への支援の必要性と高い専門性が必要とされている。教育場面においては，視覚障害に関する支援，他の障害に関する知識の理解に加え，重複障害の幼児児童生徒一人一人の実態に応じた教育的支援，医療，福祉，労働等の多機関との連携が重要であるといえる。

3. 支援のあり方

（1）乳幼児期の支援

1）盲学校における支援

　視覚障害特別支援学校（盲学校）の多くが，幼稚部の教育課程があり，視覚障害幼児への教育支援が行われている。特別支援学校幼稚部教育要領（平成29年告示）には，視覚障害幼児への特に留意する事項として，① 早期からの教育相談との関連を図ること，② 幼児が聴覚，触覚及び保有する視覚などを十分に活用して周囲の状況を把握できるように配慮することで，安心して活発な活動が展開できるようにすること，③ 身の回りの具体的な事物・事象及び動作と言葉とを結び付けて基礎的な概念の形成を図るようにすることの3点が示されている。環境整備を整えた上で，視覚障害幼児が保有している視覚や聴覚，触覚などを使いながら，興味や関心を持って主体的な活動や学びができることが重要となる。その上で，直接的な体験を行いながら言語活動を広げ，基礎的な概念形成を促す活動を進めていくことが重要である。

2）地域との連携

　上記にも述べたが，視覚障害幼児への留意事項として ① 早期からの教育相談との関連について示されている。さらに，幼稚部の役割においても，視覚障害乳幼児への教育相談や障害のない幼児達との交流，他機関への助言・援助，連携について示されている。幼稚部の教育相談機能や連携システムは，多くの視覚障害特別支援学校で組織的に行われており，今後も幼稚園・保育所や療育施設等への専門的な教育支援が積極的に展開されていくことであろう。

（2）学校教育における支援

1）多様な学びの場

　視覚障害児童生徒の学びの場として，視覚障害特別支援学校（盲学校），通常の小学校，中学校に弱視特別支援学級，弱視通級指導教室（通級による指導）が設置され，通常の学級でも学んでいる。さらに，視覚障害と他の障害を合わせ有する児童生徒については，特別支援学校（知的障害，肢体不自由等），特別支援学級（知的障害，肢体不自由等）に在籍している場合もある。

（a）視覚障害特別支援学校（盲学校）

　視覚障害者を含む特別支援学校の教育の目的は，「準ずる教育を施すととも

に，障害による学習上又は生活上の困難を克服し自立を図るために必要な知識技能を授けること」（学校教育法第72条）である。視覚障害の程度は，「両眼の視力がおおむね0.3未満のもの又は視力以外の視機能障害が高度のもののうち，拡大鏡等の使用によっても通常の文字，図形等の視覚による認識が不可能又は著しく困難な程度のもの」と規定されている（学校教育法施行令第22条の3）。全国盲学校長会による2018年の調査では，視覚障害特別支援学校は67校で2,731人が在籍しており，1959年の10,264人をピークに減少傾向が続いている。視覚障害特別支援学校には，幼稚部，小学部，中学部，高等部が設置されている。さらに，高等部には専攻科として理療科，保健理療科，理学療法科，音楽科などが設置されており，職業教育が行われている。また，学区が非常に広い範囲にわたることから寄宿舎が設置されており，寄宿舎で生活しながら学んでいる児童生徒がいる。盲児・者は30～40%程度，弱児・者は60～70%程度の割合で在籍していることから，点字や触察（触覚を使った観察）を中心とした指導，墨字や視覚補助具の有効活用を中心とした指導など，見え方に応じた専門的な指導が行われている。

　なお，2007年の学校教育法の改正により盲学校，聾学校，養護学校は「特別支援学校」となった。校名を盲学校のまま継続する学校の他に，視覚特別支援学校，視覚支援学校等に変更している学校もある。さらに特別支援教育体制の充実に向けて，視覚障害および他の障害の児童生徒が在籍する特別支援学校が増えてきている。2019年度においては，盲学校を含めた視覚障害を対象とした特別支援学校は82校（2,135学級5,083人）となっている。この本書においては「視覚障害特別支援学校（盲学校）」と表記することとする。

(b) 弱視特別支援学級

　弱視特別支援学級は，2019年度において小学校に387学級447人の児童，中学校に149学級179人の生徒が在籍している（文部科学省，2020）。

　弱視特別支援学級の児童生徒の障害の程度は，「拡大鏡等の使用によっても通常の文字，図形等の視覚による認識が困難な程度のもの」（障害のある児童生徒等に対する早期からの一貫した支援について・通知：25文科初第756号）とされている。教育課程は，小学校，中学校の教育課程を基本として教育を行い，特別の教育課程を編成する場合には，特別支援学校小学部・中学部学習指導要領に示す自立活動を取り入れている。また，在籍する児童生徒の実態や学級の状況を考慮して，各教科の目標や内容を下学年の教科の目標や内容に替えるな

ど，柔軟に教育課程を編成している。特に，弱視特別支援学級では，照明の調節など学習環境を整えながら視覚補助具（弱視レンズや拡大読書器等）や拡大文字教材を有効に活用した教科学習が進められている。また，固定された特別支援学級内の学びだけでなく，通常の学級と連携しながら各教科，道徳，特別活動などの指導も行われている。

(c) 弱視通級指導教室（通級による指導）

通級による指導を受けている弱視の児童生徒数は，2019 年度において小学校に 191 人，中学校に 27 人，高等学校に 4 人がいる（文部科学省，2020）。

弱視の通級の指導教室に通う児童生徒障害の程度は，「拡大鏡等の使用によっても通常の文字，図形等の視覚による認識が困難な程度の者で，通常の学級での学習におおむね参加でき，一部特別な指導を必要とするもの」（障害のある児童生徒等に対する早期からの一貫した支援について・通知：25 文科初第 756 号）とされている。主に，通常の学級で視覚補助具を活用してしながら教科学習を行い，通級指導教室で自立活動の指導を中心に行っている。場合によっては，教科学習の補充をする指導したり，弱視についての障害理解についての指導をしたりすることもある。対象の児童生徒は通常の学級で学校生活を過ごしていることから，通常の学級の担任との連携については，弱視特別支援学級と同様に重要である。

(d) 通常の学級

このように視覚障害がある幼児児童生徒は視覚障害特別支援学校（盲学校）や弱視特別支援学級に在籍したり弱視通級指導教室に通ったりしている。しかしながら，各自治体による設置状況や本人，保護者の意向等により通常の学級に在籍している児童生徒も多くいる。見やすい環境整備や視覚補助具の活用，理解しやすい教材・教具の選定等について十分な支援が行き届いているケースは少ない。そのため，視覚障害教育のセンター的機能を担っている視覚障害特別支援学校（盲学校）が各地で精力的に教育支援や連携を行っている。

2）教科の指導

視覚障害がある児童生徒における教科の指導は，学校教育法第 72 条にあるように「準ずる教育」が原則となる。すなわち小学校，中学校，高等学校の学習指導要領にある教育課程を編成して行われる。さらに「視覚障害による学習上又は生活上の困難を克服し自立を図るために必要な知識技能を授けること」にむけた専門的な指導が必要となる。つまり，視覚障害教育に携わる教師は，

教科指導の専門性と視覚障害教育の専門性の双方を持ちながら個々の障害特性を踏まえた教科指導，授業力を向上させていくことが重要となる。

3) 自立活動の指導

自立活動の指導は，教科指導と同様に視覚障害教育の教育課程に位置付けられている。視覚障害児者への自立活動は，点字・歩行指導や視覚補助具の活用等の学習に向けた指導と生活上の困難を改善・克服するための指導を充実させていくことが重要とされている。

(a) 盲児・者

盲児・者への指導においては，点字学習が中心となる。点字は，縦に3点，横に2点で構成されているが，日本語だけでなく，数字やアルファベットから数式や英語なども表現できる。

図1-4　点字タイプライター

点字を学習するためには，触察する力が重要である。触察力は，幼児の段階から手指を使ってさまざまなものを触ってきた経験による弁別する力，図形を構成・分解する力などが基礎となっている。そして点字触読導入学習を行いながら本格的な触読学習と点字を書く学習を進めていく。点字を書く練習は，点字タイプライターから始まり点字盤へと移行していくことが多い。（図1-4，5）

図1-5　点字盤

(b) 弱視児・者

弱視児・者への指導においては，保有する視力が最大限に活用できるように見やすい環境を整えることが前提となる。そして教育的視機能評価のもと，弱視レンズや拡大読書器などの視覚補助具を選定し，活用できるためのトレーニングを進めていく。また見え方に応じて弱視レンズや拡大読書器を選んだり，筆記用具や書見台などを活用したりしていきながら教科などの学習を効率的に進めていく。（図1-6，7，8）

(c) 歩行指導

歩行指導は，盲児・者，弱視児・者において欠かせない学習となる。歩行指導は，基本的にはオリエンテーション（環境の認知）とモビリティ（歩行運動）

図 1-6　近用弱視レンズ　　図 1-7　遠用弱視レンズ　　図 1-8　拡大読書器

の二つの側面がある。白杖を使うことで振動や音から数歩前までの状況（障害物や道の凹凸など）を理解することが多い。また，白杖を持つことで「視覚障害者のシンボル」となるため，小学部や重複障害児の歩行指導においても白杖は一般的に使われている。

(d) 重複障害児への指導

　重複障害児への指導では，視機能や触察等の状態に加え，他の障害の状況を詳しく把握していくことから始まる。複数の教師による実態把握を確認できた後に自立活動の内容を具体的に検討する。特に，学習内容に見通しを持ちやすくすることで，安心して取り組む場合が多い。また，学習内容は日常生活に有効活用できるように丁寧に指導し学習成果を積み上げていくことが求められる。

4) ICT を使った指導

　視覚障害児者に対する ICT の指導は，一人一人の視覚障害の状態等を考慮しながら進められている。盲児・者に対しては，パソコン等を介して視覚情報を点字や音声に変換して活用されている。また，弱視児・者に対しては，パソコンやタブレットを介して視覚情報を見やすい文字サイズやコントラストに変換して活用されている。

　さらに，学校教育法等の一部を改正する法律（平成 30 年法律第 39 号）によって，紙の教科書に代えて学習者用デジタル教科書を使用できるようになった。学習用デジタル教科書は，拡大機能や音声読み上げ機能の他，動画やアニメを活用できるため，特に視覚障害教育にとっては効果的に学習ができることから，視覚障害特別支援学校（盲学校）等で広く活用されている。

5) キャリア教育・進路指導

　視覚障害教育においても，幼稚部，小学部段階から自分らしい生き方を実現していくキャリア発達を促し，中学部，高等部段階に具体的に進路指導が進められている。

　文部科学省の盲・聾・養護学校高等部（本科）卒業者の進路（2006 年卒業者）によると，盲学校卒業者は 299 人で，進学者（大学等，専攻科）40.1%，教育訓練機関等入学者（専修学校，各種学校，職業能力開発校等）2.7%，就職者（14.4%），社会福祉施設・医療機関入所者 26.1%，その他 16.7% であった。視覚障害特別支援学校（盲学校）の職業課程では，三療師というあん摩マッサージ指圧師，はり師，きゅう師を養成し，国家試験合格を目指す。主な就職先は，医療委機関や施術所，老人福祉施設の他，民間企業のヘルスキーパー等である。さらに三療の教員を目指して教員養成施設に進む場合もある。

(3) 卒業後における支援

　視覚障害児者への支援の始まりは，発症の時期により乳幼児期や学齢期，成人期等と広い。先にも述べたが，視覚障害特別支援学校（盲学校）に在籍する幼児児童生徒数，小・中学校に設置されている弱視特別支援学級・弱視通級指導教室の在籍児童生徒数は非常に少ないことから視覚障害児者同士の交流の場を意図的に設定することが必要である。自身の障害理解やピアサポートを含め，学校を卒業した後の生涯教育が特別支援学校や福祉機関等で今後行われてことが望まれる。さらに，世代に応じた相談支援活動も必要になるため，生涯にわたる一貫した個別の支援計画の立案や生涯発達支援へのサポート体制の構築が今後の大きな課題となっていくであろう。

参考・引用文献

(1) 所敬監修『現代の眼科学　改訂 13 版』金原出版，2018
(2) 丸尾敏夫著『NEW エッセンシャル眼科学　第 8 版』医歯薬出版株式会社，2014
(3) 髙橋広編集『ロービジョンケアの実際　視覚障害者の QOL 向上のために　第 2 版』医学書院，2006
(4) 香川邦夫編著『視覚障害教育に携わる方のために　五改訂版』慶應義塾大学出版会，2016
(5) 青柳まゆみ・鳥山由子編著『新・視覚障害教育入門』ジアース教育新社，2020

第2章

聴覚障害をもつ人の心理と支援

1. 聴覚障害とは

　聴覚障害はきこえの障害である。聴覚障害については一般的に多くの誤解がされている。その誤解の例として，「聴覚障害者は音が全く聞こえない」「補聴器をつければ聞こえるようになる」「聴覚障害者は全員が手話を使う」などが挙げられる。聴覚障害をわかりにくくしている要因として，障害が外から見えない，聴覚障害による影響と困難を体感的に理解することが難しい，聴覚障害者のカテゴリーの相違がわかりにくい，聴覚障害者のコミュニケーション方法の多様さが理解できないとされ，これらに共通しているのは，「見えない」というキーワードが共通している（山口，2003）。

　聴覚障害を正しく理解するためには，失聴の時期，聴力レベル，受けた教育，家族との関わりなど多くの視点から聴覚障害を捉えることが大切である。また，これらの成育歴によって聴覚障害者のコミュニケーション手段や聴覚障害者が必要とする支援は変わってくるため，聴覚障害と一括りにして捉えるのではなく，個々の状態像をしっかりと把握することが重要である。

(1) 耳の構造ときこえの仕組み

　音は耳介によって集められ，外耳道，鼓膜，耳小骨（ツチ骨，キヌタ骨，アブミ骨），蝸牛，聴神経へと音の情報は伝わり，最終的に脳へと伝えられる。耳は外耳，中耳，内耳の三つに分けられる。耳介と外耳道からなる部分を外耳，鼓膜から奥の耳小骨がある鼓室を中耳，蝸牛と超神経を内耳という。外耳と中耳を伝音系，内耳と聴神経を感音系という。

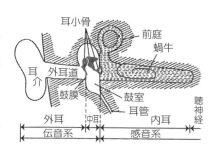

図 2-1　人間の耳のしくみ

(2) 日常生活のきこえと不便さ

　きこえといっても，さまざまなきこえがある。音がしているのか音がしてないのかがわかること，音が「き」であるのか「し」であるのか区別して聞き取れること，聞き取った音声の内容が理解できること，周囲が騒がしい状況の中で音が聞き取れること，早口で話された音声を聞き取れること，音がどこからしているのかわかることなどさまざまなきこえがある。聴覚障害を考える際，まずはどのようなきこえに対するきこえにくさなのかを踏まえる必要がある。

　きこえの程度はデシベル（dB）で表され，数値が大きいほど聞こえにくいことを意味する。日常生活の音の大きさの例としては，ささやき声が 20 〜 30 dB，静かな会話が 40 dB，普通の話声が 60 dB，大きな声の会話 80 dB 程度である。

　聴覚障害の程度は，いくつかの区分があるが，軽度難聴は 25 〜 40 dB 未満，中等度難聴は 40 〜 70 dB 未満，高度難聴は 70 〜 90 dB 未満，重度難聴は 90 dB 以上と分類される（聴覚医学会の 4 分法平均聴力レベル）。また，WHOの分類では 25 dB までを no impairment，26 〜 40 dB を slight，41 〜 60 dB を moderate，61 〜 80 dB を severe，81 dB 以上を profound, deafness としている。

(3) 聴覚障害の種類ときこえの特徴

　聴覚障害は障害を受けている部位によって，伝音難聴，感音難聴，混合性難聴の 3 つに大別される。伝音系に障害がある場合を伝音難聴，感音系に障害がある場合を伝音難聴という。混合性難聴は，伝音難聴と感音難聴が合わさったものである。伝音難聴のきこえの特徴として，音が小さく聞こえることが挙げられる。音を大きくすることで聞き取りやすくなるため，補聴器の装用効果が見込める。一方，感音難聴のきこえの特徴として，音がひずむ，大きな音が響くなどが挙げられる。補聴器で音を大きくしても，音がひずんで聞こえてしまうため，音が聞こえても言葉として理解することが難しい。

　聴覚障害は障害が生じた時期によっても分類がされる。生まれつききこえに障害が生じている場合を先天性難聴，生まれてからきこえに障害が生じた場合を後天性難聴という。さらに，両方の耳が聞こえないのか，片方の耳が聞こえないのかによっても分類がされる。両方の耳が聞こえない難聴のことを両側性難聴，片耳がきこえない難聴のことを一側性難聴（片側難聴）という。一側性難聴のきこえの特徴として，難聴側からの呼びかけや音の聞き取りに困難を示

す。この他にも，突然きこえが悪くなる突発性難聴やヘッドホン難聴などもある。

(4) 聴覚障害者を表す言葉

　きこえにくさをもつ方を表す言葉に，難聴者，ろう者，中途失聴者，聴覚障害者などの言葉がある。失聴時期（言語獲得前か後か）や聴覚障害の程度や使用する言語（音声言語か手話言語か）等によってこれらの言葉は使い分けがされている。

(5) 聴覚障害者の多様なコミュニケーション方法

　聴覚障害の種類やきこえ方は個人差がとても大きいため，聴覚障害者のコミュニケーション方法も多様になる。以下に代表的なものを示す。

1) 音声

　補聴器などを用いて保有する聴覚を活用することを聴覚活用という。聴覚障害者の多くは補聴機器を用いて音情報を活用している。補聴器を装用すれば音が聞こえるようになるわけではなく，聴覚活用の程度は個人差が大きい。

2) 口話・読話

　話者の口の動きを読み取り，言葉を理解することである。口話は口の形だけでなく，前後の文脈や話者の表情などを手がかりとして推測を行う。聴覚障害者に口の形をゆっくりと，はっきりと見せれば，話の内容が伝わると思われているが，実際は口の動かし方は人によって異なるため，口の形を見てもわからないことが多い。

3) キューサイン

　日本語の子音の情報を手指の位置や形で表したものである。例えば，か行をキューサインを用いて表す際，口形で「かきくけこ」を示すのと同時に，か行を表す子音の情報（キュー）を付けることで「かきくけこ」を表す。このように，母音の口形とキューサインの組み合わせて話す方法をキュード・スピーチという。

4) 指文字

　日本語の 50 音を片手で表すことができるように考案されたものである。濁音，半濁音や促音も表すことができる。指文字は固有名詞や新出単語などを伝える時に使われることが多い。

5) 手話

日本手話，日本語対応手話がある。日本手話は独自の文法や語彙の体系があり，日本語とは異なる。一方，日本語対応手話は，音声日本語に合わせて，手話を付けるものである。「私の名前は田中です。」と日本語対応手話で表す場合，「私，名前，田中，です」と表し，助詞が省略される傾向にある。そのため，指文字で助詞を表し，手話と指文字の併用で日本語を正確に表す。

その他のコミュニケーション方法には，筆談や空書きで文字を書いて伝える方法がある。

(6) 聞こえにくさを補う補聴機器
1) 補聴器

音情報を増幅して耳に伝える機器である。補聴器の種類は，ポケット型，耳かけ型，耳あな型（挿耳型）がある。従来の補聴器は大きいものが一般的であったが，近年では科学技術の進歩により補聴器の小型化が進んだ。そのため，補聴器を装用していることが周囲の人にわからず，これまで以上に周囲からは「見えない」障害になってきている。また，近年ではワイヤレスイヤホンが一般的になりつつある。ワイヤレスイヤホンの形状が，小型化した補聴器の形状と似ており，ワイヤレスイヤホンなのか補聴器なのかの区別がしづらくなった。

2) 人工内耳

補聴器では十分なきこえに至らない聴覚障害者を対象とした聴覚を補償する機器である。人工内耳は，装用すればすぐに使える補聴器とは異なり，人工内耳の機器を蝸牛や頭部に埋め込む手術が必要である。手術後にすぐに聞こえるようになるわけではない。人工内耳の調整（マッピング）や人工内耳を通した音になれるという段階を経て，音を音として認識していく。

補聴器はきこえを補助するものであり，人工内耳は内耳（有毛細胞）の働きを代行するものといえる。

2. 聴覚障害をもつ人の心理的・行動的特性
(1) 聴覚障害と日本語

聴覚障害児は聞こえにくさのため，健聴児に比べて言葉に触れる機会が少なくなる。そのため，健聴児に比べて語彙力の少なさの課題がある。具体物の単語を覚えることができても，具体物のない単語や形が見えづらいものの名前を

覚えることが難しい。例えば，体育館という言葉と実際の体育館の建物の結びつきができるが，運動場という言葉と，どこからが運動場なのか境界や範囲が明確ではない事物の結びつきが弱いことがある。獲得している語彙の少なさは，教科学習にも影響を及ぼす。小学生高学年の段階（9歳）で，抽象的な語彙や思考の獲得が難しいために，学力が停滞してしまうことがあり，このような状況は「9歳の壁」と呼ばれる。特別支援学校（聴覚障害）の中学部，高等部の生徒であっても，小学校3，4年生の読み書きのレベルに留まる生徒もおり，抽象的な思考の獲得が課題である。

(2) 聴覚障害と性格

　聴覚障害児は，聴覚障害により乳幼児期の段階から母親との十分なコミュニケーションが行われず，保育園や幼稚園などでは対人関係が円滑に行えないために限られた人間関係の中でしかコミュニケーションをしないことがある。これらは社会的な経験の不足につながり，人とコミュニケーションをすることが面倒くさく感じたり，コミュニケーションすることを避けたりするようになる。結果として，聴覚障害者は，自己中心的な性格，神経質な性格と捉えられることがある。この背景には，伝わらない，理解されないといった経験が影響していることを忘れてはならない。

(3) 聴覚障害者の心理的・行動的特性

1) 音情報を得るために常に周囲に注意を払うため気が抜けない

　音がしていることは分かっても，どちらの方向から聞こえているのかわからないということがある。例えば，救急車の音が聞こえた時，サイレンの音がしているのは分かるが，どちらの方向から音が聞こえてくるのか音源の定位をすることが難しい。この場合，周囲をきょろきょろと見渡すことで視覚的に状況を確認するとともに音情報を探る。このように聴覚障害者は常に音情報を得るため周囲に注意を払っており，気が抜けない。

2) 自身が聞き取った音情報に自信が持てない

　病院の待合室で「佐藤さん」と呼ばれたのか，「加藤さん」と呼ばれたのか聞き分けることが難しい。そのため音を聞いても，聞き取った音声情報に自信が持てないために即座に反応をすることができないことがある。聴覚障害者が戸惑っている数秒の間に，呼びかけた側は無視をされたと感じてしまうことも

ある。

3）頑張って聞き取ろうとした割に情報が得られない

　聴覚障害者は音情報を聞き漏らすまいと頑張って聞き取ろうとするが，ところどころしか聞き取れず，結局何を言っていたのか全体像がつかめないということがある。部分的に聞き取れた単語と単語を頭の中で繋ぎ合わせ，どのような意味なのか理解しようとするが，聞き取れなかった単語が多すぎて，推測をすることもできないことがある。私たちが外国語のリスニングをすることを想像してみると理解がしやすくなるかもしれない。頑張って聞き取ろうとしたわりに成果が得られないことを日常的に経験している。

4）聞き返すと迷惑がられてしまうのではないかと思い，聞き取れなくてもわかったフリをする

　会話の最中，音声情報を聞き取れなかった時に「もう一度，言ってください」と聞き返すとする。もう一度繰り返して言ってもらっても，また聞き取れないということがある。さらにもう一度繰り返して言ってもらいたいのが本音であるが，聞き返しの回数が増えると，コミュニケーションが中断してしまう。聴覚障害者はコミュニケーションを中断させてしまった結果，その場の雰囲気が悪くなることを経験している。相手に迷惑をかけないように，聞き取れなくてもわかったフリをすることがある。

5）その場をやり過ごすために，作り笑いをして乗り切ろうとする

　複数人との会話の流れの中で，笑いが起こった場面を想像してほしい。周りが笑っているのに，自分は聞き取れていないために笑うことができない。なんで今笑っているのか周囲に聞くと，その場がしらけてしまう。そのため，その場の雰囲気を壊さないように，わからなくてもとりあえず周囲に合わせて笑い，なんとかその場を乗り切ろうとすることがある。

6）コミュニケーションに消極的になる

　聞きたくても，聞き取れない。頑張って聞き取ろうとしても，単語さえわからない時がある。日々のこのような経験が積み重なり，その結果として，コミュニケーションに対して消極的になってしまうことがある。コミュニケーションを取らなければ，周囲に対して注意を払う必要もなく，また，聞き漏らすこともなく，作り笑いをしてやり過ごすという必要もない。健聴者との音声によるコミュニケーションをしようとする意欲が失われ，劣等感を感じるようになり，自己肯定感が低下してしまうことがある。特に，職場でコミュニケーションが

取れないことが多く，その結果として，聴覚障害者の離職率は高くなっている。

7) 肉体的・精神的な疲れを感じやすい

　音声を聞き取るために，話者の口の動きを見続け，目を酷使する。また，聞き取れた単語から話の全体像の推測をし，常に集中が高い状態を維持する。これらの結果として，聴覚障害者は肉体的な疲れ，精神的な疲れを感じやすいとされる。

　聴覚障害は周囲から見えない障害であるがゆえに，理解がされない，あるいは誤解されることが多い障害である。近年では，聴覚障害者が自ら自身の体験等をSNSや動画サイトなどで発信することが増えてきた。少しずつではあるが，聴覚障害者に対する理解が進みつつあるように思われる。

3．支援のあり方

　これまで述べてきたように，聴覚障害者といってもきこえの程度はさまざまであり，コミュニケーションの手段も多様である。そのため，情報支援の方法についても，聞こえやコミュニケーション方法に応じた支援が行われる。ここでは，ノートテイク，パソコンノートテイク，手話通訳，音声認識を取り上げる。

(1) 情報支援の方法

1) ノートテイク

　支援者が音声を文字に書き起こして聴覚障害者に情報を伝える支援方法である。ノートテイクは，誰でもすぐに始められる支援といえるが，手書きの速度には限界があるため，大学などの専門の講義には情報量の面から十分ではないとされる。しかし，図形や数式（例：分数，x^2，$\int f(x) dx$），化学式（例：$NaHCO_3$）を書く時など，手書きで書くからこそ，スムーズに情報を伝えることができる場面がある。また，屋外での活動など，活動の場によってはノートテイクが有効な場面がある。

2) パソコンノートテイク（パソコン要約筆記）

　支援者が音声を取り，聞き取った内容をパソコン画面に打ち出すことで情報を伝える支援方法である。しかし，文字化される量は，支援者の入力速度に大きく左右されるため，支援者の養成が課題であるといえる。

3) 手話通訳

　音声を手話に変換して示すものである。すべての聴覚障害者が手話がわかる

わけではないため，聴覚障害者の支援＝手話と考えるのは誤りである。手話通訳を行う手話通訳士の養成には時間を要するため，課題である。

4）音声認識

　音声をスマートフォンやタブレット端末に認識させ，文字に変換するものである。機器を使用するため，支援者の確保や養成の課題，人件費などの課題はなく，支援者のスキルに支援の質が左右されることはない。近年では，同音異義語であっても，前後の文脈から正しい漢字変換が行われるようになってきている。今後，一般的になっていく支援である。しかし，話者の話し方や周囲の雑音が大きい場所や複数人が同時に話す場面などでは，音声認識されないこともある。

　情報支援を利用する聴覚障害者のニーズはさまざまである。音声情報の全てを知りたいという聴覚障害者もいれば，単語だけわかればよいという聴覚障害者もいれば，ある程度要約した概要でよいという聴覚障害者もいる。情報支援を利用する聴覚障害者のニーズを予め把握することによって，適切な支援が提供されるよう努める必要がある。支援があるからといって健聴者と同じような環境が提示されるわけではないということを押さえておきたい。

（2）新型コロナウイルス感染拡大状況下における聴覚障害者のコミュニケーションと情報支援

　新型コロナウイルスの感染拡大により，日常生活にマスクは必需品となった。対面でのコミュニケーションでは，口元がマスクで覆われているために，聴覚障害者が口形を手掛かりに情報を得ることはできなくなった。口元が見える透明マスクの開発が進められているが，一定時間使用すると透明マスク内が曇ってしまい，口元が見えづらくなる。透明マスクを日常的にしている健聴者はおらず，対面でのコミュニケーションは聴覚障害者にとってこれまで以上に難しいものになった。一方，オンラインによるコミュニケーションでは，タイムラグが生じたり，音声が途切れたり，音質が劣化することがしばしばある。もともと音声の聞き取りづらさがある聴覚障害者にとっては，さらに聞き取りにくい状況になった。また，パソコン画面上で相手の口形や表情を参考にしようとしても，画像が小さいために読み取ることが難しい。オンラインで複数人での会議を行う際には，参加者の人数分だけ画面が分割されるため，参加人数が多くなればなるほど，一人当たりの画面の大きさは小さくなり，口形や表情を手

がかりにすることは難しくなる。オンラインでの情報支援に関しては，これまで対面で行われていた情報支援が活用できないことがあり，情報支援を自ら行わなければならない状況にある。字幕を付けるために音声認識ソフトを用いようとしても，音が途切れたり，音質がよくない場合には，音声認識の精度が落ちてしまい，十分に機能しない。また，オンラインでの手話通訳では，タイムラグが生じれば，手話通訳者がいても手話がスムーズに提示されなければ手話意味をなさなくなってしまう。このように，聴覚障害者にとってコロナ渦におけるコミュニケーションはとても難しいものとなった。

(3) 聴覚障害児者と家族という視点からの支援
1) 聞こえる子どもを育てる聞こえない親への支援

　聴覚障害をもつ親が聞こえる子どもを育てる時，どのような困難があるのか。例えば，聞こえない親は子どもの泣き声や呼びかけに気が付くことができない。聞こえない親が手話を主なコミュニケーション手段としている場合，聞こえる子どもとのコミュニケーションは手話になるが，聞こえる子どもの年齢や発達段階によっては手話を十分に理解することができないこともあり，親子関係の構築が難しいことがある。聞こえる子どもは次第に音声言語を獲得して言葉を発するようになるが，聞こえない親には子どもの声は伝わらず，子どもの気持ちを分かりたくても分かってあげられないという状況を経験する。保育園や幼稚園などで自身の子どもが友達と遊んでいる様子を見ても，聞こえない親は子ども同士が何を話しているのか分からない。聞こえる子どもが言葉を獲得していくことは親にとってはうれしいことであると同時に，聞こえる子どもが自分たちの元から離れていく気持ちを感じる。聞こえない親と聞こえる子どものコミュニケーションを十分に成立させるためにも，養育への早期支援が重要である。

2) 聞こえない親をもつ聞こえる子どもへの支援

　聴覚障害者を親に持つ健聴の子どものことを Children of Deaf Adults の頭文字を取ってコーダ（CODA）という。コーダは聞こえない親とのコミュニケーションと，聞こえない親以外の聞こえる大人とのコミュニケーションの中で，きこえない文化ときこえる文化を行き来しながら成長する。ろう文化と聴文化の違いに適応できるまでにみられるコーダの行動として，目を合わせて会話をすることに慣れているため相手の顔を見ないと落ち着かない，手がよく動き指

さしも多い（手話やジェスチャーなど），相手を呼ぶ時，肩にポンポンと触れたり，手を振ったり，テーブルなどをドンドン叩いて合図をするなどの行動特性が見られることが多い（コーダ子育て支援，2021）。また，コーダは聞こえない親の通訳を担うことが多く，例えば，日常生活では来客や親戚の集まりなどでコーダが通訳をしたり，聴覚情報対応では，電話応対や自動車の接近音など身の回りの危険を知らせたりする。また，病院や銀行で親の代理交渉をしたり，学校関連では三者面談，家庭訪問，保護者会など教育指導を受ける児童の立場で，親と教師との面談や会話内容を通訳するなど児童にとって負担の多い状況もコーダは経験する。これらはコーダにとって心理的な負担となる（中津・廣田，2020）。コーダの気持ちを理解し，コーダと聞こえない親に応じた接し方が大切である。

3）聴覚障害児・者の兄弟姉妹（きょうだい児）への支援

　障害のある子の兄弟姉妹のことを「きょうだい」という。障害の種別に関わらず，障害のある子どもを育てる家庭では障害児中心の生活になる傾向がある。障害児の障害の種別や程度によって，きょうだいが経験する困難や悩みは異なる。また，障害児が，きょうだいの年上なのか年下なのかによっても彼らが直面する困難は異なる。

　聴覚障害児のきょうだいが置かれている状況については，聴覚障害児を育てる保護者が聴覚障害児に手厚くなりすぎるあまりきょうだいにかかわれない，きょうだいが聴覚障害児の支援の一端を担っている，最初からきょうだいが聴覚障害児にかかわらないことが指摘されている（佐藤・小林・小田・久保山，2008）。例えば，聴覚障害児の主なコミュニケーションが手話の場合，年下のきょうだいが手話が分かるようになるまでは聴覚障害児の兄姉とコミュニケーションをとることが難しい。また，年下のきょうだいが聴覚障害のある兄姉を言葉の面で追い越す場合も少なくなく，きょうだいはさまざまな葛藤を経験しながら成長する。近年，きょうだいの会やきょうだい自身によるSNS等での情報の発信がされており，きょうだいが悩みを打ち明けたり，悩みを共有する場が作られてきている。聴覚障害児のきょうだいへの支援として，通訳者の役割を担うきょうだい児ではなく，役割のない一人の子どもとして過ごすことができる時間の確保をし，きょうだいの悩みを受け止めるかかわりが必要である。

　最後に，聴覚障害者への支援は聞こえにくさに対する情報支援も重要であるが，聞こえにくさによる心理的な支援も重要である。また，聴覚障害者だけで

はなく親やきょうだいといった家族単位での支援の視点が必要である。

　この章で学んだことを踏まえ，今一度，日常生活できこえを意識して過ごしてみてほしい。テレビの生放送の字幕表示のタイムラグはどうなっているか，理容・美容室で補聴器を外して髪の毛を切ってもらっている時のコミュニケーションはどうしているのか，歯科の診察台で右側からマスク越しに話しかけられるコミュニケーションはどうか，電車内の音声での緊急アナウンスなど字幕が表示されない場合にはどのように情報を得るのかなど，日常の生活では音声だけで成り立っていることが多いことに気が付くはずである。聞こえない，あるいは聞こえづらいという視点から日常生活を意識し，聴覚障害者の困難に寄り添ってほしい。

参考・引用文献
(1) 独立行政法人　国立特別支援教育総合研究所（2020）『特別支援教育の基礎・基本』ジアース.
(2) コーダ子育て支援（2021）『コーダについて〜聞こえない親を持つ聞こえる子ども〜』アウトソーシングビジネスサービス.
(3) 佐藤正幸・小林倫代・小田侯朗・久保山茂樹（2008）「聴覚障害児をもつきょうだいへの教育的支援に関する一考察－聾学校及び難聴学級の担当教員への聞き取り調査から－」国立特別支援教育総合研究所研究紀要，35，89-99.
(4) 脇中起余子（2009）『聴覚障害教育これまでとこれから』北大路書房.
(5) 山口利勝（2003）『中途失聴者と難聴者の世界　見かけは健常者，気づかれない障害者』一橋出版.
(6) 全日本ろうあ連盟（2016）『聴覚障害者への合理的配慮とは？』教文堂.

第3章

言語障害をもつ人の心理と支援

1. 言語障害とは

　言語障害とは，話すことや言葉を聞いて理解することと，文字の読み書きに関する障害の総称である。人は日常のさまざまな場面で音声言語や文字言語を活用し，情報のやり取りを行っている。言語障害を抱える人は，会話や日々の学習，仕事，趣味など多くの困難と不利益を生じることになる。しかしながら，言語障害と一言でいってもその原因や症状はとても広範囲かつ複雑なものであり，社会生活での困難さも実に多様である。言語障害者の心理を理解するには，言葉の表出や理解に関する諸段階を知り，それぞれの障害がどのような問題を生むのか理解することが求められる。

(1) コミュニケーションとは

　人は日常，自分の考えや感情を他者に伝え，そして他者からも受け取ってさまざまな情報をやり取りしている。他者との情報伝達には主に言語を用いて行う。しかしながら多くの場合は特段の努力もなく話し合い，コミュニケーションができることの重要さを強く意識することもない。日常会話では，言葉によるコミュニケーション（バーバルコミュニケーション：言語コミュニケーション）と，言葉を使用しないコミュニケーション（ノンバーバルコミュニケーション：非言語的コミュニケーション）の両方が使われる。意思疎通では多くの部分を言葉に依存しているが，ノンバーバルコミュニケーションも重要な手段である。例えば話し手の表情や視線，しぐさなども，言葉そのものの持つ意味に加えて，時には補助的に，そして時には主たる手段として多くの情報を伝えるのである。情報の種類や内容によって，この二つのコミュニケーション手段の比重は多くなったり少なくなったりする。また，言語は話し言葉と文字言語とに分かれるが，情報伝達の効率性の観点から，日常会話では話し言葉によるコミュニケーションが重要な働きをもつ。

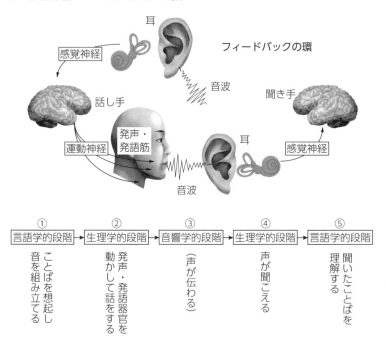

図 3-1　ことばの鎖

(竹内愛子他『脳卒中後のコミュニケーション障害』協同医書出版社，1995)

(2) 話し言葉によるコミュニケーションの過程

　図 3-1 は「ことばの鎖（speech chain）」と呼ばれるものであり，話し言葉に
よるコミュニケーションで，情報がどのような段階を経て伝わるかを示してい
る。

　図 3-1 中の「① 言語学的段階」とは，話し手が伝えたい内容を正しく表出す
るために適切な語を抽出し，言語学的に正しい形式に組み立てる段階である。
私たちの大脳には，その生涯で獲得されてきた語彙や文字，文法などのあらゆ
る知識が蓄積されている。その言語知識を活用して，伝えたいイメージに対応
した言語音に組み立てる。次にその音を表出するために，大脳は神経を介して
口唇や舌，下顎などの発声発語器官を適切に動かすための命令を下し，その命
令に従って発語に必要な諸器官が協調的に働き，言葉が表出される（② 生理
学的段階）。話し手から発せられた音は音波として聞き手の耳へと伝わってい

く（③ 音響学的段階）。音波は聞き手の外耳から鼓膜，中耳，内耳へと伝わり，音として認識される（④ 生理学的段階）。認識された音は大脳へと伝えられ，言語知識に照らし合わされてその言葉の意味が理解される（⑤ 言語学的段階）。このように伝えたい内容を言葉で伝え，聞き手がその言葉の意味を理解するまでには，多くの段階による処理が必要になる。

(3) 言語障害の種類

　言語障害は成人，小児それぞれに起こりうる障害であり，さまざまな症状を呈する。ここでは代表的な障害について取り上げる。

1) 失語症

　大脳の後天的な損傷によって生じる。聞いて理解すること，言いたいことを適切な言葉で表出することだけでなく，文字の読み書きも障害される。図 3-1 の ①⑤ の段階の障害であり，言葉が出てこなかったり言い間違えたりする表出面，相手の言っている言葉は聞こえるのにその意味が理解できない理解面の障害が生じる。

2) 構音障害

　図 3-1 ② の段階の障害であり，話し言葉が不明瞭となる。言語学的段階には障害がなく，言葉の出にくさや言い間違い，相手の言葉を聞いたり理解したりすることには問題がない。

3) 聴覚障害

　図 3-1 ④ の段階の障害であり，話し手の言葉が聞こえない（聾），または聞こえにくい（難聴）状態となる。

4) 音声障害

　図 3-1 ② の段階の障害であり，発声器官である声帯やその周囲の病変によって，声が出しづらい，声質が低下するなどの状態となる。

5) 言語発達障害

　図 3-1 ①⑤ の段階の障害であり，さまざまな原因によって，ことばの理解や表現が同一年齢の平均的発達水準から遅れている状態をいう。

　このように言語障害にはさまざまなものがあり，コミュニケーション場面での困難さは障害によって大きく異なる。例えば，「この患者は家族と上手く話すことができない」という情報を得たとして，その状態をどのように捉えるだ

ろうか。ある場合は言いたい言葉を話すことができず，家族に自身の気持ちを伝えられないことがあるだろう。またある場合は，欲しい物を話しているにも関わらず，不明瞭で聞き取りにくいこともあるだろう。どちらも「上手く話すことができない」という表現で表すことができるが，その障害の質は似て非なるものである。言語障害者の心理を理解し，適切な支援を行うためには，その障害を正しく捉えることが重要である。

2. 言語障害をもつ人の心理的・行動的特性

(1) 言語障害者の心理

　私たちは朝目が覚めてから夜寝るまで，非常に多くの場面で言葉を聞き，話し，そして文字の読み書きをして過ごす。もしそれらが突然できなくなってしまったら，一体どのような状態に陥るだろうか。

　例えば，失語症者の気持ちを理解するには，海外でその地の人々に囲まれた場合を思い浮かべるとわかりやすい。周囲の人々は私たちに話しかけてくる。その言葉は聞こえているものの，全てを理解することはできない。どこに行ったら良いのか，どうすれば良いのか聞きたいが，それを表す単語も思い浮かばない。何となく簡単な言葉は聞き取って理解できたり，ごく日常的な単語を話したりすることはできても，十分なコミュニケーションが取れるまでには至らない。このような場面で，私たちは安心して過ごすことができるだろうか。

　学生であれば勉強，家族や友人との気のおけない会話，社会人であれば仕事など，生きていく上で言葉が占めるウェイトは非常に大きい。さらに言語障害は外見からはわからないことが多く，その重大さがいつも周囲から正しく理解されるとは限らない。

(2) 言語障害者の心理的変化

　突然言葉が不自由になれば，誰しもが大きなショックを受ける。しかしながらショックに対する反応の仕方は，発症からの経過時間によって，あるいは患者によって異なる（堀田牧子，1995）[2]。ここでは，脳卒中により後天的な言語障害を呈した人が，発症経過によってどのように心理面での変化が起こるかを述べる。

　発症直後の急性期では全身状態の安定を図り，医学的な治療が中心に行われる。患者は身体的な苦痛への動揺が大きく，自身の言語障害については正しく

認識できない場合も多い。しかしながら，患者によっては自分の気持ちが周囲に伝わらないことに気づき，不安を感じることもある。全身状態と障害の重症度などにより，感じ方は人さまざまである。

　生命の危機状態を脱し，全身状態が安定してくると，回復期と呼ばれる時期になる。この時期は最も症状の改善が期待される時期であり，集中的に行われる回復期リハビリテーションによって ADL が改善しうるとされている[3]。質，量ともに集中的なリハビリテーションを受け，患者は自らの言語障害をはじめとする心身の障害が改善していくことに，大きな期待を持つ。障害の改善程度は原因疾患や重症度，全身状態，合併症，性格傾向などさまざまな要因が影響するが，必ずしも患者自身が希望する程度にまで改善するばかりではない。自身の障害を正しく認識することができるようになる一方で，必死にリハビリテーションを行っても望んだ程度の改善が得られない場合，その状態をも理解することになる。自身の努力に反して改善しない自己の障害に嘆き悲しみ，リハビリテーションに対する意欲を失ってしまうケースもある。順調な改善が得られた場合でも，言語障害は目に見えぬ繊細なものであり，周囲からどれだけ改善を喜ばれたとしても患者本人は拭い去れない違和感を持ち続け，これまでとは変わってしまった自分に苦悩することもある。

　その後，維持期と呼ばれる段階に入る。症状の大幅な改善は難しく，残存した，もしくは回復した機能が再度低下することがないよう，維持していくことが目標となる。これまで集中的なリハビリテーションを行う毎日だったのが，自宅や施設などで新たな生活を始めることになる。病院という非日常的な場とは違い，実際に自宅へ帰ったり職場復帰をしたりすると，自身が思い描いていた病前の自分との違いに戸惑うことも多い。退院を促され，継続したリハビリテーションを受けられなくなり，医療者から見放されたと感じるケースや，家庭や職場で自身が担っていた病前の役割が果たせなくなり，自信を失ってしまうこともある。

　こうした発症初期からの経過に伴う，患者の障害受容に至る心理的な変化にも着目すべきである。自身に降りかかった突然の障害を受容するまでには，さまざまな過程を経てようやく至る。図3-2はリハビリテーションの流れと障害受容に至る過程のモデルを示したものである。

　障害の受容には個人差があり，最終的に真の障害受容に至らない場合もある。また，言語障害を伴う場合は，より障害受容が難しいとされている。言語

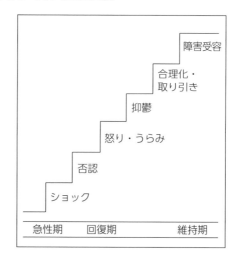

図 3-2 リハビリテーションの流れと障害受容の過程（廣瀬肇他『言語聴覚士のための運動障害性構音障害学』医歯薬出版株式会社，2001）

　障害者はその障害の特性上，他者と自身の障害について語り合ったり，広く情報を得て取り入れたりすることが難しい例が多い。また，言語障害の改善には身体的な障害に比べて長期間のリハビリテーションが必要であり，一般的にプラトーを迎えるとされる維持期に入っても，適切な対応によって改善していくことも少なくない。こういった観点からも，言語障害者の障害受容は容易なものではなく，多様な支援が必要となる。

(3) 言語障害者とその家族が抱える心理的問題

　コミュニケーションは，話し手と聞き手との共同作業の成果である。失語症をはじめとする言語障害の場合，その共同作業が成立し難くなり，円滑なコミュニケーションが不完全な状態となりやすい（辰巳寛，2016）[5]。

　失語症者の家族は非失語症者の家族に比べ家庭内での役割交替の比率も高く，身体麻痺や失語症の重症度とは関係なく，家族の適応が悪いとされている。また，しばしば家族は非現実的な期待を持ち，それが失語症者を苦しめることもある（中村やす，2005）[6]。日常生活で言語障害者とコミュニケーションをとり続けるには，それまで何も気にすることなく行っていた話し言葉での会話から，患者が理解しやすく，さらには患者の気持ちを引き出しやすい手段

を常に考えて会話を組み立てていくことが求められる。症状が改善していくに従ってやり取りができるようになっていくものの，ある程度の障害が残存していれば共有できる話題は制限され，家族にも大きな負担感がのしかかる。患者自身が当たり前に行ってきた会話や読み書きも儘ならず，深い苦しみの中にいる中で，家族もまた同様に衝撃を受けているのである。

(4) 言語障害者の心の揺れ

　言語障害者の心理を理解することは，表情や行動など，相手が発する言葉以外のあらゆるものをしっかりと観察することが大切である。

　Aさんは以前筆者が言語訓練を担当した患者である。脳梗塞発症後に構音障害を呈し，週に2回訓練を実施していた。当時70代の男性で，左麻痺もあり，車椅子自走されていた。構音障害は図3-1の②「生理学的段階」の障害であり，こちらの言っている言葉は全て聞いて理解することができ，Aさん自身が言いたいことも全て言葉にして発することができた。しかしながら口唇や舌などの発声発語器官に麻痺や筋力低下が認められ，発話明瞭度は著しく低下していた。麻痺によって口唇の閉鎖が弱く，発話中は涎が口から溢れ出してしまうため，常にタオルで拭く必要があった。

　Aさんは車椅子に座った膝の上に，いつもノートとペンを持っていた。相手に話した内容が伝わらない際に筆談をするためである。右利きだったためペンで字を書くことに大きな支障はなかった。ニコニコと朗らかな方で，当時まだ20代の私に聞き取りにくい発話と筆談とで，たくさんのことを話してくださった。発症から2年が経過し，そろそろ大幅な機能回復は期待できない時期に入っていたが，Aさんは意欲的に訓練に取り組んでいた。

　ある日廊下を歩く私を見つけ，Aさんが追いかけて来た。顔を見ると眉間にしわを寄せ，見るからに怒りを滲ませているのがわかった。珍しく怒っている雰囲気のAさんに驚きつつ，空いているスペースで話を聞いた。興奮しているため発話速度が速くなり，いつも以上に話している内容がわからない。「紙に書いてください」と頼んだ私にため息をつき，ノートに長文を描き始めた。

　Aさんの訴えはこうである。「隣席に座っていたBさんとCさんがいつも喧嘩になってしまい，雰囲気が悪くなってしまう。席を離すか，BさんかCさんに話をした方が良いのではないか？とスタッフに伝えに言った。うまく伝わらずもう一度言い直そうと思ったら，スタッフから「ノートに全部書いてか

ら見せてください」と言われた。自分は話をすることができるし，話をすることがリハビリの一つだと思っているが，あなたたちが理解できない話し方は許されないということか？」　スタッフは決してそのような考えでノートに書くことを頼んだ訳ではなく，Aさんに何度も話をしてもらうことが申し訳なく思ったのだと思うと説明した。しかしながらAさんは，「口で話がしたい。全部でなくてもいいから聞いて欲しい。その気持ちをわかってほしい。筆談はあくまで補助的な手段であり，メインにはなり得ない」と繰り返し訴えた。

　Aさんとのコミュニケーションが円滑に行えない場合，筆談を使用することをスタッフに勧めたのは私だった。もちろん最初から筆談を使用することを提案していた訳ではないが，いつの間にかAさんとのコミュニケーションは筆談を使用すれば良いという雰囲気ができあがっていた。Aさんはその日一度も話すことはなく，筆談で自分の思いを綴り続けた。周囲の人たちが楽しそうに話している中，口を挟みたくてもどうせうまく伝えられないからとニコニコ笑ってごまかしている寂しさ。筆談で参加しようと思っても，書いている間に話題が進んでしまって焦る気持ち。本当はもっと細かく，丁寧に伝えたいのに，筆談でそれを伝えることの難しさやまどろっこしい思い。周囲が話す言葉は全てわかるのに，そのどれにも十分に満足のいく返事ができないもどかしさ。これらを誰にも理解してもらえない孤立感。どれも理解していたつもりだったが，外からはわからない苦悩に接し，改めて言語障害者が抱える心理的課題を考えるきっかけとなった。

3.　支援のあり方

　言語障害は小児，成人ともに起こりうるものである。言語の獲得過程が障害される場合と，いったん獲得された言語機能が障害される場合とでは，その症状だけでなく，社会生活を送る上で起こる困難さや心理的問題も異なる。ここでは失語症や構音障害をはじめとする，後天的な言語障害を例にとって心理的援助について述べる。

(1)　言語障害者に対する支援

　ほとんどの言語障害者は自身がその障害をもつまで，言語障害にどのようなものがあり，どう対処されるかを知らないのではないだろうか。歩けなくなった人が杖や車椅子を使って移動する姿ほどには，言語障害者が他者とコミュニ

ケーションを取る様子は社会に広まっていない。患者は突然思ったように言葉を発することができなくなり，自分の気持ちを伝えることができず不安感を募らせる。まずは実用的かつできるだけ伝達効率性の高いコミュニケーション手段を確保することが重要である。必要最低限の情報伝達に限られる可能性が高いが，患者の気持ちを周囲が少しでも理解できるよう務め，不安感ができるだけ軽減されるようにすることが大切である。

　患者が集中的な言語訓練を行うようになったからといって，病前の状態にまでコミュニケーション能力が改善すると約束されたわけではない。先に述べたように，患者自身が期待するレベルにまで改善するのは難しいのである。しかしながら多くの場合，努力をすればするほど改善に対する期待を強く持ち，それが叶わないと認識すると強い落胆，悲しみを抱えてしまう。リハビリテーションへ意欲的に参加できるよう促すとともに，障害の状態やリハビリテーションによる改善の見通しと限界，目標をどう設定するかなどについて繰り返し説明を行うことが必要である。患者は少しでも高いところに目標を設定し，リハビリテーションを続けることでそれが達成されると思いがちである。私たちと患者が繰り返し対話をすることによって，できるだけ現実的な目標を共通認識とすることが重要である。

　病院から自宅，施設などに生活の場を移す時期になると，継続的なリハビリテーションの実施が難しくなる例も多い。この時期からは機能的な障害が残存していたとしても，生活の場で実践的なやり取りを行っていくことが重要視される。中には不安感からリハビリテーションを継続することに執着し，新しい段階に進むことに拒否的となるケースもある。特に自宅に退院した患者の場合，家族との関係や地域社会への参加などにも気を配ることが必要である。また，言語障害の改善はわずかであっても長期間に渡って見られることが多い。これから始まる新たな生活において，少しでもコミュニケーションの楽しさを感じ，周囲と積極的に交流していくことができるよう，私たちも長期的な視点で支援していくことが望まれる。

(2) 言語障害者とその家族に対する支援

　言語障害者の支援において，その家族に対しても適切な支援を行うことが求められる。家族は患者と共に暮らし，支援する立場であると共に，患者のコミュニケーション機会を保つための主要な相手でもある。社会において孤立しがち

な言語障害者が実践的なコミュニケーション機会を持ち続けるためには，家族の協力が不可欠である。患者の言語症状とコミュニケーション方法についての十分な説明やアドバイスが必要である。

　また，家族も患者の障害を受容することが大切であり，この点についても支援が必要である。家族は患者の心理状態を思いやり，守ろうとする。その一方で家族自身も大きなストレスにさらされている。家族の心理状態，家庭の内外での役割，社会との関係，介護負担の質などは，失語症者の発症後からの回復過程に準じて変化するとされている（中村やす，2005）[6]。一般的には家族の受容の方が患者の受容よりも先に進むことが多く，それが患者の援助にもつながっていく。家族の障害受容ができるだけスムーズに進むよう，支援していくことが必要である。

(3) 社会資源の活用

　障害の当事者やその家族が社会の一員として暮らしていくにあたり，必要な社会資源を活用することによって得られるものは大きい。

　失語症者に対する社会的な支援としては，以前から「失語症友の会」などの当事者団体の運営に言語聴覚士が参画するなどして行われてきた。その後各都道府県言語聴覚士会や失語症友の会，言語聴覚士有志団体などが中心となって「失語症会話パートナー養成講座」が開催されるようになった。

　現在では，「意思疎通支援者派遣事業」として，失語症者のコミュニケーション支援が行われている。これは障害者総合支援法の地域生活支援事業に基づき，各地方自治体が支援を実施するものであり，聴覚障害者，視覚障害者，盲ろう者に加え，失語症者に対する支援が定められている。失語症者に対しては，外出に同行して援助を行ったり，友の会活動でのコミュニケーション支援を行ったりする。各地方自治体がそれぞれの都道府県言語聴覚士会と協力し，意思疎通支援者の養成と派遣事業を行っている。平成 30 年度から養成が始まった事業であり，まだ活動の範囲は広くないが，失語症者の社会参加の実現に大きな期待が寄せられている。

　こういった社会資源に関する情報を知り，必要な場面で患者や家族に提供することも，患者の心理的不安感の軽減や社会的孤立を防ぐことにもつながる。言語障害者とその家族が心理的に安定した状態で社会生活を営むためには，家庭内だけでなく社会の中で見守られ，支援の手が差し伸べられることも必要で

ある。言語障害者が必要な支援に関する情報を手に入れ，必要な時にスムーズに活用して社会参加できるよう，私たちには情報を敏感にキャッチし，提供する力が求められる。

参考・引用文献

(1) 竹内愛子編著『脳卒中後のコミュニケーション障害』協同医書出版社，1995

(2) 堀田牧子「ST による失語症言語治療の例」竹内愛子編著『脳卒中後のコミュニケーション障害』協同医書出版社，1995

(3) 一般社団法人日本神経治療学会「脳卒中治療ガイドライン」
https://www.jsnt.gr.jp/guideline/img/nou2009_07.pdf（2021 年 12 月 30 日現在）

(4) 廣瀬肇他『言語聴覚士のための運動障害性構音障害』医歯薬出版株式会社，2001

(5) 辰巳寛他「失語症候群の診断と治療」日本神経治療学会編『神経治療学』33 巻 3 号，2016

(6) 中村やす「失語症者の社会参加のための環境調整」竹内愛子編『失語症者の実用コミュニケーション臨床ガイド』協同医書出版社，2005

(7) 関啓子『「話せないと」と言えるまで　言語聴覚士を襲った高次脳機能障害』医学書院，2013

(8) 本村暁『臨床失語症学ハンドブック』医学書院，1994

(9) 厚生労働省「意思疎通支援」　https://www.mhlw.go.jp/bunya/shougaihoken/sanka/shien.html（2022 年 1 月 15 日現在）

第4章

肢体不自由をもつ人の心理と支援

1. 肢体不自由とは

(1) 肢体不自由の定義

　肢体不自由とは，「身体の動きに関する器官が，病気やけがで損なわれ，歩行や筆記などの日常生活動作が困難な状態をいう。」と定義される。この定義における「身体の動きに関する器官」としては，骨，関節，筋肉，神経等がある。肢体不自由の「肢体」とは，体幹及び四肢を指す。具体的には，体幹は，脊椎を軸とする頭部を含む上半身の支柱となる部分であり，四肢は，肩関節から手に至る上肢と，股関節から足の末端に至る下肢からなる。また，「不自由」とは支持や運動機能が，永続的に妨げられた状態をいう。すなわち，一時的な運動機能が妨げられている状態は，肢体不自由の定義には当てはまらない。

　今日，「肢体不自由」という用語は，教育だけではなく，医療や福祉，労働等，社会に広く浸透している。しかし，この用語が，学校教育において当初から使用されていた訳ではなく，1947（昭和22）年3月に制定された学校教育法の第71条（特殊教育の目的）の中では，肢体不自由ではなく「身体不自由」という用語が用いられた。そして，特殊学級を規定した同法第75条では，対象の障害として，「その他の不具者」と表記されている。その後，昭和の初期に東京大学医学部の整形外科医であった髙木憲次（1888～1963）によって提唱された「肢体不自由」という語句が，1950（昭和25）年に日本整形外科学会で採択された。そして，1953（昭和28）年6月の文部事務次官通知，「教育上特別な取扱を要する児童生徒判別基準について」（文初特303号）の中で，「肢体（体幹と四肢）に不自由なところがあり，そのままでは将来生活を営む上に支障をきたすおそれのあるものを肢体不自由者とする。」と定義され，これをもって学校教育における肢体不自由の定義がなされた。

(2) 肢体不自由の起因疾患の変遷

　肢体不自由の起因疾患は，大別すると ① 脳性疾患（脳性麻痺・脳外傷後遺症・脳水腫症など），② 脊椎・脊髄疾患（二分脊椎・脊椎側弯症・脊髄損傷等），③ 筋原性疾患（進行性筋ジストロフィー症等），④ 骨系統疾患（骨形成不全症等）などに分類される。

　肢体不自由の病因は，昭和 40（1965）年代までは，脳性麻痺，ポリオ，先天性股関節脱臼，結核性骨・関節疾患が，4 疾患が大きな比重を占めていた。しかし，ポリオに対する予防ワクチンの効果，公衆衛生制度の確立による骨関節結核の激減，早期からの対応による先天性股関節脱臼の大幅な減少などにより，その割合は低下した。一方で，医学の進歩等によっても，予防や治療が困難な脳性麻痺の割合が相対的に増加し，養護学校在籍者の 7 割程度が脳性麻痺であった。そして，1980（昭和 55）年度以降，児童生徒に占める脳性麻痺の割合は減少していった。

　近年，肢体不自由特別支援学校に在籍する児童生徒の割合は，脳性麻痺を含む脳性疾患が大半を占めている。その内訳は，脳性麻痺とその他の脳性疾患が，同程度と脳性麻痺以外の脳性疾患も増えている。脳性麻痺以外の脳性疾患の子どもは，肢体不自由が重度であるばかりではなく，知的障害や視覚障害等を合併していることが多く，呼吸や栄養摂取など生命を維持するする機能が育ってないことも多く，医療的ケア児の増加につながっている。

(3) 脳性麻痺とは

　日本における脳性麻痺の定義は，一般に次のように示されている。

> 　受胎から新生児期（生後 4 週間以内）までの間に生じた脳の非進行性病変に基づく，永続的な，しかし変化しうる運動および姿勢の異常である。その症状は満 2 歳までに発現する。進行性疾患や一過性運動障害，または将来正常化するであろうと思われる運動発達遅延は除外する（1968 年の厚生省脳性麻痺研究班の定義）。

　脳への損傷の主な原因としては感染，低酸素，脳血管障害，核黄疸などが挙げられるが，原因が不明な場合も多く存在する。運動機能障害は，生理学的分類と障害部位による診断・分類がなされ，次のようなタイプに分けられる。脳性麻痺では，痙直型とアテトーゼ型に分類されるものが多い。

【生理学的分類】

- 痙直型：筋肉がこわばりやすく，常に身体全体が硬く固まったような感じになりやすい。
- アテトーゼ型：不随意運動が生じやすいタイプで，筋肉が突っ張った状態と低緊張状態が繰り返され，手脚等がピンピンと不随意に動いてしまう特徴がある。
- 失調型：筋緊張を一定に保つのが難しく，姿勢や身体のバランスを取ることが難しい。
- 低緊張型：筋緊張が全体に低下した状態にあり，身体全体に力が入りにくい。
- 混合型：複数の型が混在するタイプ

【障害部位】

- 四肢麻痺：上肢と下肢の両者において同程度の麻痺がある。独歩は難しい場合が多く，脳障害が広範なので，知的障害を伴う場合が多い。
- 両麻痺：上肢の麻痺に比べ，下肢の麻痺が強い。特に早産や低出生体重児で，MRI検査所見で脳室周囲白質軟化症（PVL：Peri-Ventricular-Leukomalacia）が見られる子どもに多い。近年，脳性麻痺児のうち，頸直型両麻痺の場合に視覚認知の障害があることが知られてきている（詳細については，後述）。
- 片麻痺：体の半身が上手く動かない状態で，反対側の脳損傷が原因である。

　脳性麻痺は，上記のような運動機能障害だけではなく，しばしば，てんかん・知的障害・発達障害・コミュニケーション障害などを随伴する。また，脳障害が重傷であれば，四肢麻痺とともに嚥下障害・呼吸障害も合併しやすく，加齢に伴って，障害された中枢神経機能の早期の低下（例：嚥下障害の悪化）も起こりうると同時に側弯・拘縮変形，呼吸障害，胃食道逆流症（GERD）など二次性障害を合併しやすくなる（米山，2020）。

(4) 医療的ケア児とは

　近年，児童生徒の障害の重度・重複化，多様化に伴って，呼吸や摂食などの機能に障害のある児童生徒も増え，肢体不自由特別支援学校においては，医療的ケアが必要な子どもが多く在籍するようになってきた。また，通常の学校にも，医療的ケア児が在籍するようになってきた。

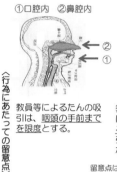

喀痰吸引（たんの吸引）

筋力の低下などにより、たんの排出が自力では困難な者などに対して、吸引器によるたんの吸引を行う。

経管栄養

摂食・嚥下の機能に障害があり、口から食事を摂ることができない、または十分な量をとれない場合などに胃や腸までチューブを通し、流動食や栄養剤などを注入する。

①口腔内　②鼻腔内　　③気管カニューレ内　　　④胃ろう又は腸ろう　　　⑤経鼻経管栄養

〈行為にあたっての留意点〉

教員等によるたんの吸引は、咽頭の手前までを限度とする。

教員等によるたんの吸引は、気管カニューレ内に限る。カニューレより奥の吸引は気管粘膜の損傷・出血などの危険性がある。

胃ろう・腸ろうの状態に問題がないこと及び鼻からの経管栄養のチューブが正確に胃の中に挿入されていることの確認は、看護師等が行う。

留意点は「社会福祉士及び介護福祉士法の一部を改正する法律の施行について」（平成23年11月11日　社援発１１１１第1号厚生労働省社会・援護局長通知）より要約

図4-1　教員等が行うことのできる医療的ケア（特定行為）の内容と範囲
（文部科学省（2018）学校における医療的ケアへの対応について・資料３より抜粋）

　従来，医行為は，医師免許や看護師等の免許がなければ実施することはできないとされてきた。2012（平成24）年の制度改正を受け，看護師等の免許を有しない者も，決められた研修を修了し，都道府県知事に認定された場合には，「認定特定行為業務従事者」として一定の条件の下で ① 経管栄養（鼻腔に留置されている管からの注入），② 経管栄養（胃ろうまたは腸ろう），③ 口腔内吸引（咽頭より手前まで），④ 鼻腔内吸引（咽頭より手前まで），⑤ 気管切開部（気管カニューレ内）からの吸引の五つの特定行為（図4-1）に限り実施できるようになった。

　このような制度の下，学校における医療的ケアも実施されてきているが，学校において医療的ケアが行われるようになり，看護師や医師との連携の在り方，教師の専門性の確保などが課題になってきている。なお，一部の県や政令指定都市においては，教員が「認定特定行為業務従事者」として医療的ケアを実施することにはなっていない場合あり，地方自治体によって取組に違いがある。

2. 肢体不自由をもつ人の心理的・行動的特性

　肢体不自由児の多くを占めている脳性麻痺児は，肢体不自由に加えて視覚や

聴覚などの感覚の障害や視知覚認知に係る「認知の特性」が見られる。本稿では，肢体不自由に起因する特性等を理解するとともに，肢体不自由児の心理・行動上の困難さに焦点を当てる。

（1）脳性麻痺という障害の本態について

　脳性麻痺児には，足首などの関節部が硬い，変形して固まっている，あるいは，上体が全体的に傾いているといった状態像が見られる場合が多い。このような状態を見ると，一見，筋肉や骨格（関節）そのものに原因があるかと思われがちな面がある。しかし，脳性麻痺は，脳（中枢）の病変により身体（姿勢）面に麻痺が生じているのであり，本来，筋肉や骨格に原因がある訳ではない。すなわち，脳性麻痺の障害の本質は，身体の動きを自ら上手く調整することが困難な点にあるといえる。

　例えば，紙コップに注がれた水分を手に取って飲む場面を想定すると，まずテーブルに置かれている紙コップに手を伸ばし，指でコップを落とさないように適度な力でつかみ，口元まで運ぶ必要がある。力が強すぎれば，紙コップが潰れてしまうし，上手くつかめたとしても水分をこぼさないように水平を保ちながら，口元までゆっくり運ぶ必要がある。さらに，紙コップのふちをちょうど自分の上下の唇の間に当てながら，ゆっくりとコップを傾け，それに合わせて一口ずつ飲み込んでいくことが必要となる。健常児であれば年齢とともに，このような日常的な動作は，特に意識することなくできるようになる。一方，脳性麻痺児にとっては，これら一つ一つ動作に難しさがあり，障害の状態等によっては，かなりの困難が伴われる。

　また，日常的な手の使い方だけでなく，座位姿勢や立位姿勢を一定時間保持するといった日常生活を成り立たせるための基盤となる身体の使い方にも，大きな困難を伴う。そして，身体の動かし方における調整が上手くいかないため，自力で姿勢を保つこと，移動や手を使う経験等が不足する傾向にある。加えて，車椅子や補装具等の使用の必要性から，日中長時間にわたり，身体を固定した状態に置かれるケースも多く見られる。このような状態が長期間に及ぶことに伴い，しだいに身体に拘縮や傾き，変形が見られてくるといった現状がある。そのため，状況に合わせて補装具等を外し，積極的に身体を動かしたり，自力で座位や立位などの姿勢を保持しようとしたりする経験を重ねていく機会を設けることが望まれる。

　一般的には，補装具を使うことにより身体のゆがみを防止・矯正したり，歩行器の使用によって立位や歩行が上手になったりする，というイメージをもちやすい。しかしながら，これらの器具は，安定して立位等の姿勢を保つことが難しい脳性麻痺児に代わり，その身体部位（脚）を支えるものである。補装具によって身体の弱い身体部位をサポートすることは可能になるとしても，自分で体重を支えるようしっかりと力を入れる，自身で姿勢を保持していく，といったような体験にはつながりにくいといった側面もある。そのため，補装具や歩行器の使用が，必ずしも座位や立位姿勢の獲得など，身体運動面の発達につながるものではないことに留意する必要がある。

(2)　脳の損傷に伴う認知障害

　脳性麻痺児，とりわけ頸直型両麻痺がある場合には，視覚認知に障害があることが知られている。近年，こうした視覚認知の障害原因が脳室周囲白質軟化症（PVL）と関連することが，医学の進歩に伴って明らかになってきている。PVL は，在胎 32 週未満の早産児で起こりやすく，早産児では脳室周囲の血管の発達が遅れており，脳血流の減少によって脳組織の壊死（白質軟化）が生じる。この部分には，大脳皮質から運動神経の経路である錐体路が通っており，下肢と体幹への経路があるため，PVL が生じると，下肢の麻痺が強い頸直型両麻痺となる。また，白質の軟化が近くの視放線に及んだ場合には，視覚認知の障害が生じる（川間，2020a）。

「ルビンの杯」

　視覚認知の障害における具体的な状態としては，「ルビンの杯」など，図－地反転図形の認知困難による，図－地知覚障害が多く見られる。また，枠の中に文字を記入することが困難であるなど，視覚－運動障害についても多く報告されている。

(3)　姿勢・運動発達の遅れに伴う認知発達の遅れ

　上記のような脳の障害に伴う認知の問題に加え，姿勢の獲得や運動発達の遅れのために日常の生活を通したさまざまな経験も不足することとなり，認知的な発達にも影響を及ぼす側面がある。

　一つには，安定した座位姿勢の獲得や，上肢の運動に困難があるために，能

動的な視覚探索や手（物）の使用が困難となり，さまざまな認知発達に遅れが見られることとなる。

　また，移動運動の制限から，認知発達にも好ましくない影響を及ぼす。例えば，乳児は腹這いを獲得した頃から興味のある対象に移動して積極的に働き掛けを行うようになり，その後の行動範囲の広がりに伴い，多くの認知的経験を深めていくこととなる。肢体不自由児においては，このような移動による能動的な探索活動が制限されたものとなり，それに伴う認知的経験の深まりも不足してしまう。

（4）言語面の問題について

　脳性麻痺児においては，50 ～ 70% 程度，言語面の問題が見られる。一つには知的な面の遅れを伴う重複障害が多いことがあるが，肢体不自由児に特有の要因として，頸部や胸部の過度な筋緊張等により，発声や発話に関連する器官の動きが不適切な状態となり，発声が困難なケースや明瞭さや流暢さが低くなるケースが多く見られる。

　また，自発的な感覚運動経験が不足することから，概念形成や言語発達の遅れにつながりやすい状況にあると言える。加えて，移動運動等の制限により，対人的接触経験も不足することが多く，対人的なコミュニケーションに関する技能全体の未熟さにつながる傾向がある。

（5）社会性の発達に関する問題

　対人的な経験の不足は，言語面だけではなく，社会性の発達の遅れにもつながる要因となり，また，移動運動の制限により，さまざまな社会的経験の機会も制限されてしまう傾向がある。加えて，肢体不自由児においては，幼少期から養育者からの介助を多く必要とする面があるが，これは，自分自身で決定し実行する経験が不足することにつながりやすく，このことも社会性の発達の遅れの要因となる場合がある。

3．支援のあり方

　文部科学省では，2021（令和 3）年 6 月，これまでの教育支援資料（2013（平成 25）年 10 月）を改訂し，「障害のある子供の教育支援の手引」（以下，本章においては「手引」とする）を公表した。

　この教育支援資料は，共生社会の形成に向けたインクルーシブ教育システムの構築の下，障害のある子どもの就学先決定の仕組みに関する学校教育法施行令の一部改正（2013（平成25）年9月1日施行）を受けて作成され，就学手続きに携わる関係者への理解・啓発といった役割を果たしてきた。そのような中，小学校や中学校，義務教育学校における通常の学級，通級による指導，特別支援学級や，特別支援学校といった「多様な学びの場」の整備も一層進められている。

　こうした状況から，2021（令和3）年1月には，「新しい時代の特別支援教育の在り方に関する有識者会議報告」が取りまとめられ，障害のある子どもの就学先となる学校や学びの適切な選択に資するよう教育支援資料に関する改訂の方向性が示された。今回の改訂では，「障害の状態」や「教育的ニーズ」に関する内容やその取扱いについての充実が図られている。また，名称が変更された背景としても，手引が一貫した教育支援の実現を目指し，障害のある子どもに関わる全ての関係者に幅広く共有し活用できる指標としての役割を果たすことを意図としている。

　そこで，本稿では，改訂された手引に沿って，早期からの教育的対応の重要性と教育的ニーズを整理するための観点について確認する。

(1) 早期からの教育的対応の重要性

　手引においては，乳幼児期における適切な支援の重要性を指摘した上で，乳幼児期における一般的な発達上の目標として，以下の項目が挙げられている。

- 運動・姿勢能力の向上
- コミュニケーションの能力の促進
- 食事や排せつ等の身辺自立の習慣形成
- 周囲の人との情緒的なつながりに基づく，安定した人間関係の形成
- 自分と自分を取り巻く社会についての簡単な概念の形成
- 社会的ルールについてのある程度の理解の学習
- 小集団における最低限の自己コントロールの学習
- 認知機能の向上

肢体不自由のある子どもの中には，知的障害，視覚障害，聴覚障害，言語障害などの障害を併せ有することがある。そのため，上記のような幼児期を中心とした一般的な発達上の目標に加えて，見えにくさや言語の表出への配慮をし

つつ, 目や耳等の感覚器官を通して捉える感覚, それらを通して得られる感覚等を用いて, ものの機能や属性, 形, 色, 大きさ等の概念の形成を図ることなどに着目していくことも重要である。

　近年, 早期発見・早期相談・早期療育の必要性が強く指摘されようになったのは, 肢体不自由がもたらす困難さ (一次的な障害) に加えて, 見えにくさや言語の表出に起因するさまざまな問題 (二次的な障害) を最小限にとどめ, 肢体不自由のある子どもの全体的発達の促進を図り, 能力を最大限に伸ばすような指導目標の設定や支援が幼児期において何よりも重要だからである。

(2) 肢体不自由の状態等の把握と肢体不自由の子どもに対する特別な指導内容

　手引では, 肢体不自由のある子どもの障害の状態等を把握するために, 「医学的側面」と「心理学的, 教育的側面」の視点で整理がされている (表 4-1)。また, 肢体不自由のある子どもに特別な指導内容として, ① 姿勢に関すること, ② 保有する感覚の活用に関すること, ③ 基礎的な概念の形成に関すること, ④ 表出・表現する力に関すること, ⑤ 健康及び医療的なニーズへの対応に関すること, ⑥ 障害の理解に関することが観点として示されている。なお, 詳細な事項の内容については, 手引本編を参照とする。

(3) 肢体不自由のある子どもの教育における合理的配慮と指導の工夫

　手引では, 肢体不自由のある子どもの教育的ニーズを整理するための観点として, 「肢体不自由のある子供の教育における合理的配慮を含む必要な支援」が示されている。以下, 手引に示された肢体不自由のある子どもの教育における合理的配慮と障害の困難さに対する指導上の工夫や個に応じた手立てについて述べる。

1) 教育内容・方法

　肢体不自由といっても, その障害の状態は不自由な部位や程度によりさまざまであり, 上肢の操作性や移動方法, 必要な介助なども一人一人異なる。また, 前述の「肢体不自由の心理」において述べたように認知面や言語面の特性, 社会性の発達についても考慮する必要がある。筑波大学附属桐が丘特別支援学校 (2011) では, 障害の特性と関連する学習上の困難さを次のように整理している。

表 4-1　肢体不自由のある子供の教育的ニーズを整理するための観点（参考例）

1　肢体不自由のある子供の教育的ニーズについて〜教育的ニーズを整理するための観点〜 ①　肢体不自由の状態等の把握		
視　点	事　項	記　録
医学的側面	**障害に関する基礎的な情報の把握**	
	既往・生育歴	
	乳幼児期の姿勢や運動・動作の発達等	
	医療的ケアの実施状況	
	口腔機能の発達や食形態等の状況	
	現在使用中の補装具等	
	医療機関からの情報の把握	
心理学的, 教育的側面	**発達の状態等に関すること**	
	・身体の健康と安全	
	・姿勢	
	・基本的な生活習慣の形成	
	・運動・動作	
	・意思の伝達能力と手段	
	・感覚機能の発達	
	・知能の発達	
	・情緒の安定	
	・社会性の発達	
	・障害が重度で重複している子供	
	本人の障害の状態等に関すること	
	・障害の理解	
	・障害による学習上又は生活上の困難を改善・克服するために，工夫し，自分の可能性を生かす能力	
	・自立への意欲	
	・対人関係	
	・学習意欲や学習に対する取組の姿勢	
	諸検査等の実施	
	行動観察	
	検査の結果	
	認定こども園・幼稚園・保育所，児童発達支援施設等からの情報の把握	
	・集団生活に向けた情報 ・成長過程	
②　肢体不自由のある子供に対する特別な指導内容		
・姿勢に関すること		
・保有する感覚の活用に関すること		
・基礎的な概念の形成に関すること		
・表出・表現する力に関すること		
・健康及び医療的なニーズへの対応に関すること		
・障害の理解に関すること		

（文部科学省（2021）障害のある子供の教育支援の手引，p.170 より抜粋）

---

① 動作の困難さがもたらす学習上の困難さ

　→上肢や下肢の障害，体幹を保持することの困難さ，言語障害など

② 感覚や認知がもたらす学習上の困難さ

　→視覚情報を処理することの難しさ，物事の概念を形成することの難しさなど

③ 経験や体験の不足がもたらす学習上の困難さ

　→興味・関心の乏しさ，周囲や環境との調整意識の乏しさ，受け身的な態度，自信のなさなど

　肢体不自由のある子どもに対する教育内容・方法については，これらを念頭に置いて合理的配慮を含む支援の内容を検討する必要がある。

（a）教育内容

　教育内容としては，「学習上又は生活上の困難を改善・克服するための配慮」と「学習内容の変更・調整」が合理的配慮として求められる。

　肢体不自由児は，道具の操作の困難や移動上の制約等を受ける場合が多い。そのため，上肢の不自由により時間がかかることや活動が困難な場合には，学習内容の変更・調整が必要となる。具体的には，日常的な書字動作を伴う学習やコンピューター等の操作，理科の実験，体育における器械運動などが想定される。このような場合，書く時間の延長や量の調整，指導内容の変更が必要となる。

（b）教育方法

　教育方法としては，「情報・コミュニケーション及び教材の配慮」，「学習機会や体験の確保」，「心理面・健康面への配慮」が合理的配慮として求められる。

　例えば，書字や計算が困難な子どもに対しては，ICT や AT（Assistive Technology: 支援技術）などの活用を進め，子ども一人一人の障害の状態等に応じた適切な補助具や補助的手段を工夫しながら，主体的な学習活動ができるようにする必要がある。

　また，言語障害を随伴している肢体不自由のある子どもに対しては，言語の表出や表現の代替手段として文字盤や音声出力型の機器等の選択・活用によって，状況に応じたコミュニケーションが円滑にできるよう指導する必要がある。

　さらに，肢体不自由のある子どもの多くは，日常生活動作や行動上の困難や制限があるため，間接的な経験が多く，直接的な体験や社会経験が不足がちに

なる。経験の不足から理解しにくいことに対して，不足を補うような指導内容や指導方法を取り上げたり，未経験と思われる活動のリストを示し予習できるようにしたりするなどの配慮が必要となる。

心理面・健康面への配慮については，脳性麻痺等の肢体不自由のある子どもの場合，筋緊張等によって身体からの感覚情報をフィードバックして行動したり，表現したりすることに困難が生じやすいため，追視，注視，協応動作等の困難が見られる。このような見えにくさへの対応としては，不要な刺激を減らし，提示する情報量や提示の仕方を配慮したり，プリント等については，文字の拡大や，フォントやポイント数，マージンや行間を本人が見やすいものにしたりする等，工夫が求められる。併せて，学習時の姿勢には，特に留意しなければならない。

また，脳室周囲白質軟化症（PVL）による頭直型の両麻痺児には，視覚認知の障害に伴う認知の特性が認められ，図形の見比べや統計資料，地形図を正確に読み取ることが難しい，全体としてのまとまりとして文字を認識できない，文字を読めても文章内容が理解できないといった教科学習と関連した困難さが見られる。このような困難さは，教師がすぐに気づくことができるものではなく，本人も見えにくいという自覚をもっていないことも多い（川間，2020b）。そのため，医療機関と連携し，理学療法士（PT），作業療法士（OT），言語聴覚士（ST）等の指導助言を活用することも検討する必要がある。

その他，障害の状態等が重度である子どもや医療的ケアが必要な子どもの多くが，健康状態が安定していなかったり，体力が弱かったり，感染症への配慮が必要だったり，生命活動が脆弱であったりする。そのため，保護者や主治医，看護師等と密接な連携を図り，学校においても，関節の拘縮の予防，筋力の維持・強化や摂食機能の維持・向上などに対応した指導内容にも継続的に取り組むことが必要である。

2）支援体制

これまで述べてきたような肢体不自由のある子どもの教育的ニーズに合った教育を実現するための支援体制の整備に当たっては，「専門性のある指導体制の整備」が必要不可欠である。教師個人の専門性向上に加え，学校組織全体としての専門性を高めることが重要である。そのため 2017（平成 29）年に告示された学習指導要領に示された「カリキュラム・マネジメント」の充実を図るとともに，個別の教育支援計画や個別の指導計画の更なる活用が望まれる。ま

た，周囲の子ども，教職員，保護者，地域への理解啓発に努める必要がある。

3)　施設・設備

　基礎的環境整備として校内環境のバリアフリー化を進めるとともに，個人への合理的配慮として上肢や下肢の動きの制約に対する施設・設備の工夫又は改修，教室配置の工夫，教室内の構造化，休憩スペースの確保など，発達，障害の状態及び特性に応じた指導ができるような配慮が求められる。

　また，災害時等の支援体制を整備しつつ，例えば，人工呼吸器のための非常用電源の確保など，災害等発生後の必要な物品を想定した準備等が必要となる。

参考・引用文献

・安藤隆男・藤田継道編著『よくわかる肢体不自由教育』ミネルヴァ書房，2015
・安藤隆男・丹野傑史「肢体不自由教育」安藤隆男編著『特別支援教育基礎論』一般財団法人　放送大学教育振興会：NHK 出版，2015，p.160-173
・分藤賢之「総説「障害のある子どもの教育支援の手引」及び「小学校等における医療ケア実施支援資料」」『特別支援教育』No.82，東洋出版社，2021，p.4-11
・菅野和彦「肢体不自由児の状態等に応じた教育的対応」『特別支援教育』No.82，東洋出版社，2021，p.18-19
・川間健之介「肢体不自由の心理－障害特性を中心に－」川間健之介・長沼俊夫編著『新訂　肢体不自由児の教育』一般財団法人　放送大学教育振興会：NHK 出版，2020a，p.93-102
・川間健之介「各教科の指導」川間健之介・長沼俊夫編著『新訂　肢体不自由児の教育』一般財団法人　放送大学教育振興会：NHK 出版，2020b，p.160-174
・文部科学省初等中等教育局特別支援教育課「障害のある子供の教育支援の手引～子供たち一人一人の教育的ニーズを踏まえた学びの充実に向けて～」2021
・文部科学省初等中等教育局特別支援教育課「教育支援資料～障害のある子供の就学手続と早期からの一貫した支援の充実～」2021
・下山直人「肢体不自由教育の歴史と現状」川間健之介・長沼俊夫編著『新訂　肢体不自由児の教育』一般財団法人　放送大学教育振興会：NHK 出版，p.17-32
・筑波大学附属桐が丘特別支援学校編著『肢体不自由教育の理念と実践』ジアース教育新社，2008
・筑波大学附属桐が丘特別支援学校『特別支援教育における肢体不自由教育の創造と展開2　「わかる」授業のための手だて　子どもに「できた」を実感させる指導の実際』ジアース教育新社，2011
・米山明「肢体不自由児の生理・病理2－肢体不自由をもたらす疾患－」川間健之介・長沼俊夫編著『新訂　肢体不自由児の教育』一般財団法人　放送大学教育振興会：NHK 出版，p.54-77

第5章

知的障害をもつ人の心理と支援

1. 知的障害とは

(1) 障害の全体像

　我が国において知的障害は，かつては白痴，劣等，低能とよばれていた。その後，医学界では 1920 年代，教育界等では 1930 年代に精神薄弱が用語として用いられるようになり，1941 年の国民学校令施行規則において法令用語として登場して以降，長く知的障害は精神薄弱とよばれていた。しかし，精神薄弱という用語はドイツ語で薄い精神を意味する Schwachsinn，または英語で弱い精神を意味する Feeble-Mindedness に由来し，① あたかも精神全般が弱い又は精神全般に欠陥があるかのような印象を与えること，② 障害者の人格自体を否定するニュアンスをもっていること，③ 不快語，差別語であるとの批判があるという問題点が指摘されていた（厚生労働省，2004）。また，医学用語としての精神遅滞や，一般用語としての知的障害が定着していたこともあり，1999 年に精神薄弱は知的障害と改められることとなった。このような動きは国内に限らず，アメリカ知的障害者協会（American Association on Intellectual and Developmental Disabilities：以下 AAIDD）は，2010 年にそれまで用いてきた mental retardation の retarded に含まれる否定的なニュアンスへの反発から，AAIDD の知的障害第 11 版定義においては intellectual disabilities と表記している。

　厚生労働省は知的障害について「知的機能の障害が発達期（おおむね 18 歳まで※）にあらわれ，日常生活に支障が生じているため，何らかの特別の援助を必要とする状態にあるもの」と定義している。米国精神医学会の発行している精神疾患の統計・診断マニュアル第 5 版（DSM-5）では知的障害を「知的能力障害（intellectual disability)」と表記し，知的障害は基本的に発達期に発症し，①「概念的領域」，②「社会的領域」，および ③「実用的領域」における知的機能と適応機能両面の欠陥を含む障害であるとしている（表 5-1）。つまり，

DSM-Ⅳ以前の定義のように，知能指数（intelligence quotient；以下 IQ）の程度だけではなく，社会的領域や実用的な領域のように日常生活への影響が重要な要因となっている。また，AAIDD は「知的障害は，知的機能と適応機能（概念的，社会的，および実用的な適応スキルによって表される）の双方の明らかな制約によって特徴づけられる能力障害であるこの能力障害は 18 歳までに生じる※。」と定義をしている。

　　※AAIDD は 2021 年に発行された AAIDD 第 12 版の中で 22 歳に基準年齢を引き
　　　上げている。

表 5-1　DSM-5 で示された適応機能の 3 領域

・概念的領域：記憶，言語，読字，書字，数学的思考，実用的な知識の習得，問題解決，および新規場面における判断においての能力についての領域。
・社会的領域：特に他者の思考・感情・および体験を認識すること，共感，対人的コミュニケーション技能，友情関係を築く能力，および社会的な判断についての領域。
・実用的領域：特にセルフケア，仕事の責任，金銭感覚，娯楽，行動の自己管理，および学校と仕事の課題の調整といった実生活での学習および自己管理についての領域。

表 5-2　DSM-5 による診断基準

A (全般的知能の欠陥)	臨床的評価および個別化，標準化された知能検査によって確かめられる，論理的思考，問題解決，計画，抽象的思考，判断，学校での学習，および経験からの学習など，知的機能の欠陥。
B (適応機能の障害)	個人の自立や社会的責任において発達的および社会文化的な水準を満たすことができなくなるという適応機能の欠陥，継続的な支援がなければ，適応上の欠陥は，家庭，学校，職場，および地域社会といった多岐にわたる環境において，コミュニケーション，社会参加，および自立した生活といった複数の日常生活活動における機能を限定する。
C (発症時期)	知的および適応の欠陥は，発達期の間に発症する。

(2) 知的障害のアセスメントと有病率

　知的障害のアセスメントには，知能指数（IQ）と適応機能の測定が重要な役割を果たす。我が国における IQ の測定には田中ビネー知能検査Ⅴおよびウェクスラー式知能検査が主に用いられている。ビネー式知能検査は，ビネーとシモンが 1905 年に開発した知能検査である。これをターマンが再標準化し，田中寛一が日本版として標準化したのが田中ビネー知能検査である。第 5 版であ

る田中ビネー知能検査Vは「年齢尺度」が導入されており，知的発達の程度を
とらえることに適していることが特徴である。

ウェクスラー式知能検査は児童用（Wechsler Intelligence Scale for Children
－ Fourth Edition；WISC，1949），成人用（Wechsler Adult Intelligence Scale；
WAIS，1955），幼児用（Wechsler Preschool and Primary Scale of Intelligence；
WPPSI，1967）が開発され，それぞれ WISC と WAIS は第 4 版，WPPSI は第 3
版まで改定されている。このように，ウェクスラー式知能検査は日々発展を続
けており，多くの国で広く活用されていることも背景に，田中ビネー知能検査
Vと並んで我が国で多く用いられている知能検査となっている。

適応行動の測定方法として多く用いられている尺度として代表的なのものと
しては，日本版 Vineland-Ⅱ適応行動尺度（以下，Vineland-Ⅱ）や新版 S-M
（Social-Maturity）社会生活能力検査がある（表 5-3）。Vineland-Ⅱは，適応行
動の発達水準を幅広くとらえ，支援計画作成に役立てることを目的としている。
適用範囲が広く（0 歳〜 92 歳），年齢群別の相対的評価を行うとともに，個人

表 5-3　適応行動の指標

Vineland-Ⅱ適応行動尺度	
コミュニケーション	受容言語／表出言語／読み書き
日常生活スキル	身辺自立／家事／地域生活
社会性	対人関係／遊びと余暇／コーピングスキル
運動スキル	粗大運動／微細運動
不適応行動	不適応行動指標／不適応行動重要事項
S-M 社会生活能力検査 第 3 版	
身辺自立：SH（Self-Help）	衣服の着脱，食事，排せつなどの身辺自立に関する能力
移動：L（Locomotion）	自分の行きたい所へ移動するための能力
作業：O（Occupation）	道具の扱いなどの作業遂行に関する能力
コミュニケーション：C（Communication）	ことばや文字などによるコミュニケーション能力
集団参加：S（Socialization）	社会生活への参加の具合を示す能力
自己統制：SD（Self-Direction）	わがままを抑え，自己の行動を責任を持って目的に方向づける能力

内差を把握できることが特徴である。また，新版 S-M 社会生活能力検査では，社会生活能力を「自立と社会参加に必要な生活への適応能力」と定義し，子どもの日頃の様子から社会生活能力の発達を捉えることを目的としている。現在では，障害の程度判定を IQ の測定だけに頼るのではなく，このような適応行動の指標を用いて日常生活能力水準も測定し，知的機能および適応行動の双方の制約から総合的に判断されている（図 5-1）。

(3) 知的障害の原因

　知的障害は，遺伝的要因あるいは後天的・環境要因によって 18 歳〜 22 歳ごろまでに発症する。先天的・遺伝的要因には染色体異常症，単一遺伝子疾患，ミトコンドリア遺伝子変異によるミトコンドリア病，インプリンティング異常症，代謝性疾患などが，後天的・環境要因には周産期異常，感染症，外傷，栄養障害などが含まれる。

　先天的要因における障害例としてダウン症候群があげられる。ダウン症候群は，21 番目の常染色体の異常であり，トリソミー型，転座型，モザイク型がある。ダウン症の出生頻度は 650 〜 1000 人に 1 人の割合であるとされ，国や人種に関係ないことが知られている。また，ダウン症候群の発症頻度は母体の加齢によって増加していくが，染色体異常の起こる直接的な原因はまだわかっていない。16 歳以上のダウン症候群者の IQ は平均で 30.8 ± 9.4 程度となることが報告されており，先天性心疾患や低身長，筋緊張の弱さ，適応障害やアルツハイマー病など，身体的・精神的な制約も合併症としてあげられる。このように，中程度より重度の知的障害に関しては先天的・遺伝的要因の影響が大きくなることが近年の研究でも報告されている（Willesen and Kleefstra, 2014）。

2. 知的障害をもつ人の心理的・行動的特性
(1) 知的障害者の育ち・発達

　認知機能の発達における困難さの一つに，幼児期の積み木や粘土，描画といった構成行為の課題が挙げられる。知的障害児・者は構成行為を行う上で，課題の分析が不十分なために衝動的に問題を解決しようとすることや，誤った行動を繰り返し行ってしまうこと，困難に直面すると目標行動からの逸脱が起こることなどが指摘されている（大塚ほか，2014）。また，言語理解やコミュニケーション能力，図形などの知覚にも発達の遅れがみられるなど，発達面の課題は

多岐にわたって存在する。

　知的障害は知的機能を含む精神機能の障害であるが，運動面においても多くの場合障害を有する。山口・宮崎（2017）は全日本クロスカントリースキー知的障害チームに所属する選手を対象に協調運動障害の有無や程度について調査を行い，ほとんどの選手に協応性の異常が疑われ，知的障害の程度にかかわらず協調運動障害を併発している可能性があることを指摘している。ただし，トレーニングの継続による協応性改善の可能性も示唆しており，認知面や社会性の学習と同様に，知的障害がある場合においても継続的な訓練によって運動も学習が可能であると考えられる。

　しかし，知的障害の程度によっても知的機能や適応行動の制限は大きく異なるため，各程度における発達の特徴について DSM-5 の区分に基づいて以下に示した。

(2) 軽度

　軽度の知的障害の場合，概念的領域の発達において，特に乳幼児期の発達については定型発達児との違いは大きくなく，就学するまでは障害が明らかにならないことも多い。ただし，学齢期に入り就学すると，読字，書字，算数，時間または金銭の理解など一つ以上の領域において学習技能を身に付けることが難しくなり，そのことをきっかけに障害が明らかになることが少なくない。成人後にも，上記のような学習技能の機能的な仕様と同様に，抽象的思考，実行機能，および短期記憶が障害され，同年代と比較すると問題への取り組みが若干固定化する傾向にある。対人的相互反応においては同年代と比較して未熟であり，コミュニケーション，会話，および言語に遅れが見受けられる。自らの置かれている社会的状況への理解が乏しく，他人からの操られやすさや騙されやすさがある。例えば，IT 機器を利用する場合などには，インターネットを通じたトラブル等の学習をより丁寧に行う必要があることが指摘されている（亀井・大城，2006）。また，自らの身の回りの世話については年相応に機能する場合もあるが，複雑な日常生活上の課題，例えば家事および子育ての調整，栄養にとんだ食事の準備，銀行管理や金銭取引などには支援が必要となる。総じて，軽度の知的発達障害のある人は，一般的に成人しても比較的自立した生活や就労が可能であるが，適切な支援もまた必要となる。

(3) 中等度

　中等度知的障害の場合には，発達期を通じて定型発達児と比較して概念的領域の発達は明らかに遅れる。幼児期の初期から言葉の遅れが表れ始め，学齢期には読字，書字，算数，時間または金銭の理解などの発達がゆっくりであり，定型発達児と比較すると明らかに知的機能が制限される。成人後も小学生ぐらいの精神年齢にとどまるため，仕事や私生活のすべてに支援が必要となる。また，社会的判断能力の制限も大きく，コミュニケーション能力の発達も単純なコミュニケーションにとどまるため，成人として自立した生活と就労を実現するためには，相当かつ一貫した支援を必要とする。

(4) 重度

　重度知的障害の場合には，乳児期から言語面や歩行などの運動面に発達の遅れが生じ始める。またその後においても，書き言葉の理解，数に関する概念の獲得がほとんどできない。簡単な会話は可能となるものの，書いてある言葉や数，金銭について理解するのが難しく一人で行動するのは困難な場合が多い。衣服の着脱や入浴，食事なども一人で行うのは困難であり，運動機能にも障害が多くみられることから日常生活行動のすべてに支援を必要とする。

(5) 最重度

　最重度知的障害の場合には，言語，運動面の発達に著しい遅れなどが見られるため，非言語的コミュニケーションを用いたコミュニケーションが中心となる。日常生活行動のすべてに支援を必要とし，重い身体障害やてんかん発作などを伴う場合もある。

3. 支援のあり方

　知的障害の支援においては，早期の発見・診断から教育，就労・生活支援まで幅広く考慮する必要がある。そこでまずは，早期発見・診断と療育を主とする就学前，特別支援教育を主とする青年期，就労・生活支援を主とする成人期に分けて支援策を紹介する。加えて，近年注目されている知的障害者の権利擁護と障害者家族への支援，および知的障害者のスポーツについて紹介していく。

(1) 就学前

　就学前の乳幼児支援においては，早期発見・診断と療育が重要となる。早期に障害に気が付くことは，療育や就学前支援を経験した状態でスムーズに特別支援教育へと移行することにつながる。例えば，ダウン症候群の兆候が見られる場合や出生前診断を行っている場合，その他に重複する障害を抱えている場合には早期発見・診断が行われることが多い。しかし，軽度知的障害の場合には，学齢期に入って読み書きや計算を始めるまで発達の遅れに気が付かない場合も少なくない。このように障害の発見が遅れ，適切な支援を受けられないままに成長をしていく場合には，学校適応や学習がうまく進まずに，自己効力感や自尊心の低下につながる恐れがある。そのため，知的障害が疑われる場合には，速やかに検査を行うことや，学習や日常の行動について成果だけを見て評価しないことなどが必要となる。そのうえで，適切な支援にもとづいて，知的機能や適応行動の発達支援を行うことが重要となる。

　また，早期に療育を行うことも知的障害の支援においては重要となる。療育とは，障害をもつ子どもへの「障害改善への努力」だけではなく，障害があると診断をされる以前で発達が気になる段階の子どもやその家族，地域までも対象として障害のある子ども（またはその可能性のある子ども）が地域で育つ時に生じるさまざまな問題を解決していく努力のすべてである。つまり，子どもの自尊心や主体性を育てながら発達上の課題を達成させていくこと，家庭生活への支援，地域での健やかな育ちと成人期の豊かな生活を保障できる地域の変革を包含した概念であるといえる。（全国児童発達支援協議会，2014）。また，厚生労働省は療育とほぼ同じ意味を持つ言葉として発達支援を用いて，「児童発達支援は，障害のある子どもに対し，身体的・精神的機能の適正な発達を促し，日常生活及び社会生活を円滑に営めるようにするために行う，それぞれの障害の特性に応じた福祉的，心理的，教育的及び医療的な援助である」と定義している。つまり，医学モデルによる治療ではなく，社会モデルにもとづく生活のしやすさの向上を目指した支援が実施される。療育では作業療法士，理学療法士，言語聴覚士，臨床心理士，臨床発達心理士などの専門職が発達支援にかかわる。例えば，知的障害児の言語獲得には専門的支援が効果的である（松山，2021）。また，家族や保護者も子育て相談就学前支援においては早期発見・診断と早期療育を行うことが重要となることがわかる。

(2) 学齢期から青年期

　学齢期になると，多くの児童生徒の学びの場は特別支援学校や特別支援学級となる。これは知的発達や適応行動といった障害の状態に加え，教育的ニーズ，学校・地域の状況，本人および保護者や専門家の意見等を総合的に勘案して，個別に判断・決定される（表5-4）。

　特別支援学校学習指導要領では，知的障害のある児童生徒の学習上の特性として，① 学習によって得た知識や技能が断片的になりやすく，実際の生活の場面の中で生かすことが難しいこと，② 成功経験が少ないことなどにより，主体的に活動に取り組む意欲が十分に育っていないことが多いこと，③ 抽象的な内容の指導よりも，実際的な生活場面の中で，具体的に思考や判断，表現できるようにする指導が効果的であることなどが挙げられている。以上の点を踏まえて特別支援学校においては，実際の生活場面に即しながら，繰り返して学習することが重視される。例えば，自分の意思を伝えることや身近な日常生活における行動など，日常生活や社会生活を送る上で必要な知識や技能等を身に付けられるようにする継続的，段階的な指導が行われる。

　2018 年の学習指導要領改訂によって，自立や社会参加に向けた教育内容の充実が図られるなど，特別支援教育においては，教科教育だけではなく，卒業後の視点を大切にしたカリキュラム・マネジメントが行われるようになった。特に中学部在籍時は，第 2 次性徴に伴って心身に大きな変化の伴う時期であり，自分自身を見つめ，自分と社会とのかかわりについて考えたうえで，その

表 5-4　特別支援学校および特別支援学級に進学する基準となる障害の程度

・特別支援学校
一 知的発達の遅滞があり，他人との意思疎通が困難で日常生活を営むのに頻繁に援助を必要とする程度のもの
二 知的発達の遅滞の程度が前号に掲げる程度に達しないもののうち，社会生活への適応が著しく困難なもの
<div align="right">（学校教育法施行令第 22 条の 3）</div>
・特別支援学級
知的発達の遅滞があり，他人との意思疎通に軽度の困難があり日常生活を営むのに一部援助が必要で，社会生活への適応が困難である程度のもの
<div align="right">（平成 25 年 10 月 4 日付け 25 文科初第 756 号初等中等教育局長通知）</div>

後の進路決定につながるような自己決定を行うための基礎を身に付ける必要がある。またそのためには，失敗経験が多くなりやすいことを理解し，できることやそれまでから成長した点について周囲がしっかりと認め，自己肯定感や自尊心を高められるようなかかわりをすることが求められる。

　青年期には，進路選択と自立が大きな課題となる。特別支援学校高等部学習指導要領では高等部の教育において，望ましい社会参加を目指して日常・社会生活に必要な知識，技能，習慣，学びに向かう力を身に付けることや，将来の職業生活に必要な基礎的な知識等，多様な進路や将来の生活についてかかわりのある指導を目指すとしている。また，自発的な活動を大切にして主体的な活動を促すこと，そのために日課や学習環境などをわかりやすくし，規則的でまとまりのある学校生活が送れるようにすることが求められている。社会生活や対人関係に必要とされる技能を一般にソーシャルスキルとよぶ。石津・井澤（2011）は，このソーシャルスキルの教授法であるソーシャルスキル・トレーニング（以下，SST）を特別支援学校高等部の生徒に実施し，SSTのソーシャルスキルと就労スキルへの影響を検討した。その結果，ソーシャルスキルの中でも集団行動に関するスキルおよび就労スキルの中で働く場での対人関係に関するスキルの上昇が確認された。このように，適切な教育を行っていくことで，自立に向けた支援はより効果的に行われる。

　知的障害者の自立や自己決定について考えるうえでもう一つ重要なのが知的障害者のセルフ・アドボカシー（自己権利擁護）である。1960年代にスウェーデンにおいて知的障害者の親の会を母体として当事者活動が生まれ，当事者から起こる権利擁護運動としてセルフ・アドボカシーが広まっていった。アメリカでは1970年代に知的障害者の当事者大会における「私はまず人間として扱われたい」という主張を契機としたピープルファースト（people first）が結成された。彼らは自らの生活の質の向上を目的とし，自分自身の意思を主張することや権利を守るために活動をしている。以前には隔離や保護をされる立場であったことから脱却し，現代社会においては知的障害者も一人の権利のある人間として社会参加をしていけるような社会の整備が求められているといえよう。

（3）家族への支援

　知的障害の当事者支援とあわせて考えなくてはならないのが知的障害者の家

族への支援である。現在我が国においても知的障害者の就労や知的障害者向け
のグループホームの拡充など，少しずつ知的障害者の自立に向けて動きが進ん
でいる。しかし，多くの場合において，知的障害児の家族には，定型発達児に
はないような負担がかかる。知的障害児の家族は支援のために時間を多く割く
必要があり，生活や心身への負担が大きくなりやすい。このような状況に対し
て，学校と家庭以外の居場所を知的障害児に対して提供することで当事者支援
とあわせて家族の負担の軽減も目的とするような取り組みが広がっている。例
えば，代表的なものには児童デイサービスなどが挙げられる。また，国内の障
害者向けスポーツクラブでは，当事者が活動中には保護者にも自分の時間を
作ってもらうことを目的の一つとして，保護者のサポートは最低限しか求めな
い活動を行っているクラブも存在する。加えて，療育支援を受けることも，ほ
かの知的障害の子どもを持つ保護者との出会いの場となることで，ピアサポー
トとして機能し，家族への支援につながることが考えられる。

　他方では，知的障害をもつ子どもと保護者が一緒にできる取り組みを行うこ
とで双方にポジティブな影響を及ぼすことが報告されている。伊藤（2014）は，
知的障害者とその家族が一緒にダンスを行うダンスグループへ参加している母
親へのインタビュー調査を行い，「親子間のコミュニケーションの増加」や「母
親が自分自身のポジティブな変化を感じること」，「母親が周囲とのつながりを
感じる」といった効果をもたらしていることを報告している。このように，家
族支援においては，障害をもつ子どもと一時的に離れて自分の時間を過ごせる
ようにするレスパイトケアの側面や，一緒に活動することで障害をもつ子ども
とのコミュニケーションを増やしたり，その他のソーシャルサポートを増やし
たりするような取り組みなど，さまざまな支援を複合的に活用する視点が重要
となる。

(4) 知的障害者スポーツ

　2011年に施行された「スポーツ基本法」では，「スポーツは，障害者が自主
的かつ積極的にスポーツを行うことができるよう，障害の種類及び程度に応じ
必要な配慮をしつつ推進されなければならない。」と定められている。また，
2012年に策定されたスポーツ基本計画では，「年齢や性別，障害等を問わず，
広く人々が，関心，適性等に応じてスポーツに参画することができる環境を整
備すること」が政策課題となり，我が国における障害者スポーツ推進の基礎と

なっている。

　現在，我が国における知的障害者のスポーツ活動の場としては大きく全国障害者スポーツ大会とスペシャルオリンピックスがある。全国障害者スポーツ大会には一般社団法人全日本知的障がい者スポーツ協会に登録する団体の登録選手に出場の可能性があり，地区大会などを経て，国民体育大会開催県において，国民体育大会終了後に開催される大会への出場資格を得る。またこの大会は，障害のある選手が競技を通してスポーツの楽しさを体験するとともに，国民の障害に対する理解を深め，障がいのある人の社会参加の推進に寄与することを目的としている。一方，スペシャルオリンピックスは，知的障害のある人たちにさまざまなスポーツトレーニングとその成果の発表の場である競技会を，年間を通じて提供している。全てのアスリートを称え全員を表彰することが特徴であり，競争の場というよりは日ごろの練習の成果を発表する場である。また，知的障害のある人と知的障害のない人がともにプレーするユニファイドスポーツの普及にも努めており，スポーツ経験の共有を通じて，「共生社会の実現」を目標としている。

　知的障害者がスポーツを行う効果に着目すると，一般に，知的障害者は肥満になりやすい傾向にあり，スポーツの健康効果が期待される。そして実際には，知的障害者はスポーツ活動に参加することで身体の健康維持や体力向上といった「身体的効果」を得られるだけではなく，仕事や学校などに前向きに取り組めるようになることや衝動性，攻撃性の低減，コミュニケーション力の向上といった「社会的効果」，およびスポーツ活動がある生活への満足感や活動のある日の楽しみになっていること，家族関係の構築といった「心理的効果」の三つの効果を得られることが期待できる（田引，2020）。スポーツ基本法の前文には「スポーツは，世界共通の人類の文化である」とある。まず，知的障害者がスポーツ活動に参加することで得られる効果を目的とした支援の側面からの知的障害者スポーツの促進は重要である。その上で，知的障害者の権利として，スポーツ活動への参加が当事者の意思でできるような社会としていくことが求められる。

参考・引用文献
（1）太田俊己，金子健，原仁，湯汲英史，沼田千妤子（共訳），AAIDD（American Association on Intellectual and Developmental Disabilities：米国知的・発達障害協会用語・分類特別委員会）『知的障害：定義，分類および支援体系　第11版』

日本発達障害福祉連盟，2011

(2) 高橋三郎，大野裕（監訳）『DSM-5 精神疾患の診断・統計マニュアル』医学書院，2014

(3) 伊藤美智子「知的障害者とその家族をメンバーとするダンスグループの活動に関する質的研究」日本女子体育連盟学術研究，30，2014，pp.29-41

(4) 石津乃宣・井澤信三「知的障害特別支援学校高等部での進路学習におけるソーシャルスキル・トレーニングの効果の検討」特殊教育学研究，49，2011，pp.203-213

(5) 南雲直二「16 歳以上のダウン症候群者の IQ 分布と性差」心理学研究，65，1994，pp.240-245

(6) 大塚菜央・奥住秀之・國分充「知的障害児・者における構成行為の特徴」平成 26 年度広域科学教科教育学研究経費研究報告書，知的障害児の認知機能の特徴とそれに応じた授業実践に関する研究，2014，pp.7-13

(7) 厚生労働省「これまでの用語変更事例」,「痴呆」に替わる用語に関する検討会（第 1 回），https://www.mhlw.go.jp/shingi/2004/06/s0621-5f.html#top （最終アクセス 2021/11/26）

(8) 厚生労働省「知的障害児（者）基礎調査：調査の結果」https://www.mhlw.go.jp/toukei/list/101-1c.html（最終アクセス 2021/11/26）

(9) Willesen M. H., and Kleefstra T, Making headway with genetic diagnostics of intellectual disabilities. Clin Genet 2014: 85: 101–110. 2014

(10) 文部科学省「特別支援学校学習指導要領解説　各教科等編（小学部・中学部）」2018

(11) 田引俊和『日本の知的障害者スポーツとスペシャルオリンピックス』かもがわ出版，2020

第6章

精神障害をもつ人の心理と支援

1. 精神障害とは

　精神障害とは，精神疾患によって長期にわたり日常生活や社会生活に困難を
きたしている状態を指す。精神疾患とは，何らかの脳の器質的変化あるいは機
能的障害が起こり，さまざまな精神症状，身体症状，行動の変化が見られる状
態である（https://kokoro.mhlw.go.jp/attentive/atv002/, 2022 年 3 月 14 日閲覧）。
　精神疾患の診断基準としては，世界保健機関によって作成された『国際疾病
分類』（ICD）と，アメリカ精神医学会によって作成された『精神疾患の診断・
統計マニュアル』（DSM）が広く用いられている。

(1) 『国際疾病分類』（疾病及び関連保健問題の国際統計分類 International Statistical Classification of Diseases and Related Health Problems ; ICD）

　ICD は世界保健機関（World Health Organization ; WHO）によって作成された，
国際的な統一基準による診断分類である。精神疾患に限らず，医学疾患全体を
網羅した診断分類であり，我が国では医療機関における診療録の管理等にお
いても広く用いられている。ICD は 1893 年の初版以降，さまざまな改訂作業
が行われており，2019 年には第 11 版（ICD-11）が採択された。日本では 2021
年現在，現行の ICD-10 から ICD-11 への国内適用にあたって検討が進められて
いる。

(2) 『精神疾患の診断・統計マニュアル』（Diagnostic and Statistical Manual of Mental Disorders ; DSM）

　DSM はアメリカ精神医学会（American Psychiatric Association ; APA）によっ
て作成された，精神疾患の診断分類である。精神科領域における信頼度の高い
診断基準として，臨床的に広く使用されている。DSM も 1952 年の初版以降，

さまざまな改訂作業が行われており，現在の最新版は 2013 年に発刊された第
5 版（DSM-5）である。

2. 統合失調症
(1) 統合失調症とは

　統合失調症とは，妄想や幻覚などの陽性症状，情動表出の減少や意欲欠如な
どの陰性症状，認知機能障害や社会機能障害などを特徴とする精神疾患である。
有病率は約 100 人に 1 人とされており，発症頻度の高い疾患といえる。発症年
齢は 10 代後半から 30 代が多く，なかでも 20 代が最も多い。発症頻度の性差
は認められないが，発症年齢は男性の方が早いとされている。原因は明らかに
なっていないが，遺伝率は約 80% とされ，発症には遺伝要因と環境要因の両
方の関与が示されている。

　統合失調症の診断においては，さまざまな生物学的研究が進んでいるものの，
確定診断を行うことができる生物学的指標は未だ確立されていないため，症状
の聴取によって診断を行う。以下に DSM-5 における統合失調症の診断基準を
示す。

表 6-1　統合失調症の診断基準（DSM-5）

A. 以下のうち 2 つ（またはそれ以上），おのおのが 1 カ月間（または治療が成功した際は
　 より短い期間）ほとんどいつも存在する。これらのうち少なくともひとつは（1）か（2）
　 か（3）である。
　 (1) 妄想
　 (2) 幻覚
　 (3) まとまりのない発語（例：頻繁な脱線または滅裂）
　 (4) ひどくまとまりのない，または緊張病性の行動
　 (5) 陰性症状（すなわち情動表出の減少，意欲欠如）
B. 障害の始まり以降の期間の大部分で，仕事，対人関係，自己管理などの面で 1 つ以上
　 の機能のレベルが病前に獲得していた水準より著しく低下している（または，小児期
　 や青年期の発症の場合，期待される対人的，学業的，職業的水準にまで達しない）。
C. 障害の持続的な徴候が少なくとも 6 カ月間存在する。この 6 カ月の期間には，基準 A
　 を満たす各症状（すなわち，活動期の症状）は少なくとも 1 カ月（または，治療が成
　 功した場合はより短い期間）存在しなければならないが，前駆期または残遺期の症状
　 の存在する期間を含んでもよい。これらの前駆期または残遺期の期間では，障害の徴
　 候は陰性症状のみか，もしくは基準 A にあげられた症状の 2 つまたはそれ以上が弱め
　 られた形（例：奇妙な信念，異常な知覚体験）で表されることがある。

D. 統合失調感情障害と「抑うつ障害または双極性障害, 精神病性の特徴を伴う」が以下のいずれかの理由で除外されていること。
　(1) 活動期の症状と同時に, 抑うつエピソード, 躁病エピソードが発症していない。
　(2) 活動期の症状中に気分エピソードが発症していた場合, その持続期間の合計は, 疾病の活動期および残遺期の持続期間の合計の半分に満たない。
E. その障害は, 物質 (例：乱用薬物, 医薬品) または他の医学的疾患の生理学的作用によるものではない。
F. 自閉スペクトラム症や小児期発症のコミュニケーション症の病歴があれば, 統合失調症の追加診断は, 顕著な幻覚や妄想が, その他の統合失調症の診断の必須症状に加え, 少なくとも１カ月 (または, 治療が成功した場合はより短い) 存在する場合にのみ与えられる。

[出典：日本精神神経学会 (日本語版用語監修), 髙橋三郎・大野裕 (監訳)『DSM-5 精神疾患の診断・統計マニュアル』医学書院 , 2014, p.99]

(2) 統合失調症をもつ人の心理的・行動的特性
　統合失調症の症状は多様であるが, ここでは特徴的な症状について取り上げる。
1) 急性期：陽性症状
　急性期には幻覚や妄想などの陽性症状を呈する。
　幻覚：実際にはない対象を知覚すること。統合失調症では幻覚のなかでも幻聴, 特に人の声の幻聴 (幻声) が多くみられる。幻聴の内容は, 自分の考えが声になって聴こえる考想化声や, 自分を批判するような声, 命令するような声, 自分の行動を監視しているような声などが多い。幻聴は, 本人にとっては実際の声と区別がつかないものや, 頭の中に直接聴こえるものがあり, 本人が幻聴と話していると周囲からは独り言 (独語) と見える。
　妄想：明らかに誤った観念を確信し, それを訂正することができない考えのこと。他人から危害を加えられているという被害妄想, 過大な自己評価を内容とする誇大妄想, 自己評価の低下を内容とする微小妄想などがある。
　統合失調症での幻覚や妄想は, 「他者が自分に対して悪い関わりをしてくる」という内容が多い。また幻覚や妄想は本人にとっては真実のこととして体験されるため, 不安や恐怖を起こしやすい。「それは幻聴／妄想だ」と周囲から説明されても, その言葉を信じることができないことが多く, さらなる対人関係の悪化を招きやすい。幻覚や妄想によって睡眠や食事などの生活リズムが崩れたり, 行動にまとまりがなくなったり, 周囲とのコミュニケーションをとれな

くなるなど，日常生活や対人関係などにも影響を及ぼす。

2）慢性期：陰性症状

慢性期には感情の平板化や意欲の低下などの陰性症状を呈する。

感情の平板化：適切な感情がわきにくい，感情の表出が困難となり表情が乏しく硬い，不安や緊張が強いなど。

意欲の低下：行動のための意欲がわきにくい。入浴や身辺整理など身辺の清潔を保つことができない，他者との会話や関わりが億劫になり無口で閉じこもった状態（自閉）になるなど。

陽性症状では幻覚や妄想など「これまでなかったものがあらわれる状態」を呈するのに比べて，陰性症状では「これまでできていたことができなくなる状態」を呈するため，症状や状態の把握が難しいことが多い。支援者は常に適切なアセスメントを行うことが求められる。

3）認知機能障害

統合失調症では広範な認知機能障害が認められる。全般的知能をはじめ，視覚情報処理，注意，ワーキングメモリ，短期記憶，遂行機能，文脈処理，社会的知覚や社会的認知などの領域が障害されていることが示されており，これらの機能低下によっても日常生活や対人関係における障害が引き起こされる。

(2) 統合失調症をもつ人への支援のあり方

統合失調症の治療では薬物療法と心理社会的療法の両方を組み合わせて行うことが重要である。急性期には薬物療法が，慢性期には心理社会的療法が中心となり，適切な治療と支援があれば患者は豊かな生活を送ることが可能となる。本章では心理社会的療法として心理教育，心理療法，社会生活技能訓練（SST）について取り上げる。

1）心理教育

疾患の症状や経過，治療，支援体制などについて患者本人および家族に対して説明する。特に統合失調症においては経過の長い疾患であり，薬物療法が重要であることから患者自身が自らの病気に対する正しい認識（病識）を持ち，適切な治療を受けることができるようにすることが重要である。また家族に対しても十分な説明を行うことで，家族が患者に対して適切な疾患理解にもとづいた対応を行うことができるようになり，再発率も低下するとされている。

2) 心理療法

患者の不安や恐怖，困りごとについて，受容的に関わることが基本となる。幻覚や妄想などに対しては否定も肯定もせず，患者の体験を支持的に聴いていく。患者との信頼関係を構築し，規則的に服薬できているか（服薬アドヒアランス）などを確認しながら，ともに治療を進めていく姿勢で支援することが望ましい。

介入として，精神分析的アプローチは症状を増悪させるため禁忌とされており，認知行動療法（Cognitive Behavior Therapy；CBT※後述）などによって妄想的観念から現実的な考え方へと変容を促す介入が有効とされる。近年では対話を通じて症状の緩和を目指すオープンダイアローグなどの介入方法も広がりをみせている。

3) 社会生活技能訓練（Social Skill Training；SST）

統合失調症の症状によって引き起こされた社会生活や対人関係の障害に対する介入方法である。患者の社会生活技能を評価し，対人関係を中心とする社会生活技能のほか，服薬や症状などの自己管理技能，身辺の自立に関わる日常生活技能を高める方法をロールプレイやモデリング，ポジティブなフィードバックなどによって身に付けていく。

その他，認知機能の改善のための認知矯正療法，デイケア等における集団精神療法，レクリエーション療法，作業療法などを組み合わせた支援が行われる。近年では症状の改善だけでなく，患者本人の望む生活や人生の回復過程（リカバリー）が重視されるようになり，支援の幅も広がってきている。

3. うつ病

(1) うつ病とは

うつ病とは，気分や感情の変化・異常を主症状とする気分症群（気分障害）のうちのひとつであり，DSM-5の定義においては2週間以上持続する抑うつ気分と，興味または喜びの喪失などを特徴とする精神疾患である。うつ病の生涯有病率は米国で12〜16%であるのに対し，わが国では6.3%とされ，欧米に比べて頻度は低い傾向にある。発症頻度の性差に関しては，女性が男性の約2倍であるとされている。平均発症年齢は20代半ばで，40歳までに発症するものが半数を占めるが，発症の好発年代である青年に加え，産後の女性，身体疾患の患者，中高年者が発症のハイリスク群として知られている。発症の

原因は明らかになっていないが，脳内の神経伝達障害とするモノアミン仮説や，内分泌反応の視床下部－下垂体－副腎系（hypothalamic-pituitary-adrenal axis；HPA 軸）の機能調節異常仮説，脳由来神経栄養因子（brain-derived neurotrophic factor；BDNF）などの影響によるものとする神経新生仮説などが提唱されている。

　うつ病はその発症に遺伝要因と環境要因が関与する遺伝環境相互作用が知られているが，統合失調症や双極性障害（遺伝率約 80%）と比べ，うつ病は環境要因の関与が高い（遺伝率約 40%）。したがって，うつ病では特に発症に関与している環境要因に対する理解と介入が重要である。

　うつ病の診断においては，他の精神疾患と同様にさまざまな生物学的研究が進んでいるものの，確定診断を行うことができる生物学的指標は未だ確立されていないため，症状の聴取によって診断を行う。以下に DSM-5 におけるうつ病の診断基準を示す。

表 6-2　うつ病（大うつ病性障害）の診断基準（DSM-5）

A：以下の症状のうち 5 つ（またはそれ以上）が同じ 2 週間の間に存在し，病前の機能からの変化を起こしている。これらの症状のうち少なくとも 1 つは（1）抑うつ気分，または（2）興味または喜びの喪失である。
　注：明らかに他の医学的疾患に起因する症状は含まない。
(1) その人自身の言葉（例：悲しみ，空虚感，または絶望を感じる）か，他者の観察（例：涙を流しているように見える）によって示される，ほとんど 1 日中，ほとんど毎日の抑うつ気分
　注：子どもや青年では易怒的な気分もありうる。
(2) ほとんど 1 日中，ほとんど毎日の，すべて，またはほとんどすべての活動における興味または喜びの著しい減退（その人の説明，または他者の観察によって示される）
(3) 食事療法をしていないのに，有意の体重減少，または体重増加（例：1 ヶ月で体重の 5 % 以上の変化），またはほとんど毎日の食欲の減退または増加
　注：子どもの場合，期待される体重増加がみられないことも考慮せよ。
(4) ほとんど毎日の不眠または過眠
(5) ほとんど毎日の精神運動焦燥または制止（他者によって観察可能で，ただ単に落ち着きがないとか，のろくなったという主観的感覚ではないもの）
(6) ほとんど毎日の疲労感，または気力の減退
(7) ほとんど毎日の無価値観，または過剰であるか不適切な罪責感（妄想的であることもある。単に自分をとがめること，または病気になったことに対する罪悪感ではない）
(8) 思考力や集中力の減退，または決断困難がほとんど毎日認められる（その人自身の説明による，または他者によって観察される）

(9) 死についての反復思考（死の恐怖だけではない），特別な計画はないが反復的な自殺念慮，または自殺企図，または自殺するためのはっきりとした計画
B：その症状は，臨床的に意味のある苦痛，または社会的，職業的，または他の重要な領域における機能の障害を引き起こしている。
C：そのエピソードは物質の生理学的作用，または他の医学的疾患によるものではない。
　注：基準A〜Cにより抑うつエピソードが構成される。

［出典：日本精神神経学会(日本語版用語監修)，髙橋三郎・大野裕(監訳)『DSM-5 精神疾患の診断・統計マニュアル』医学書院，2014，pp.160-161］

(2) うつ病をもつ人の心理的・行動的特性

　うつ病の症状として最も中核となるのは「抑うつ気分」と「興味または喜びの喪失」である。うつ病の診断においては，この二つのうちの少なくともどちらかの症状が認められることが必要となっている。

1) 気分と行動の症状

　気持ちが落ち込み，沈んだ気分（抑うつ気分），また悲哀感，不安感やイライラするなどの症状が認められる。また何事にも興味がわかず，これまで楽しむことができていたことに対しても楽しいと感じられなくなる（興味または喜びの喪失：アンヘドニア）。さらに，何もする気になれない（気力の減退），じっとしていられずに動き回ったりイライラして足踏みをする，逆に，話し方や動作が普段より遅くなったり，口数が少なくなったりする（精神運動性の焦燥・抑制）ことがある。周囲から見ると，表情が暗くて元気がない，周囲との交流を避ける，外出や趣味の活動をしなくなる，仕事や家事でミスが増えるなどの変化が認められる。

2) 思考の障害

　うつ病では些細なことにこだわったり，物事に集中できない，考えがまとまらない，決められない（思考力や集中力の減退・決断困難），また自分は価値のない人間だと感じたり，自分を責めたりして（無価値観・自責感）自分に対して悲観的・否定的な考えをもつ。さらに自分には価値がなく生きていても仕方がないから死ぬしかない，または気持ちが落ち込んでつらくて死んだ方がマシなどの考えから死にたい気持ちが強まり（希死念慮・自殺念慮），実際に死ぬことを計画したり，自殺行動を起こす（自殺企図）こともある。

　うつ病における自殺のリスクは，症状が最も強い時期よりもむしろ少し軽快してきた時期に高くなるといわれている。症状が最も強い時期にはエネルギー

が枯渇しているため自殺企図を実行することも困難だが，症状が少し軽快してくると動けるようになり，自殺行動も起こしやすくなるためである。支援者は患者の自殺念慮や自殺企図の重症度に対して注意深くアセスメントすることが必要であると考えられる。

3) 身体の症状

身体症状としては疲れやすい，身体が“だるい”（疲労感）が多く認められる。また睡眠に関しては，寝付けない（入眠困難），夜中に何度も目が覚めて起きてしまう（中途覚醒），朝早くに目が覚めてしまう（早朝覚醒）などの不眠や，いくら寝ても眠くて眠りすぎる過眠などの睡眠障害が認められる。

　うつ病では一般に食欲が低下することにより体重減少が認められる。食欲低下時には，食べたくない，食べても味を感じない，食べなければいけないから食べているなどの訴えが多い。逆に食欲が亢進して体重が増加することもある。その他にも頭痛，口渇，動悸，胃部不快感，頻尿など多様な症状を認める。

(3) うつ病をもつ人への支援のあり方

　うつ病の治療においては軽症うつ病や抑うつ状態に対しては主に心理療法が，中等症・重症うつ病では心理療法と抗うつ薬などの薬物療法の併用が推奨されている。心理療法としては支持的な対応に加え，認知行動療法や対人関係療法などの有効性が示されている。

1) 認知行動療法（Cognitive Behavior Therapy；CBT）

　認知行動療法とは，認知（ものの考え方やとらえ方）に焦点を当てる「認知療法」と，問題に関する具体的に観察・検証可能な行動に焦点を当てる「行動療法」を合わせたものであり，うつ病に対する有効性が研究によって立証されている心理療法である。患者本人が自分や自分を取り巻く世界などに対する認知の歪みに気づき，より現実的なとらえ方を行うことができるように修正する。これにより，認知の歪みによって生じた否定的感情を軽減し，適切な行動を選択することができるようにしていく。

2) 対人関係療法（Interpersonal Psychotherapy；IPT）

　うつ病の発症においては，対人関係の問題が背景となっていることが多く，またうつ病になると身近な対人関係にも歪みが生じる。対人関係療法は，これらの患者本人の対人関係に焦点を当てて扱っていく心理療法である。うつ病の治療法として開発され，研究によって有効性が立証されている。対人関係療法

では自分にとって「重要な他者」（配偶者・親・恋人・親友など，もっとも身近な人）との「現在の」関係を扱っていく。本人のパーソナリティやそれによる対人関係への影響を扱うが，パーソナリティの変容は目的とせず，パーソナリティを理解したうえで本人の対人関係のあり方を考えていく。

4. 心的外傷後ストレス障害（PTSD）
(1) 心的外傷（トラウマ）とは

心的外傷（トラウマ）とは「心の傷」などと表現され，一般的には「精神が強烈な情緒的ないしは感覚的な刺激を受けることで，その機能が一時的に，ないしは不可逆的に失調をきたす事態」と定義される。つまり，つらい体験によって引き起こされた心身の変調が自然に回復せず，慢性的な症状として残り続けている状態といえる。そのつらい体験の内容と，その後の症状が診断基準に当てはまる場合，心的外傷後ストレス障害（Posttraumatic Stress Disorder；PTSD）や複雑性PTSD（Complex Posttraumatic Stress Disorder；C-PTSD）という精神疾患として診断される。我が国では何らかのトラウマ体験がある人は60.7%であるのに対して，PTSDの有病率は1.3%とも報告され，その病態には遺伝要因を含む心理生物学的要因の関与も示唆されている。臨床的にはPTSDの診断基準には該当しないものの，トラウマ症状に苦しむ人は多いと考えられる。

以下にDSM-5におけるPTSDの診断基準を示す。

表6-3 心的外傷後ストレス障害（PTSD）の診断基準（DSM-5）

＜成人，青年，6歳を超える子どもの場合＞

A. 実際にまたは危うく死ぬ，重症を負う，性的暴力を受ける出来事への，以下のいずれか1つ（またはそれ以上）の形による曝露：
  (1) 心的外傷的出来事を直接体験する。
  (2) 他人に起こった出来事を直に目撃する。
  (3) 近親者または親しい友人に起こった心的外傷的出来事を耳にする。家族または友人が実際に死んだ出来事または危うく死にそうになった出来事の場合，それは暴力的なものまたは偶発的なものでなくてはならない。
  (4) 心的外傷的出来事の強い不快感をいだく細部に，繰り返しまたは極端に曝露される経験をする（例：遺体を収集する緊急対応要員，児童虐待の詳細に繰り返し曝露される警官）。

　　　　注：基準 A4 は，仕事に関連するものでない限り，電子媒体，テレビ，映像，または写真による曝露には適用されない。

B. 心的外傷的出来事の後に始まる，その心的外傷的出来事に関連した，以下のいずれかの 1 つ（またはそれ以上）の侵入症状の存在：

(1) 心的外傷的出来事の反復的，不随意的，および侵入的で苦痛な記憶
　　　注：6 歳を超える子どもの場合，心的外傷的出来事の主題または側面が表現された遊びを繰り返すことがある。

(2) 夢の内容と感情またはそのいずれかが心的外傷的出来事に関連している，反復的で苦痛な夢
　　　注：子どもの場合，内容のはっきりしない恐ろしい夢のことがある。

(3) 心的外傷的出来事が再び起こっているように感じる，またはそのように行動する解離症状（例：フラッシュバック）（このような反応は 1 つの連続体として生じ，非常に極端な場合は現実の状況への認識を完全に喪失するという形で現れる）
　　　注：子どもの場合，心的外傷に特異的な再演が遊びの中で起こることがある。

(4) 心的外傷的出来事の側面を象徴するまたはそれに類似する，内的または外的なきっかけに曝露された際の強烈なまたは遷延する心理的苦痛

(5) 心的外傷的出来事の側面を象徴するまたはそれに類似する，内的または外的なきっかけに対する顕著な生理学的反応

C. 心的外傷的出来事に関連する刺激の持続的回避。心的外傷的出来事の後に始まり，以下のいずれか 1 つまたは両方で示される。

(1) 心的外傷的出来事についての，または密接に関連する苦痛な記憶，思考，または感情の回避，または回避しようとする努力

(2) 心的外傷的出来事についての，または密接に関連する苦痛な記憶，思考，または感情を呼び起こすことに結びつくもの（人，場所，会話，行動，物，状況）の回避，または回避しようとする努力

D. 心的外傷的出来事に関連した認知と気分の陰性の変化。心的外傷的出来事の後に発現または悪化し，以下のいずれか 2 つ（またはそれ以上）で示される。

(1) 心的外傷的出来事の重要な側面の想起不能（通常は解離性健忘によるものであり，頭部外傷やアルコール，または薬物など他の要因によるものではない）

(2) 自分自身や他者，世界に対する持続的で過剰に否定的な信念や予想（例：「私が悪い」，「誰も信用できない」，「世界は徹底的に危険だ」，「私の全神経系は永久に破壊された」）

(3) 自分自身や他者への非難につながる，心的外傷的出来事の原因や結果についての持続的でゆがんだ認識

(4) 持続的な陰性の感情状態（例：恐怖，戦慄，怒り，罪悪感，または恥）

(5) 重要な活動への関心または参加の著しい減退

(6) 他者から孤立している，または疎遠になっている感覚

(7) 陽性の情動を体験することが持続的にできないこと（例：幸福や満足，愛情を感じることができないこと）

E. 心的外傷的出来事と関連した，覚醒度と反応性の著しい変化。心的外傷的出来事の後に発現または悪化し，以下のいずれか2つ（またはそれ以上）で示される。

　(1) 人や物に対する言語的または身体的な攻撃性で通常示される，（ほとんど挑発なしでの）いらだたしさと激しい怒り

　(2) 無謀なまたは自己破壊的な行動

　(3) 過度の警戒心

　(4) 過剰な驚愕反応

　(5) 集中困難

　(6) 睡眠障害（例：入眠や睡眠維持の困難，または浅い眠り）

F. 障害（基準B，C，DおよびE）の持続が1ヵ月以上

G. その障害は，臨床的に意味のある苦痛，または社会的，職業的，または他の重要な領域における機能の障害を引き起こしている。

H. その障害は，物質（例：医薬品またはアルコール）または他の医学的疾患の生理学的作用によるものではない。

［出典：日本精神神経学会 (日本語版用語監修)，髙橋三郎・大野裕 (監訳)『DSM-5 精神疾患の診断・統計マニュアル』医学書院，2014，pp.269-270］

　トラウマの原因となった出来事から4週間以内に症状が認められる場合は，PTSDではなく「急性ストレス障害」(Acute Stress Disorder；ASD) と診断される。4週間を経過しても症状が続く，または4週間以上経過してから症状が強く認められるようになった場合などにPTSDと診断されるようになる。

　トラウマとなった出来事が，事故・犯罪被害・震災などの非日常的な恐怖体験の場合，Ⅰ型（単回性）・PTSDとされる。これに対して虐待・DV（ドメスティック・バイオレンス：配偶者や恋人など親密な関係にある，またはあった者から振るわれる暴力）・養育者との不安定な関係・いじめ被害などの日常的に繰り返されてきた恐怖体験が原因となった場合，Ⅱ型（慢性反復性）・複雑性PTSDとされる。なお，複雑性PTSDはICD-11から採用された新しい疾患概念であり，DSM-5には採用されていない。

(2) 心的外傷（トラウマ）をもつ人の心理的・行動的特性

　トラウマによる症状は多様であるが，以下に代表的なものを挙げる。

1) 侵入症状

　トラウマ体験やそれに関連する記憶が，意図せずに突然思い出される。強い恐怖や衝撃を受けたときには，その体験を通常の記憶のように整理することができず，記憶の断片化が起こる。これにより過去のトラウマ体験が，すべてそ

のまま蘇ってきたり（再体験），いま実際に起きているかのように感じられるフラッシュバックが引き起こされる。また，繰り返す悪夢として夢の中で再現されたり，子どもの場合は遊びの中で再現されたりすることもある。思い出した時には気持ちが動転したり，現実感を失ったり，動悸や発汗などの身体生理的反応を伴う。

　なお，記憶が突然思い出される症状とは逆に，記憶の一部を思い出せなくなる解離性健忘や，離人感・現実感消失などの解離症状がみられることもある。

2) 回避症状

　トラウマ体験を思い起こさせることを避ける。思考面ではトラウマ体験やそれに関連することについて考えることを避けたり，行動面ではトラウマ体験の記憶を思い出させるような状況，人物，物事，会話などを避けたりする。

3) 過覚醒症状

　脳の過剰な興奮により，覚醒水準が高い状態が続く。過剰な警戒心や，些細な刺激にも過剰に驚くような驚愕反応，集中力の低下，睡眠障害，焦燥感，無謀または自己破壊的行動などがみられる。頭痛，腹痛，原因不明の疼痛などの身体的な症状として現れることもある。

4) 思考と気分の否定的変化

　物事に対して否定的な認知をもつようになる。問題となった出来事に対しても否定的な認知となり，自責的になることも多い。例として，事件・事故や震災などの生存者が，自分が生き残ったことに対して抱く罪悪感（サバイバーズ・ギルト）が挙げられる。また物事に対する興味や関心を失ったり，恐怖，怒り，恥などの否定的な感情しか感じることができず，周囲からの孤立感を感じたり，幸福感や愛情などの肯定的な感情を感じることができなくなる。子どもの場合は，感情や遊びの幅が減少したり，退行などとして現れることもある。

(3) 心的外傷をもつ人への支援のあり方

1) トラウマケアの 3 段階

　トラウマをもつ人への支援として，3 段階のケアが提唱されている。

(a) トラウマインフォームドケア（Trauma Informed Care；TIC）

　支援者や専門家だけでなく，すべての人がトラウマを理解し（Realize），その影響を認識し（Recognize），適切に対応する（Respond）ことで，再トラウマ化を予防する（Resist re-traumatization）という「4 つの R」をふまえてかかわる。

(b) トラウマレスポンシブケア（Trauma Responsive Care；TRC）

一般の医療機関や行政の保健福祉課スタッフなどの専門家が，個々の事情や症状に応じて環境調整や症状のコントロール方法などの具体的支援を実施する。

(c) トラウマスペシフィックケア（Trauma Specific Care；TSC）

トラウマ治療が必要な場合，心理職・医療職のトラウマケア専門家がトラウマに焦点を当てた心理療法（トラウマ焦点化心理療法）などを行う。

2）トラウマ焦点化心理療法

国際的な PTSD 治療ガイドラインによって推奨されるトラウマへの心理療法としては持続エクスポージャー療法・認知処理療法・EMDR が，子どもに対しては TF-CBT が挙げられる。

(a) 持続エクスポージャー療法（長時間曝露法 Prolonged Exposure Therapy；PE）

恐怖や不安の原因となる刺激や状況に段階的にあえてさらすことで，不安反応を消していく。

(b) 認知処理療法（Cognitive Processing Therapy；CPT）

自分に対する否定的な考え方・捉え方に気づき，理解し，整理することで，トラウマからの回復を妨げる認知を修正していく。

(c) EMDR（Eye Movement Desensitization and Reprocessing；眼球運動による脱感作と再処理法）

左右水平方向の眼球運動などの両側性刺激を用いて，トラウマ記憶が適応的記憶になるように情報処理を促していく。

(d) TF-CBT（Trauma-Focused Cognitive Behavioral Therapy；トラウマフォーカスト認知行動療法）

子どものトラウマに特化した認知行動療法であり，トラウマを有する子どもに特有なニーズに沿って組まれた八つの治療構成要素に取り組んでいく。

その他にも，トラウマに対する新たな心理療法・介入技法が国内外で開発されてきている。代表的なものを以下に示す。

(e) ソマティック・エクスペリエンシング®（Somatic Experiencing®；SE™）

主に身体感覚に焦点を当て，トラウマの影響によって生じている神経生理学的状態に合わせた介入を行うことにより，神経系の調整不全を修正していく。

(f) 自我状態療法 (Ego State Therapy；EST)

催眠またはイメージ誘導下で自我状態にアクセスし，パーソナリティの内的システムを適応的な分化の方向へ導くことで，主訴や問題行動を解消していく。

(g) TFT (Thought Field Therapy®；思考場療法)

トラウマ記憶に伴う不快感に意識を向けながら体の特定部位（つぼ）をタッピングすることで，心理的問題の症状を軽快させていく。

(h) ホログラフィー・トーク (Holography Talk)

軽い催眠状態の下で自分の感情や身体症状の意味を読み取り，解決を見出し，癒しの過程を経ていく。

(i) TS プロトコール (Traumatic Stress プロトコール)

左右交互刺激と呼吸法，および極少量の薬物処方を組み合わせた技法により，フラッシュバックの軽減とトラウマ処理を行う。

5. さいごに

精神障害をもつ人に対しては，その疾患への理解とともに，疾患による障害への理解が重要である。また精神障害に対するさまざまな偏見・差別（スティグマ）を軽減していくことも社会的に重要な課題である。支援者が「すべての人々が，より良い日々を過ごすことができるように」という視点を大切にして支援を行っていくことを願っている。

参考・引用文献
(1) 厚生労働省「働く人のメンタルヘルス・ポータルサイト：こころの耳　2 精神障害の基礎知識とその正しい理解」https://kokoro.mhlw.go.jp/attentive/atv002/（2022 年 3 月 14 日閲覧）
(2) 福田正人ほか（編）日本統合失調症学会（監）『統合失調症』医学書院 , 2013
(3) 日本うつ病学会 気分障害の治療ガイドライン作成委員会『日本うつ病学会治療ガイドラインⅡ　うつ病（DSM-5）／大うつ病性障害』日本うつ病学会 , 2016
(4) 飛鳥井望（監訳）『PTSD 治療ガイドライン』（第 2 版）金剛出版 , 2013
(5) 白川美也子（監）『トラウマのことがわかる本　生きづらさを軽くするためにできること』講談社 , 2019
(6) 加藤隆弘・神庭重信（編）野島一彦・繁桝算男（監）『精神疾患とその治療』（公認心理師の基礎と実践 22）遠見書房 , 2020
(7) 日本精神神経学会（日本語版用語監修），髙橋三郎・大野裕（監訳）『DSM-5 精神疾患の診断・統計マニュアル』医学書院 , 2014

第7章

発達障害をもつ人の心理と支援

1. 発達障害とは

　発達障害は，発達障害者支援法において，「自閉症，アスペルガー症候群その他の広汎性発達障害，学習障害，注意欠陥多動性障害その他これに類する脳機能の障害であってその症状が通常低年齢において発現するものとして政令で定めるものをいう」と定義されている。図7-1に示したように，それぞれの障害は併存することも少なくない。また，定義上，学習障害は知的障害と重複しないが，自閉症と注意欠陥多動性障害は，知的な遅れを伴う場合もある。図

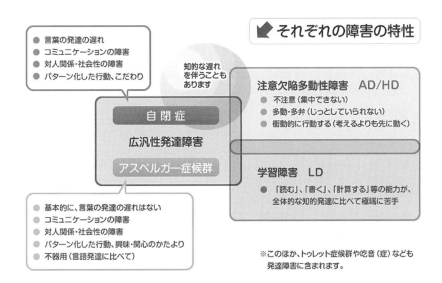

　図7-1　発達障害とは［内閣府　政府広報オンライン　暮らしに役立つ情報「発達障害って，何だろう」2021年12月
https://www.gov-online.go.jp/featured/201104/contents/rikai.html］

7-1 の自閉症，広汎性発達障害，アスペルガー症候群といった名称は，アメリカ精神医学会の診断統計マニュアル DSM-5 からは使われず，自閉スペクトラム症（ASD：Autism Spectrum Disorder）と表現される。本章でも自閉スペクトラム症と表記する。以前のアスペルガー症候群は，自閉症の症状のうち，言語発達の遅れや知的発達の遅れが見られないタイプをさし，高機能自閉症は，知的発達の遅れがないタイプを意味していた。WHO の国際疾病分類 ICD-11 においても，広汎性発達障害から自閉スペクトラム症へと診断名が変更されている（森野・海老島，2021）。文部科学省によると，学習障害は，「聞く」「話す」「読む」「書く」「計算する」「推論する」といった学習に必要な基礎的な能力のうち，一つないし複数の特定の能力についてなかなか習得できなかったり，うまく発揮することができなかったりすることによって，学習上，さまざまな困難に直面している状態と定義されている。DSM-5 では限局性学習障害（SLD：Specific Learning Disability）といい，例えば，知的能力及び一般的な理解能力などに特に異常がないにもかかわらず，文字の読み書き学習に著しい困難を抱える読み書き障害（ディスレクシア）などが含まれる。文部科学省や発達障害者支援法における注意欠陥多動性障害（ADHD：Attention Deficit Hyperactivity Disorder）は，DSM-5 では注意欠如・多動症 / 注意欠如・多動性障害と表現されているが，本章の文中では ADHD の表記とする。ADHD は不注意と多動性および衝動性が主な症状である。

　発達障害をもつ人は，本人の行動特性と環境の不一致，周囲の人の無理解などにより日常生活や社会生活の中で困難を抱えがちである。次の節では，自閉スペクトラム症，限局性学習障害，ADHD をもつ人の日常生活において見られる心理的・行動的特徴について述べる。

2. 発達障害をもつ人の心理的・行動的特徴
(1) 自閉スペクトラム症

　自閉スペクトラム症の主症状は，① 複数の状況で社会的コミュニケーションおよび対人的相互反応における持続的欠陥と，② 行動，興味，または活動の限定された反復的な様式である（髙橋，2016）。① に関しては，乳幼児期は，視線が合わない，抱かれるのを好まない，声をかけても振り向かない，周囲の子どもに関心がなく一人でいるといった特徴から養育者が発達に違和感をもつことが多い。言葉の理解と使用に困難があり，相手と同じ言葉を繰り返して言

う反響言語（エコラリア）があったり，言葉が流暢であっても独特の言い回しや，自分の好きなことだけを一方的に質問し続けてしまうなどの特徴がみられる（発達障害教育推進センター HP）。言語に遅れがないとされる場合も，比喩，皮肉，暗示などの理解が難しく，ことわざなどを文字どおりの意味にとってしまうことがある。② については特定の行動や活動への異常なこだわりや，変化への抵抗があり，少しの変化でもかんしゃくを起こす（傳田，2017）。知的障害を伴う場合，手や指をひらひらさせたり，体を前後に揺すったりといった常同的で反復的な自己刺激行動を示すことがある。また感覚刺激に対する敏感さや鈍感さがあり，空調の音が気になり耳をふさいだり，暑さや寒さ，痛さに無頓着な様子がみられたりする。

　認知特性としては，全体的統合が弱く，部分（構成要素）により強く影響を受けることがあげられる（野呂，2017）。細部に注目し，断片化して見てしまうことで，全体的な状況や人の意図を読み取ることが難しくなっている可能性があるが，一方でこうした認知傾向は，プログラムのバグを見つけるのが得意，細かい描写の絵画が描けるといった強みにもなる（黒田，2018）。その他の認知特性として，社会的情報への注視が少ないことがあげられる。例えば，人間の顔や視線を見ることが少ない，人の顔よりも幾何学模様へ視線を向ける，点が集まって動くことで生物の動きに見えるバイオロジカルモーションへの注視が少ない，人が指さした先を見ないなどの特徴があげられている（藤岡，2017）。

(2) 限局性学習障害

　「聞く」，「話す」，「読む」，「書く」，「計算する」，「推論する」ことにおける困難さを具体的に，表 7-1 に示した。「聞く」，「話す」が困難な場合，その原因として語音認知が弱い可能性がある。「ラ」と「ダ」の音の区別，「ともだち」の中から「ダ」の音を抽出するといった能力は 6 歳以上でほぼ習得されるが，このような課題が難しいと，語音認知に何らかの問題があり，学習面，生活面で不自由があるとされている（岡崎・柴田・田坂ほか，2006）。情報の保持と処理を行うワーキングメモリが弱いことが原因で，4 語文，5 語文の長い文は聞き取ることができなかったり，話すことができなかったりすると考えられている（熊谷，2017）。「読む」ことは，目で見た文字の情報を音声化することが求められるが，この能力が弱い場合，1 文字 1 文字を音に変えるのに時間がか

表 7-1　学習障害の各分野における困難さの基本的な症状

各分野における困難さ	基本的な症状
「聞く」ことの困難さ	耳からの情報処理に問題があるため，集団のなかで指示が理解できなかったり，単語は理解できているが，文章としての意味は理解できなかったりする。短期記憶の弱さも加わると，聞いたことをすぐに忘れるため，2つ以上の指示の理解が困難なこともある
「話す」ことの困難さ	会話が一方的で，話題がとびやすいという特徴がある．事柄や順序を整理して話すことが苦手であったり，「いつ，誰が，どこで，何を，どうした」といった文脈構成上の基本的な要素が欠落するため，相手が聞いていてわかりやすく話すことが困難である
「読む」ことの困難さ	目からの情報処理に問題があるため，似た文字（例えば「め」と「ぬ」）の弁別にとまどったり，行や文字をとばし読みしたり重複読みしたりする。勝手に語尾を置き換えて「＝でした」を「〜でしょう」と読んだりすることもある。また，文章の内容を正しくとらえて読むことが苦手である
「書く」ことの困難さ	目からの情報処理に問題があったり，空間認知の困難さがみられたりするため，文字が左右，上下に反転する鏡文字を書いたり，文字を書くと線が足りなかったり多かったり，細かいところが不正確である。また板書が非常に苦手で，マス目から文字がはみ出す，といった症状を示す
「計算する」ことの困難さ	簡単な計算や暗算が難しく，時間がかかる。短期記憶の弱さのために，繰り上がった数を忘れるため，繰り上がりの計算が苦手である。筆算の桁がずれる間違いも多く，数量や単位の理解が難しい。図形を描くことが困難で，文章問題も苦手である
「推論する（見通しを立てるなど）」ことの困難さ	因果関係を理解したり，相手の立場に立って考えたりすることが困難なため，尋ねられた内容に適切な受け答えができなかったり，目的に沿って計画したり，必要に応じて修正することができなかったりする。なお，この「推論する」能力には，図形や数量の理解・処理といった算数や数学における基礎的な推論能力も含まれている

[福島哲夫編『公認心理師必携テキスト』学研メディカル秀潤社，2018，p.273]

かるため，音読は遅く，流暢に読むことはできない。また，文字や単語を視覚的に把握する能力が弱い場合，形態的に似た文字の読み間違いが起きたり，文字で書かれた文章の中から単語を一つのまとまりとして取り出せないため，単語や分節の途中で区切って読んでしまうことがある（稲垣，2016）。算数が難しいという場合，数の概念が理解できないのか，それとも計算ができないのか（暗算と筆算のどちらもできないのか，筆算だけができないのか），文章題ができないのかなど算数の下位分類のどこが困難なのかを見ていく必要がある（熊谷，2017）。

　人間の情報の処理の仕方には「同時処理」と「継次処理」の2種類があるが，この二つの処理能力の違いによっても学習における困難さが異なる。同時処理とは，個々の要素をある全体に統合する処理様式で，継次処理とは，構成要素を連続的な系列として統合し処理する様式である（東原・前川・藤倉，1995）。例えば，計算を例にあげると，同時処理に弱さをもつ児童は，数概念の把握が難しく，算数の計算を機械的記憶の学習に頼ってしまう。一方，継次処理に弱さをもつ児童は，繰り上がりのある足し算の指導のように，1ステップずつ段階的な手順や手続きを必要とする計算につまずきやすい（東原他，1995）。漢字を書くことを例にあげると，同時処理が弱いと，全体のまとまりとして把握することが難しいため，漢字を構成する部分は合っているが，偏とつくりの位置関係がうまく再現できない。一方，継次処理が弱い場合は，漢字全体の大まかな形は合っているが，部分が正確ではないような文字を書いてしまう（熊谷，2017）。学校では先生が黒板に書いた文字をノートに書き写す作業が多く，また時間も限られているため，文字を書くことが困難な児童・生徒にとって苦痛が大きい。そのことが，学校での勉強そのものへの苦手意識や拒否反応を強めてしまうことがある。学習障害をもつ場合，特定の分野のみどうしてもわからない，できないということが起きるため，本人も周囲の人もその理由がわからず，努力が足りないと考えてしまう。どんなに頑張ってもできないことが続けば，自己評価が低下し，大きなストレスを感じるため，学習の困難がどのような認知特性から生じているのかを正しく理解し，特性に応じた適切な支援が必要である。

(3) 注意欠如・多動症／注意欠如・多動性障害（ADHD）

　ADHD の診断基準（DSM-5）を表7-2に示した。不注意や多動性および衝動性の程度が年齢に不相応であり，そのことが人間関係や学業および職業において悪影響を及ぼしていることがポイントである。じっとしていることが難しい，親の指示に従えない，順番を待てないといった特徴は幼児期にはよくみられる行動特性であるため，学童期になってから行動上の問題が表面化しやすい。授業中には静かに座っていることや先生の指示に従うことが求められるため，自分の行動をコントロールすることが困難な ADHD の子どもは，授業中に席を離れたり，気が散ってしまい与えられた課題以外のことをしたり，他の子に話しかけてしまうといった行動が問題となる。不注意が中心の場合も，忘れ物が

表 7-2　ADHD の診断基準（DSM-5）

A.（1）および / または（2）によって特徴づけられる，不注意および / または多動性－衝動性の持続的な様式で，機能または発達の妨げとなっているもの：

（1）**不注意**：以下の症状のうち 6 つ（またはそれ以上）が少なくとも 6 カ月持続したことがあり，その程度は発達の水準に不相応で，社会的および学業的 / 職業的活動に直接，悪影響を及ぼすほどである。

注：それらの症状は，単なる反抗的行動，挑戦，敵意の表れではなく，課題や指示を理解できないことでもない。青年期後期および成人（17 歳以上）では，少なくとも 5 つ以上の症状が必要である。

（a）学業，仕事，または他の活動中に，しばしば綿密に注意することができない，または不注意な間違いをする（例：細部を見過ごしたり，見逃してしまう，作業が不正確である）。

（b）課題または遊びの活動中に，しばしば注意を持続することが困難である（例：講義，会話，または長時間の読書に集中し続けることが難しい）。

（c）直接話しかけられたときに，しばしば聞いていないように見える（例：明らかな注意を逸らすものがない状況でさえ，心がどこか他所にあるように見える）。

（d）しばしば指示に従えず，学業，用事，職場での義務をやり遂げることができない（例：課題を始めるがすぐに集中できなくなる，また容易に脱線する）。

（e）課題や活動を順序立てることがしばしば困難である（例：一連の課題を遂行することが難しい，資料や持ち物を整理しておくことが難しい，作業が乱雑でまとまりがない，時間の管理が苦手，締め切りを守れない）。

（f）精神的努力の持続を要する課題（例：学業や宿題，青年期後期および成人では報告書の作成，書類に漏れなく記入すること，長い文書を見直すこと）に従事することをしばしば避ける，嫌う，またはいやいや行う。

（g）課題や活動に必要なもの（例：学校教材，鉛筆，本，道具，財布，鍵，書類，眼鏡，携帯電話）をしばしばなくしてしまう。

（h）しばしば外的な刺激（青年期後期および成人では無関係な考えも含まれる）によってすぐ気が散ってしまう。

（i）しばしば日々の活動（例：用事を足すこと，お使いをすること，青年期後期および成人では，電話を折り返しかけること，お金の支払い，会合の約束を守ること）で忘れっぽい。

（2）**多動性および衝動性**：以下の症状のうち 6 つ（またはそれ以上）が少なくとも 6 カ月持続したことがあり，その程度は発達の水準に不相応で，社会的および学業的 / 職業的活動に直接，悪影響を及ぼすほどである。

注：それらの症状は，単なる反抗的行動，挑戦，敵意などの表れではなく，課題や指示を理解できないことでもない。青年期後期および成人（17 歳以上）では，少なくとも 5 つ以上の症状が必要である。

（a）しばしば手足をそわそわと動かしたりトントン叩いたりする，またはいすの上でもじもじする。

（b）席についていることが求められる場面でしばしば席を離れる（例：教室，職場，その他の作業場所で，またはそこにとどまることを要求される他の場面で，自分の場所を離れる）。

(c) 不適切な状況でしばしば走り回ったり高い所へ登ったりする（注：青年または成人では，落ち着かない感じのみに限られるかもしれない）。

(d) 静かに遊んだり余暇活動につくことがしばしばできない。

(e) しばしば "じっとしていない"，またはまるで "エンジンで動かされているように" 行動する（例：レストランや会議に長時間とどまることができないかまたは不快に感じる；他の人達には，落ち着かないとか，一緒にいることが困難と感じられるかもしれない）。

(f) しばしばしゃべりすぎる。

(g) しばしば質問が終わる前にだし抜いて答え始めてしまう（例：他の人達の言葉の続きを言ってしまう；会話で自分の番を待つことができない）。

(h) しばしば自分の順番を待つことが困難である（例：列に並んでいるとき）。

(i) しばしば他人を妨害し，邪魔する（例：会話，ゲーム，または活動に干渉する；相手に聞かずにまたは許可を得ずに他人の物を使い始めるかもしれない；青年または成人では，他人のしていることに口出ししたり，横取りすることがあるかもしれない）。

B. 不注意または多動性─衝動性の症状のうちいくつかが 12 歳になる前から存在していた。

C. 不注意または多動性─衝動性の症状のうちいくつかが 2 つ以上の状況（例：家庭，学校，職場；友人や親戚といるとき；その他の活動中）において存在する。

D. これらの症状が，社会的，学業的または職業的機能を損なわせているまたはその質を低下させているという明確な証拠がある。

E. その症状は，統合失調症，または他の精神病性障害の経過中にのみ起こるものではなく，他の精神疾患（例：気分障害，不安症，解離症，パーソナリティ障害，物質中毒または離脱）ではうまく説明されない。

[出典：日本精神神経学会（日本語版用語監修），髙橋三郎・大野裕（監訳）
『DSM-5 精神疾患の診断・統計マニュアル』医学書院，2014，pp.58-59]

多い，宿題が提出できないといった形で問題があらわれる。一般的に思春期になると，外から見た多動性は減るものの，内的な落ち着きのなさが中心となり，認知面と言葉の面での衝動性や不注意は継続してみられる（齊藤，2018）。

　いずれの発達障害も，知能検査によって，それぞれの人の知的能力の特徴を把握することが重要である。児童用のウェクスラー式知能検査 WISC-Ⅳでは，「言語理解」，「知覚推理」，「ワーキングメモリ」，「処理速度」の四つの側面を知ることができる。全検査を総合した知能指数の高低だけでなく，知能の各側面間のギャップにも注目し，個人の知的能力の特徴に応じた支援が必要である。

3. 支援のあり方

　発達障害をもつ人への支援は，本人が幼いうちは養育者や家族への支援が特に重要である。小学校へ入学後は，学校生活において本人が適応しやすい環境の整備や合理的配慮を行い，友人関係や学業上のつまずきから自信を失ったり，問題行動を増加させたりするなどの二次障害を防ぐことが大切である。

(1) 家族への支援

　発達障害の子どもをもつ親に対する支援に，ペアレント・トレーニングがある。ペアレント・トレーニングとは，環境調整や子どもへの肯定的な働きかけを学び，保護者や養育者の関わり方や心理的なストレスの改善，子どもの適切な行動の促進と不適切な行動の改善を目的としたプログラムのことである（日本発達障害ネットワーク JDDnet 事業委員会，2020）。知識だけでなくロールプレイやホームワークを通して，養育者が日常生活の中で実践しやすく工夫されている。ペアレント・トレーニングの核となるコア・エレメントについて表7-3 に示した。親が子どもの問題行動を叱るばかりではなく，できていることや良い面に気づき，ほめることができれば，子どもはどのような行動をすればよいかが明確に理解でき，安心することができる。問題行動が生じるのはどのような時が多いのかを分析することで，問題行動を起こしやすくする刺激を取り除き，子どもが適応的な行動が取れるように環境を調整することができる。発達障害の子どもの示す問題行動は，その意味がわかりにくく程度も強いため，その対応にいらいらさせられる親も多い。また子どもの問題行動が，周囲の人からしつけの問題だとみなされることによって，親は自分自身の子育てに自信を失い，孤立しやすい。そのため，こうした専門家によるトレーニングを，同じように発達障害の子どもを育てている保護者たちと一緒に受けることは，虐待を含む不適切な養育を防ぐためにも重要である。

表 7-3　コア・エレメントの内容

コア・エレメント	内容
子どもの良いところ探し&ほめる	子どもの適応的な行動に注目し，行動の後に子どもにとってプラスの状況（ほめたり，子どもの好む活動を用意したり）をもたらすことができるように，子どもの特性に応じたほめ方やかかわりができるようになることを目指します。
子どもの行動の3つのタイプわけ	子どもの行動を，「好ましい行動」，「好ましくない行動」，「許しがたい行動」の3つに分け，好ましい行動には「ほめる」対応を，「好ましくない行動」には，計画的な無視や環境調整，指示の工夫を行うことを学びます。ここでは，問題を行動として整理することを目的とし，それぞれの行動のタイプの対応方法はその後に順次学び，まず「好ましい行動」に注目してほめることから始めます（注1）。（「許しがたい行動」への対応としての警告・タイムアウトはコア・エレメントには含まず，オプションとしています）
行動理解（ABC分析）	行動理論に基づいて，一つひとつの子どもの行動を観察し，A「行動の前のきっかけ」-B「行動」-C「行動の後の結果」に分けて（A-B-Cの3つに分けるのでABC分析ともいわれます），客観的に行動を捉え，子どもの行動の理由がわかるようになることを目指します。
環境調整（行動が起きる前の工夫）	子どもの周囲の環境（人や物）を整え，子どもが適応的な行動をしやすくなるための工夫を考えます。「行動理解」の「A：行動の前のきっかけ」にあたります。子どもの特性にあわせて，刺激となるようなものを減らしたり，見てわかりやすいスケジュールやルールなどを提示したりします。さらに特性に応じた工夫が必要な場合はオプションで追加します。
子どもが達成しやすい指示	子どもへの声かけやかかわり方の工夫を考えます。適切な行動を子どもに促すときは，まず苛立ちや怒りといった否定的な感情を抑えおだやかに（C:Calm），子どもの近くに行き（C:Close），落ち着いた静かな声で（Q:Quiet），子どもにわかりやすい指示を行います（注2）。子どもがしてほしいことを少しでもしようとしたとき，したときにほめることが大切です。
子どもの不適切な行動への対応	子どもの不適切な行動に注目しすぎず，子どもの行動を客観的に観察し，落ち着いて対処できるようになることを目指します。「好ましくない行動」に対して，「計画的な無視（ほめるために待つ）」を行い，少しでも好ましい行動がみられたらほめるようにします。子どもが適切な行動ができるよう，環境調整を含めた「指示」の工夫を行うこともあります。不適切な行動への対応は，かえって子どもの不適切な行動を増やしてしまうこともあるため，「ほめる」ことをベースにしたかかわりが定着していることが前提となります。

注1）好ましい行動の分け方のコツは，半数以上を「今できている行動」，半数弱は「時々できている，もっと増えたらよいと思う行動」とすることです。

注2）指示の出し方でCCQというテクニックです。

　　　［出典：一般社団法人 日本発達障害ネットワーク JDDnet（協力 日本ペアレント・トレーニング研究会）『ペアレント・トレーニング実践ガイドブック』2020，pp.13-14］

(2) 学校における支援

　文部科学省が 2012（平成 24）年に行った「通常の学級に在籍する発達障害の可能性のある特別な教育的支援を必要とする児童生徒に関する調査」によると，公立の小学校・中学校の通常学級において，「知的発達に遅れはないものの学習面又は行動面で著しい困難を示す」とされた児童生徒の割合は 6.5% と推定されている。推定値の内訳は，学習障害に相当する「学習面で著しい困難を示す」児童生徒は 4.5%，ADHD に相当する「不注意又は多動性−衝動性の問題を著しく示す」児童生徒は 3.1%，自閉症に相当する「対人関係やこだわり等の問題を著しく示す」児童生徒は 1.1% であった。文部科学省の「令和元年度通級による指導実施状況調査結果」では，小・中・高等学校において通級による指導を受けている発達障害をもつ児童生徒数は，合計 72,733 名であった。障害別にみると，自閉症が 25,635 名，ADHD が 24,709 名，学習障害が 22,389 名であり，いずれも前年よりも増加していた。そのため，通常の学級内で，発達障害の児童生徒のニーズに応じて環境調整や特別な指導を行う必要性は高まってきているといえる。

1) 自閉スペクトラム症の児童生徒への支援

　自閉スペクトラム症の子どもに対する環境調整の代表的なものに構造化がある。構造化とは，視覚的情報が優位であり，いつも通りのパターンを好み，見通しが明確な状況において能力を発揮しやすいという自閉スペクトラム症の特徴に合わせて，情報の意味を理解しやすいように環境を整えることである（飯塚，2013）。自閉症とその家族を支援するために開発された TEACCH プログラムの中には，視覚的構造化，物理的構造化という手法がある（飯塚，2013）。視覚的構造化の例として，一日の予定をホワイトボードに絵や写真とともに示し，終わったらその予定を消していくといった方法や，「もう少し」といったあいまいな指示ではなく，具体的に「あと 5 分」と指示し，残り時間が色で表示されるタイマーを使用するなどの方法がある。物理的構造化は場所と活動の対応を明確にすることであり，荷物を置く場所，勉強をする場所，食事をする場所というように活動に応じてエリアを区切るなどの方法がある。聴覚過敏をもつ子どもに対しては，耳栓やイヤーマフをするという対処以外にも，教室に一人で静かになれるコーナーを作っておき，必要な時に使用できるようにしておくという配慮もある。

2) 限局性学習障害の児童生徒への支援

　限局性学習障害をもつ児童・生徒に対しては，スマートフォン，パソコン，タブレットを含めさまざまな機器を利用した支援も増えている（平林, 2017）。読み書きの困難を減らすため，文章を分かち書きする，リーディングトラッカー（スリット状に穴の空いた定規のようなもの。読みたい行のみに視点を集中でき，読み飛ばしや繰り返しを防ぐ）を利用する，読み上げ機能や拡大機能のあるデジタル教科書を活用するといった例がある。計算をするとき，筆算がうまく書けないことで桁数がずれて誤答をしてしまう場合は，大きめのマス目のノートを利用したり，大きな桁の計算が苦手であれば計算機を利用する方法もある。

3) ADHD（注意欠如・多動症 / 注意欠如・多動性障害）の児童生徒への支援

　ADHD の子どもは集中できる時間が短いため，勉強や作業を 10 〜 15 分など集中できそうな最小単位に区切ることが有効である（稲垣・加賀, 2021）。教師からの指示は短く簡潔にし，学習課題も 1 回あたりの分量を少なくすることで，集中力を維持することが可能となるだろう。刺激の多い環境は注意がそれてしまうため，教室内の掲示物を減らす，刺激の多い窓際の席を避けて教員が個別に指導しやすい席にする，机の上に今使用するものだけを出して，不要なものを片付けさせる，資料をまとめて配布せずにそのつど配布するといった工夫も必要である。じっとできない，衝動的に行動するといった特性によって，大人に叱責される経験が比較的多いことから，教員は不適切な行動を厳しく注意することよりも，できていることに注目してほめる指導を中心に，児童生徒同士の関係悪化を防ぐ配慮が求められる。

4) 大学における支援

　知的障害を伴わない発達障害をもつ人で，大学に進学する人の数は年々増加傾向にある。日本学生支援機構が行った「令和 2 年度（2020 年度）障害のある学生の修学支援に関する実態調査」では，大学，短期大学及び高等専門学校に在籍する発達障害学生数は昨年より 589 人増加し 7,654 人で，全障害学生数の 21.7% を占めている。発達障害学生の中では，多い順に自閉スペクトラム症（3,951 人），ADHD（2,116 人），限局性学習障害（222 人）で，その他に発達障害の重複がある人が 1,365 人であった。高校生までとは異なり，大学生活は自由度が高い分，さまざまな面で困難が表れやすく，その個人差も大きい。そのため，本人に支援の必要性を確認した上で，授業中の機器の使用の許可，

音声だけではなく視覚的教材を使用した講義，課題レポート等の締め切りの延長，口述試験なども含めた試験形式の変更による単位認定，着席位置の配慮，履修登録などの手続きの補助など，適切な支援を柔軟に行う必要がある（日本学生支援機構，2015）。こうした支援を行うには，指導教員，科目担当講師，大学内の保健センター，学生課，学生によるピアサポートなど，複数の関係者間の協力が不可欠である。

(3) 本人への支援

　発達障害をもつ人が自らの特性を知ることは，自分の抱える困難さの理解だけでなく，自分の個性や長所を活かし自立した生活を送るためにも重要である。発達障害は，知的障害を伴わない場合や，行動面における衝動性よりも不注意が中心である場合などは外から見えにくい。そのため，本人も周囲の人も発達障害があることに気づかずに，大人になってから対人関係や仕事上のトラブルをきっかけに気がつく例も増えている。自閉スペクトラム症の大人が自己理解を深められるような「発達障害専門プログラムワークブックⅠ」（昭和大学発達障害医療研究所／昭和大学附属烏山病院，2015）も開発されており，コミュニケーション技能の向上や，同じ障害をもつ人との体験の共有が可能になるよう工夫されている。

　近年，発達障害を，病気や欠陥とみなし，「定型発達」に近づけることを支援の目的とする考え方から，「すべての人間の多様な脳特性の差異」とみなす，ニューロダイバーシティ（neurodiversity）の考え方も提唱されている（村中，2020）。この考え方によると，行動面や情緒面の多様性をもつ人々が，容易に社会参加できるような共生社会の実現を目指すべきだという。ニューロダイバーシティの理念を基に，発達障害の有無にかかわらず，学生が自身の能力や特性を把握し，社会で活躍できるように，アセスメント方法や授業プログラムの開発に取り組んでいる筑波大学の例もある（佐々木，2021）。発達障害をもつ人が直面する困難を「社会の側にある障害」としてとらえる視点は，発達障害をもつ人への支援を考える上で重要であるだろう。

参考・引用文献
(1) 藤岡徹「自閉スペクトラム症の認知機能—ASD特性を説明する理論にそって—」LD研究，26（4），2017，pp.474-483
(2) 発達障害教育推進センター「発達障害の理解　自閉症」http://cpedd.nise.go.

jp/rikai/about/jiheisho（2021 年 11 月 22 日現在）

(3) 東原文子・前川久男・藤倉敬士「継次処理に困難をもつ児童の算数における
つまずきと CAI による指導」心身障害学研究，19，1995，pp.73-86

(4) 平林ルミ「特別支援教育における合理的配慮の動向と課題─学習障害のある
子どもにおける ICT 活用の現状に焦点をあてて─」教育心理学年報，56，2017，
pp.113-121

(5) 傳田健三「自閉スペクトラム症（ASD）の特性理解」心身医学，57（1），
2017，pp.19-26

(6) 飯塚直美「自閉スペクトラムの子どもへの支援」鹿取廣人（編）『障がい児
心理学への招待─発達障がいとコミュニケーションを中心に』サイエンス社，
2013，pp.52-62

(7) 稲垣真澄「読字の発達とその障害の検出法」宮本信也（編）『学習障害を支援
する（こころの科学 187）ムック』日本評論社，2016，pp.34-43

(8) 稲垣真澄・加賀佳美「ADHD（注意欠如・多動症）の診断と治療」e- ヘルスネッ
ト https://www.e-healthnet.mhlw.go.jp/information/heart/k-04-003.html（2021
年 11 月 24 日現在）

(9) 熊谷恵子「学習障害の心理とその支援」太田信夫（監）柿澤敏文（編）『シリー
ズ心理学と仕事 15　障害者心理学』北大路書房，2017，pp.83-93

(10) 黒田美保「自閉スペクトラム症（ASD）の理解と支援の基本を学ぶ」下山晴
彦（監）『臨床心理フロンティア公認心理士のための「発達障害」講義』北大路
書房，2018，pp.146-175

(11) 文部科学省「特別支援教育について　発達障害者支援法（平成 16 年 12
月 10 日 法 律 第 167 号 ）」 https://www.mext.go.jp/a_menu/shotou/tokubetu/
main/1376867.htm（2021 年 11 月 22 日現在）

(12) 文部科学省「特別支援教育　4. 障害に配慮した教育　(8) 学習障害」
https://www.mext.go.jp/a_menu/shotou/tokubetu/mext_00808.html（2021 年 11
月 24 日現在）

(13) 文部科学省「令和元年度通級による指導実施状況調査結果（別紙 2）」2020，
https://www.mext.go.jp/content/20200317-mxt_tokubetu01-000005538-02.pdf（2021
年 11 月 24 日現在）

(14) 文部科学省「通常の学級に在籍する発達障害の可能性のある特別な教
育的支援を必要とする児童生徒に関する調査」調査結果，2012，https://
www.mext.go.jp/a_menu/shotou/tokubetu/material/__icsFiles/afield-
file/2012/12/10/1328729_01.pdf（2021 年 11 月 24 日現在）

(15) 森野百合子・海老島健「ICD-11 における神経発達症候群の診断について─
ICD-10 との相違点から考える─」精神神経学雑誌，123，2021，pp.214-220

(16) 村中直人『ニューロダイバーシティの教科書　多様性尊重社会へのキーワー
ド』金子書房，2020

(17) 内閣府「政府広報オンライン　発達障害って，何だろう？」https://www.
gov-online.go.jp/featured/201104/contents/rikai.html（2021年11月24日現在）

(18) 日本学生支援機構「令和2年度（2020年度）障害のある学生の修学支援に
関する実態調査結果報告書」2021，https://www.jasso.go.jp/statistics/ gakusei_
shogai_syugaku/__icsFiles/afieldfile/2021/10/18/report2020_published.pdf（2021
年11月24日現在）

(19) 日本学生支援機構「障害のある学生への支援・配慮事例」2015，
https://www.jasso.go.jp/statistics/gakusei_shogai_hairyo_jirei/__icsFiles/
afieldfile/2021/03/16/2014jirei_all.pdf （2021年11月24日現在）

(20) 日本発達障害ネットワークJDDnet事業委員会「ペアレント・トレーニング
実践ガイドブック」2020，https://www.mhlw.go.jp/content/12200000/000653549.
pdf（2021年11月24日現在）

(21) 日本精神神経学会（日本語版用語監修），髙橋三郎・大野裕（監訳）『DSM-5
精神疾患の診断・統計マニュアル』医学書院，2014，pp.65-66

(22) 野呂文行「自閉スペクトラム症の心理とその支援」太田信夫（監）柿澤敏文（編）
『シリーズ心理学と仕事15　障害者心理学』北大路書房，2017，pp.71-77

(23) 岡崎晶子・柴田洋子・田坂和子・土屋麻希子・登坂敦子・仲沢直美・生須貴子・
深澤裕美・峯岸幸弘・山口裕子・若佐恵理子・杉下守弘「日本語の語音認知に関
する検査について」認知神経科学，(8)，2006，pp.67-70

(24) 齊藤卓弥「ADHDにおける診断の実際」神尾陽子（監）『かかりつけ医等発
達障害対応力向上研修テキスト』2018，https://www.ncnp.go.jp/nimh/pdf/H29_
dd_3.pdf（2021年11月22日現在）

(25) 佐々木銀河「ニューロダイバーシティと発達障害学生支援　障害者職業総
合センター世界の職業リハビリテーション研究会第8回才能マネジメントと職
業リハビリテーション」2021，https://www.nivr.jeed.go.jp/research/advance/
p8ocur0000009cox-att/ sekai08-4. pdf（2021年11月22日現在）

(26) 昭和大学発達障害医療研究所／昭和大学附属烏山病院（編）「発達障害専門プ
ログラムワークブックI」2015，https://www.mhlw.go.jp/file/06-Seisakujouhou-
12200000-Shakaiengokyokushougaihokenfukushibu/0000099414.pdf（2021年11月
24日現在）

(27) 髙橋三郎『DSM-5セレクションズ　神経発達障害群』医学書院，2016

(28) 外山美樹「発達心理学　発達障害など，非定型発達についての基礎的な事項
や考え方」福島哲夫（編）『公認心理師必携テキスト』学研メディカル秀潤社，
2018，pp.271-275

第8章

重度・重複障害をもつ人の心理と支援

1. 重度・重複障害とは

(1) 重度・重複障害児について

　重度・重複障害児の概念は，特殊教育の改善に関する調査研究会（1975）が取り纏めた「重度・重複障害児に対する学校教育の在り方について（報告）」に示されている。この用語は，「重複障害児」と「重度」の2つから成り立っている。「重複障害児」とは，学校教育法施行令22条の3（報告当時は22条の2）に規定する特別支援学校（報告当時は盲，聾，養護学校）に就学することになった主障害（視覚障害，聴覚障害，知的障害，肢体不自由，病弱）の他にも障害を併せ有する児童生徒をいう。例えば，盲学校に就学した児童が知的障害を併せ有していたり，肢体不自由の特別支援学校に就学した児童が聴覚障害を併せ有していたりする場合をさす。また，「重度」とは，発達的側面からみて，「精神発達の遅れが著しく，ほとんど言語を持たず，自他の意思の交換及び環境への適応が著しく困難であって，日常生活において常時介護を必要とする程度の者」や，行動的側面からみて，「破壊的行動，多動傾向，異常な習慣，自傷行為，自閉症，その他の問題行動が著しく，常時介護を必要とする程度の者」をいう。

　特殊教育の改善に関する調査研究会（1975）では，上述の内容に基づいた判定表を作成し，a「障害の状況」において，二つ以上の障害をもっている者，b「発達の状況」からみて，精神発達が著しく遅れていると思われる者，c「行動の状況」からみて，特に著しい問題行動があると思われる者，d「発達の状況」「行動の状況」からみて，精神発達がかなり遅れており，かつ，かなりの問題行動があると思われる者，を重度・重複障害児と規定している。

　文部科学省が毎年公表している特別支援教育資料には，重度・重複障害児が全国の特別支援学校（小学部，中学部，高等部）にどれほど在籍しているのかという具体的な数値は示されていない。知的障害の程度の調査がなされていないからである。2020年度の特別支援教育資料における重複障害児は36,972名

（在籍率：25.9%）であることから，重度に該当する児童生徒数はこの数値内であることが推定される。

(2) 重症心身障害児について

　福祉の分野においては，重症心身障害児（以下，「重症児」とする。）という概念がある。重症児とは，児童福祉法第7条の2において，「重度の知的障害と重度の肢体不自由が重複する児童」と定義されている。

　重症児という名称は，医学的診断名ではなく子どもの状態像を表すものである。児童相談所において重症児判定が行われるが，従来から大島の分類（大島，1971）が用いられてきた（図8-1）。これは縦軸に知能指数（以下，「IQ」とする），横軸に移動機能をとり，5 × 5 ＝ 25 マスで構成されている。知的障害の分類に基づけば，「重度の知的障害」とは IQ 35 以下をさす。IQ 20 以下は最重度の知的障害をさす。他方，「重度の肢体不自由」は「寝たきり」または「座れる」状態のこと，すなわち，自力での移動が困難な状態をさす。上記を満たす区分1 〜 4 に該当する者を重症児と判定することになる。なお，重症児施設（現在の名称は「医療型障害児入所施設」である。医療型障害児入所施設だと，旧肢体不自由児施設を含むため，本章では「重症児施設」を用いる）入所対象者として，区分5 〜 9 の者が考慮される。ただし，① たえず医療管理下にあること，② 障害の状態が進行的であること，③ 合併症があること，の条件が付されている。

　重症児（者）（ここでは成人も含めてこのように表記する）の人数については明確な統計はない。2021 年 4 月現在，わが国には公法人立の重症児施設が 135 カ所（13,831 床），重症児（者）が長期入院する国立病院機構病院（国立センター病院を含む）

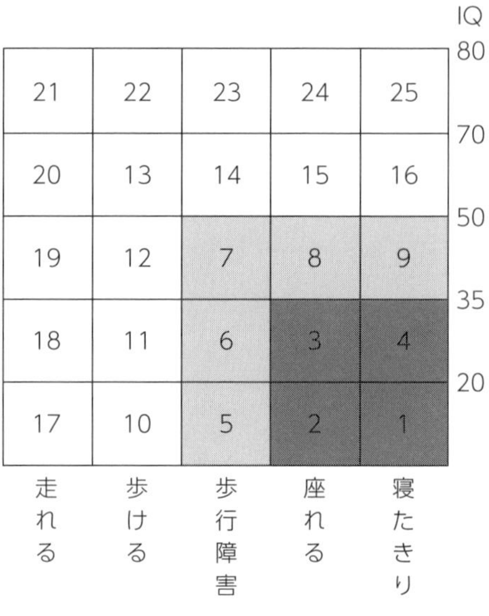

図 8-1　大島の分類［大島，1971］

が 76 カ所（8,208 床）あり，重症児（者）が入所・入院する病床は約 22,000 床ある。この病床のうち，約 16,000 人が重症児（者）とされている。一方，在宅で生活する重症児（者）に関する全国一律の調査はなく，重症児（者）の有病率が人口 1,000 人あたり 0.3 人であるという報告（樋口, 2011）から，約 27,000 人と推定されている。そのため，わが国における重症児（者）は約 43,000 人と推定される。

　最後に，前項で述べた重度・重複障害児と重症児の相違について記す。重度・重複障害児は，学齢期において用いられる名称である。一方，重症児は児童相談所で判定を受けると，その状態像からの回復がない限り生涯にわたって用いられる。重度・重複障害児は，肢体不自由を要件とはしていないが，重症児は重度の肢体不自由を必須の要件としている。教育と福祉の分野による定義の相違はあるものの，両者の関係性をあえて示すのであれば，重度・重複障害児と重症児は同義ではない。重度・重複障害児は重症児を含むより広義な概念であることに留意する必要がある。

(3) 医療的ケア児について

　医療の進歩により，人工呼吸器管理や経管栄養，導尿などの医療的ケアを行いながら生活している子どもたちが増加している。こうした子どもたちは「医療的ケア児」と呼ばれており，田村・大塚・谷口・前田・岩崎・大田（2018）の報告等によると，在宅で生活する 0 歳〜 19 歳の医療的ケア児数は，2005 年の 9,987 人から 2019 年の 20,155 人と，15 年間におよそ 2 倍に増加している（図8-2）。

　学校教育における医療的ケア児数は，文部科学省が毎年公表している特別支援教育資料に掲載されている。最新の調査（文部科学省, 2021）によると，特別支援学校，幼稚園，小・中・高等学校に在籍する医療的ケアを必要とする幼児児童生徒は 9,845 人であり，その内訳は，特別支援学校に 8,392 人，幼稚園に 222 人，小学校に 972 人，中学校に 191 人，高等学校に 68 人となっている。

　学校においては，2011 年 12 月 20 日付で「特別支援学校等における医療的ケアの今後について（通知）」が発出された。それにより，特別支援学校に勤務する教員等で一定の研修を受講した者が，認定特定行為業務従事者として特定行為（口腔内の喀痰吸引，鼻腔内の喀痰吸引，気管カニューレ内部の喀痰吸引，胃ろう又は腸ろうによる経管栄養，経鼻胃管栄養）が実施できるようになっ

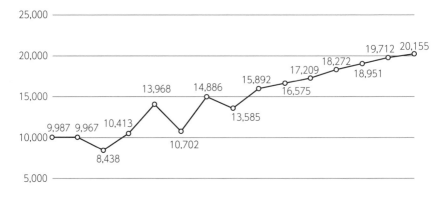

図 8-2　医療的ケア児数の推移

[（田村・大塚・谷口・前田・岩崎・大田，2018）を基に著者作成］

た。その後，2019 年 3 月 20 日付で「学校における医療的ケアの今後について（通知）」が発出された（本通知の発出により 2011 年 12 月の通知は廃止された。）。この通知においては，特定行為以外の医療的ケアを含め，小・中学校等を含むすべての学校における医療的ケアの基本的な考え方や，医療的ケアを実施する際に留意すべき 10 項目（1. 医療的ケア児の「教育の場」，2. 学校における医療的ケアの基本的な考え方，3. 教育委員会における管理体制の在り方，4. 学校における実施体制の在り方，5. 認定特定業務従事者による特定行為の実施に関する留意事項，6. 特定行為以外の医療的ケアを実施する場合の留意事項，7. 医療的ケア児に対する生活援助行為の「医行為」該当性の判断，8. 研修機会の提供，9. 校外における医療的ケア，10. 災害時の対応）に整理され，適切な対応を行うことが求められている。

　以上のように，医療的ケア児に対する教育支援体制が整えられ，その成果が蓄積されつつある。しかしながら，学校側の希望により医療的ケア児の保護者が学校生活に付き添っているという実態も指摘されている。2021 年 9 月には「医療的ケア児及びその家族に対する支援に関する法律」が公布された。この法律では，自治体が負う責務として，医療的ケア児が家族の付添なしで希望する学校や施設に通うことができるよう，看護師等の配置を行うこととしている。今

後は，医療的ケア児の健康の保持・増進を基盤としつつ，保護者の付添いがなくても授業に集中できるような環境づくりをすること，そして学習課題や発達課題の目標を達成することができるよう，施策の拡充が期待される。

2. 重度・重複障害をもつ人の主な疾患と心理的・行動的特性

(1) 重度・重複障害をもつ人の主な疾患

重度・重複障害をもつ人の主な疾患には，①脳性麻痺や脳外傷性後遺症などの脳性疾患，②二分脊椎や脊柱側湾症，脊髄損傷などの脊椎・脊髄疾患，③進行性筋ジストロフィー症や脊髄性進行性筋萎縮症などの神経・筋疾患などがある。なかでも脳性疾患である脳性麻痺をもつ者が最も多い。

脳性麻痺とは，「受胎から新生児（生後4週間以内）までの間に生じた脳の非進行性病変にもとづく，永続的なしかし変化しうる運動および姿勢の異常である。その症状は満2歳までに発現する。進行性疾患や一過性運動障害，または将来正常化するであろうと思われる運動発達遅延は除外する。」（厚生省脳性麻痺研究会，1968）と定義される。

脳性麻痺は，大きく，脳の損傷部位による分類，運動障害の範囲による分類，に分けられる。脳の損傷部位による分類には，代表的なものに痙直型，アテトーゼ型，失調型がある。痙直型は骨格筋の緊張が認められ，他動的に筋を伸展させようとすると亢進が生じたり，深部反射の亢進が生じたりする錐体路障害である。アテトーゼ型は骨格筋のコントロールや調節の障害があり，不随意運動の出現が認められる。これは大脳基底核が関与する錐体外路障害である。失調型は多くの者に筋緊張の低下やバランスの悪さ，運動コントロールの不安定性が認められる。この型は小脳もしくはその伝導路の障害により生じる。その他，錐体路と錐体外路の両方に障害がある固縮型，痙直型とアテトーゼ型の両症状を併せもつ混合型がある。

他方，運動障害の範囲による分類では，両麻痺，片麻痺，四肢麻痺がある。両麻痺は脳性麻痺に最も多く認められる。四肢全てに障害があるものの，上肢の障害は比較的軽いとされている。通常は痙直型に出現する。片麻痺は左右どちらかの片側の上下肢に障害があり，脳出血等による一側の錐体路障害が原因である。四肢麻痺は四肢全てに障害があり，その程度は比較的重度である。両側の錐体路障害が原因であり，痙直型，アテトーゼ型，失調型など全ての型に出現する。

　脳性麻痺の定義にみるように，基本的には運動障害を主とする疾患である。しかしながら脳に障害があるゆえに，実際のところはさまざまな合併症を有している。具体的には 2 人に 1 人が知的障害を，4 人に 1 人がてんかんを有している。視覚障害や聴覚障害を有している者もおり，こうした合併症が，周囲からの働きかけを理解し，自身の意図を伝えることが困難な事態を生じさせる。最近では呼吸障害や消化管機能障害を有する濃厚な医療的ケアを有する者の増加も指摘されており，健康の維持・増進を基盤とした適切な教育支援の在り方が模索されている。

(2) 重度・重複障害をもつ人の心理的・行動的特性

　自分の気持ちや考えを相手に伝えたい時，私たちは音声言語や文字を用いる。相手が目の前にいる場合，身振りや手振りを交えて話したり，表情を変化させたりしてコミュニケーションを取る。最近の SNS の発達により，絵文字やスタンプを用いることもある。重度・重複障害をもつ人のコミュニケーションはどうだろうか。前述したように，彼らには重度の知的障害と重度の肢体不自由がある。知的障害が重度であるがゆえに，「ことば」をもつ者は少なく，自分の意図や要求を周囲の人に向かって発信することが乏しいようにみえる。また，周囲の人の働きかけの意図を理解するのが困難であるようにみえる。相手が差し出した物に対して手を伸ばそうとしても，重度の肢体不自由により姿勢の保持が困難であったり，目的的に手を伸ばすことが困難であったりするかもしれない。重度・重複障害をもつ人とのコミュニケーションを考える場合，コミュニケーションを発達的側面から捉えること，その際の姿勢づくりに留意する必要がある。

　コミュニケーション発達にはいくつかの水準がある。重度・重複障害をもつ人の場合，重度・あるいは最重度の知的障害があるため，乳幼児期のコミュニケーション発達になぞらえて考える必要がある。すなわち，「原初的コミュニケーション」「前言語的コミュニケーション」の水準である（文部省 , 1992）。「原初的コミュニケーション」は，二人（子どもと大人）の間で気持ちや感情が通じたり，共有されたりする事態をさし，完成されたコミュニケーションの母体となるものである。この水準におけるコミュニケーションは，子どもと大人との直接的で情動的なものとして展開される。コミュニケーションの中核は「人－人」であり，そこには事物が介在しない，いわば二項関係のコミュニケーショ

ンである。重度・重複障害をもつ人は，言葉にならない発声や表情，目の動きや体で示す緊張などで意図を伝えようとする。かかわり手である大人は，彼らの行動を読み取り，感じ分け，彼らにとってわかりやすい「ことば」（身体接触を伴うことばがけ）で働きかけていく。こうした丁寧なかかわりの積み重ねを行うことにより，次の水準である「前言語的コミュニケーション」へと変化していく。

「前言語的コミュニケーション」は，子どもの表現内容や表現意図が一定程度分節してきており，大人の言語表現に対する理解も一定程度進んでいる状態をいう。指さしや共同注意が認められるものの，未だ通常の言語的コミュニケーションには至らない水準である。コミュニケーションの中核は「人－人」から事物を介在する「人－物－人」へと変化する。すなわち，三項関係のコミュニケーションである。この頃のコミュニケーションの特徴として，事物の特異的操作（事物が持つ目的にかなった操作）が可能となる。当初は大人が見本を見せ，その見本どおりに子どもが事物を操作しようとしても上手くいかない。大人は子どもの姿を肯定的に捉え，少しでもできたことがあれば大いに賞賛を行う。こうしたプロセスを経て，最終的には子ども自身が事物を操作できるようになり，またその際に大人に対してあたかも評価を求めるかのような表情を見せるようになる。こうした行動の出現が認められて，前言語的コミュニケーションの水準が満たされることになる。

重度・重複障害をもつ人の場合，前言語的コミュニケーションの水準を満たすには，相応の時間と丁寧なかかわりの積み重ねが求められることが多い。学齢期の児童生徒の場合，時として半年ほどの期間を要することも少なくない。かかわり手である大人が子どもの応答をじっくりと待ち，表出した応答に対し体の動きを補助する動作を交えながら子どもにとってわかりやすいことばがけを行うことが求められる。決して性急に仕掛けすぎてはいけない。必要以上の働きかけを行うことは，重度・重複障害をもつ人のコミュニケーション発達を無視してしまうことになる。

以上みてきたように，重度・重複障害をもつ人のコミュニケーション発達には，「原初的コミュニケーション」と「前言語的コミュニケーション」の視点が重要である。こうした発達を支えるには，彼らの姿勢づくりにも留意する必要がある。重度・重複障害をもつ人は，筋の不当な緊張や拘縮があるため，一定の姿勢を保つことや，姿勢を変換することが困難なことが多く，本人が好む

姿勢を長時間とり続けがちになる。そうすると脊椎の変形や側彎を生じさせ，時として呼吸困難や摂食・嚥下困難をもたらす。さらには，不適切な姿勢による誤ったボディーイメージの形成，視覚的認知の困難を生じさせることとなり，結果としてコミュニケーション困難をもたらすことになる。そのため，彼らの姿勢状況に応じた車いすやクッションチェアなどの補装具を使用し，座位保持を検討する必要がある。座位の姿勢を取らせることは，心も体も目覚めさせ，外界に向かう力を育てることにつながる。また，座位により両手が自由になることから，運動面に大きな制約がある者も，大人とのかかわりを通して，周囲の人や物への探索・操作活動を展開できるようになる可能性がある。重度・重複障害をもつ人のコミュニケーション発達を促すには，目的に応じた姿勢づくりをすすめることが重要である。

3. 支援のあり方

　医療的ケア児のなかでも，長期にわたる濃厚な医療的ケア，すなわち人工呼吸器管理や気管切開部の管理，中心静脈栄養や経鼻胃管栄養などを必要とする子どもたちがいる。こうした子どもたちは，超重度障害児（以下，「超重症児」とする）（鈴木・田角・山田, 1995）とよばれている。

　超重症児は医療的ケアの濃淡により判定されるが，医療的ケアが濃い者のなかには，脳幹水準にまで及ぶ重篤な脳障害を有している者もいる。彼らは「昏睡」の状態や「覚醒と睡眠の区別が可能」な状態である場合（大村, 2004），働きかけに対する応答が乏しいため，教育支援を行う上でのさまざまな困難がある。

　働きかけに対する応答が乏しい超重症児の教育支援の現場では，本の読み聞かせをしたり，音楽を聴かせたり，全身をシーツに包んで揺らしたりと，教師が工夫を重ねながら授業を展開している。こうした授業を展開する上で，超重症児が外界からのさまざまな感覚情報をどの程度受け止めているのかを知ることが何よりもまず大切なことである。例えば，聴覚機能を評価するものに標準純音聴力検査がある。被検査者はヘッドホンを装着し，音が聞こえたらボタンを押す。この検査法は，検査者の言語教示を理解できること，ボタンを押すという運動ができることが条件となる。こうした検査法は自覚的検査と呼ばれるが，超重症児への適用は困難である。そのため，他覚的検査法である聴性脳幹反応という方法が用いられる。聴性脳幹反応は，脳波から聴力を測定する方法であり，クリック音を 1,000 回から 2,000 回程度聞かせる。この音を聞かせ

ることで蝸牛を刺激し，聴覚伝導路やこれに関連した部位に発生した電位変動を記録することができ（片山，1992），聴覚機能を評価することが可能となる。同様に光の変化を見せることで網膜を刺激し，視覚伝導路や関連部位の電位変動を記録する視覚誘発電位や，体性感覚に関与する末梢受容器や末梢神経を刺激して，その伝導路を記録する体性感覚誘発電位などがある（片山，1992）。超重症児は，医療機関においてこのような感覚機能評価を実施していることが多い。働きかけに対する応答が乏しい超重症児の教育支援を実施するには，彼らの感覚機能状態について，家族や医師，看護師などに確認することが求められる。

　今般，働きかけに対する応答が乏しい超重症児に対し，生理心理学の手法を用いたさまざまなアプローチが行われている。彼らは生命活動が脆弱であるがゆえに，常時，心電計やパルスオキシメーターを装着している。心電計では心拍数を，パルスオキシメーターでは末梢動脈血の酸素飽和度と脈拍数を計測することができる。生理心理学の分野においては，心拍数の変化（脈拍数の変化も同義として扱われる）に着目することで，外界の刺激にどのように応答しているのかを評価する取組が行われてきた。具体的には，定位反応についての評価である。定位反応とは「人間とその生きる環境とのかかわりにおいて，最も早期に出現する選択的，能動的反応であり，発達初期におけるより高次な認知活動を形成する基盤をなすもの」（片桐，1995）である。ある働きかけを行った時に心拍数の減少を示す場合，刺激の取り入れや学習を促進すること（定位反応）が知られている。一方，心拍数の増加を示す場合，刺激の取り入れを抑制すること（防御反応）も知られている。また，大人の働きかけと，それに続く働きかけの間の時間関係の認知に基づいた期待反応についても評価することも可能である。最近では，こうした生理心理学的手法に加え，脳血流の計測により刺激の意味判断，反応選択，意思決定などに関わる前頭領域を近赤外分光法から評価する生理学的手法の取り組みも併せて行われている（神郡・勝二・尾﨑，2019）。超重症児の教育支援は，どのような条件であればどのような活動が可能となるのか，どうすればコミュニケーションが可能となるのか，という問題が充分に解決されているとは言い難い。彼らにとって受け止めやすい働きかけは何かということを日々の実践から丁寧に探っていくこと，必要に応じて生理心理学的手法や生理学的手法も活用することが求められる。

参考・引用文献
(1) 樋口和郎「重症心身障害児とは」小児看護, 34, 2011, pp.536-542
(2) 片山容一『初心者のための誘発電位の読み方』新興医学出版社, 1992
(3) 片桐和雄『重度脳障害児の定位反射系活動に関する発達神経心理学』風間書房, 1995
(4) 神郡裕衣・勝二博亮・尾﨑久記「超重症児事例における教育的働きかけへの応答的反応の検討－手指動作, 心拍, 脳血流の解析による－」特殊教育学研究, 57, 2019, pp.1-12
(5) 厚生省脳性麻痺研究会「脳性小児麻痺の成因と治療に関する研究」厚生省特別研究, 1968
(6) 文部科学省「特別支援教育資料」2021
(7) 文部省『肢体不自由児のコミュニケーションの指導』日本肢体不自由児協会, 1992
(8) 大村清「難病主治医の立場から」小児看護, 27, 2004, pp.1249-1253
(9) 大島一良「重症心身障害者の基本的問題」公衆衛生, 35, 1971, pp.648-655
(10) 鈴木康之・田角勝・山田美智子「超重度障害児（超重症児）の定義とその課題」小児保健研究, 54, 1995, pp.406-410
(11) 田村正徳・大塚晃・谷口由紀子・前田浩利・岩崎裕治・大田えりか「医療的ケア児に関する実態調査と医療・福祉・保健・教育等の連携促進に関する研究」厚生労働省科学研究費補助金 疾病・障害対策分野 障害者政策総合研究, 2018
(12) 特殊教育の改善に関する調査研究会『重度・重複障害児に対する学校教育の在り方について』文部省, 1975

第9章

中途障害者の心理

1. はじめに

　人は，病気や事故などで，または先天性の要因などにより，誰しもが心身に
障害を負う可能性がある。障害があるということは，その人の人生に多くの困
難をもたらし，身体的・心理的な負担も大きなものになることが推測される。
そのため，周囲の人たちからの支援を必要とすることもあるが，同時に「ノー
マライゼーション」という考え方がある。ノーマライゼーションとは，障害に
よって区別されるようなことなく，生活や権利が保障された環境を整えていく，
という考え方である。後述するが，特に中途障害を抱える人への支援について
は，当事者だけでなく，支援に携わる人や周囲の人も，こうしたノーマライゼー
ションの考え方が重要になってくる。

2. 先天性障害と中途障害

　先天性障害とは，生まれつき，または妊娠・周産期・分娩時の時点で障害を
もっていることをいう。一方，中途障害は，病気や事故などで後天的に障害を
もつようになることをいう。

　中途障害者は，突然障害を負ってしまったことによるショックと混乱を自ら
の力で乗り越えていかなければならない。また，中途障害の発生の時期は幼少
期から老年期に至るまで広範囲にわたっているが，特に人生の早いタイミング
で障害を負う場合，これまで抱いてきた目標や人生設計が崩れ，修正を余儀な
くされてしまう，という側面もある。そうした意味で，中途障害をもつ人たちは，
はかり知れない苦しみや葛藤を抱えることになる。さらに中途障害には，視覚
障害，聴覚障害，身体障害，内部障害などがあるが，どこの部位に，どのタイ
ミングで，どのような障害をもつのか，などによっても，障害をもつことに伴
う苦しみや葛藤，混乱にも違いが生じる。

3. 障害受容

　ここでは，人生の途中で障害をもつことになった人たちが，どのように自分自身の障害や疾病を認知し，葛藤し，受容し，また，どのように社会復帰に至るのかについて，「障害受容」という考え方をもとに，概観していく。

(1)「障害受容」とは

　障害を受容することについて，上田（1980）は「あきらめでもなく居直りでもなく，障害に対する価値観（感）の転換であり，障害をもつことが自己の全体としての人間的価値を低下させるものではないことの認識と体得を通じて，恥の意識や劣等感を克服し，積極的な生活態度に転ずることである」と述べている。これは，自らの人生を，障害を理由に降りてしまうということでもなく，開き直って自暴自棄になるということでもなく，過度に自らの障害を意識しすぎるということでもなく，周囲と比較するでもなく，前向きに生きていけるようになる，ということだと捉えられる。これは同時に，障害を抱えた人が思い悩み，葛藤し，その末にこれまでとは別の目標や人生の意義を見出し，それに向けて努力を重ねた末にたどり着く境地であると考えることもできる。しかしながら，障害受容のあり方は，何をもって「受容」と定義するかも，そこに至るまでの経過もタイミングも，そしてその経過をどのように考え，感じるのかも，人それぞれで千差万別であることを念頭に置くべきである。

(2) 障害受容のプロセス

　中途障害者の心理を理解する上で，よく用いられる考え方に「障害受容段階説」というものがある。この考え方は，人生の中途で障害をもつことになった人たちは，障害発生のショック，否認，混乱の段階を経験し，その後適応への努力を経て，社会適応に至る，というものである。各段階の具体的な特徴は，以下のとおりである。

1) ショック

　当事者は，突然の事故や病気の発生によって，障害をもつことになる。今まで当たり前にできていたことが思うようにならなくなること，そのことによって現在取り組んでいることから離脱しなければならなくなることの苦しみや無念さははかり知れない。それは，これまでの生活とこれからの生活が大きく変

わってしまうことを意味し，そのことに直面した人の多くは，少なからずショックの状態に陥る。ショックの段階では，障害それ自体や，上記のような障害によってもたらされる影響を冷静に捉え，受け止めることは難しい。突然の障害のこと，現在のこと，将来のことを考えられず呆然と時間を過ごしてしまう。また，「まさか自分が」，「なぜ自分が」などという，やり場のない絶望感に襲われてしまうケースも多いと思われる。

2) 否認

　ショックが少し落ち着いてくると，「このまま回復しないのでは」という不安や「周囲に取り残されてしまう」という焦りが，次第に色濃く意識されるようになってくる。否認の段階では，「医師の診断が間違っている」「他のところだと言われることも違うかも」など，そうした不安や焦りを打ち消す方向に志向が働く。中には，実際にいくつもの医療機関にかかり，機能の回復に一縷の望みを託すケースもある。この場合，ネガティブな経過を意識しないように，医師の診断や支援者の説明，治療への指示に耳を傾け，治療に取り組み，家族や友人，同僚に対してもことさら明るくふるまう（反動形成）。機能回復への希望と期待が不安や焦りを上回っている，あるいは両者が拮抗している状態であると考えることができる。

3) 混乱と苦悩

　しかしながら，入院や通院を繰り返しても，時間が経過しても機能がなかなか回復していかなければ，好むと好まざるとにかかわらず，自らが抱えた障害を実感していくことになる。2) で述べた不安や焦りに絶望感が加わり，明るくポジティブにふるまうことが次第に難しくなっていく。

　当事者はそうした心的状況の中，日々治療やリハビリを受けていくのであるが，期待したほどの効果を感じられない人も多く，焦り，無気力，怒り，苛立ちなど，さまざまな感情を抱くことになる。そうしたやり場のない感情を一人で抱えきれず，支援者や家族，友人などにぶつけるケースもある。その後で感情をぶつけてしまったことを後悔し，自分を責め，再び焦りや苛立ちにさいなまれるという悪循環に陥ることも多い。こうした混乱と苦悩の中で，現実から目をそらすために飲酒やゲーム等に傾倒する，睡眠リズムが昼夜逆転するなど，生活全般が崩れてしまうこともある。中には，抑うつ状態に陥いる，無気力になる，自殺を企図する，などのケースもある。

4）適応への努力

　当事者は，3）までのようなショックと否認，葛藤，苦しみ，生活の乱れなどを経る中で，次第に「このままではいけない」という思いを抱くようになっていく。同時に，いかにそうであってほしくないと思っても，自分の置かれた状況（光を感じられない，音や言葉がない，自由に動けない等）に少しずつ慣れていく。「障害のせいで〜できない」と考えるのではなく，今の自分自身の力で社会にかかわり，社会の中で生活していこうという気持ちを抱くようになる。そうした中で，過去や障害に対してのこだわりが減少し，それに伴って少しずつ将来のことについてフォーカスするようになり，これまでに増して治療，リハビリに真剣に取り組むようになる。同時に，例えば資格試験への挑戦や車の運転など，新たな目標を見出して，それに向けて努力をするようになっていく。それに伴って，支援者，家族，友人などに対しても，態度が軟化する，口調が穏やかになる，将来の話をするようになるなど，少しずつ変化がみられるようになる。

5）適応

　障害をもった当初は，自分の価値観の中核的な部分が「障害」と重なってしまっており，「障害をもった自分＝できない自分」という認識になってしまいがちである。しかし，ここに至ると，障害そのものや障害によって失われてしまった機能へのとらわれやこだわりから脱し，自らの障害について必要以上に意識することなく社会への参加を考えられるようになる。自分の価値観の中で障害が占める比重が減少し，障害を価値観の中核からある程度分離させて物事を考えることができるようになる（図9-1）。また，障害を負った当初に比して，未来の方へ意識を向ける比重が多くなる。

　周囲の人たちに対してつらく当たることも少なくなり，関係性も円満になる。

図9-1　障害へのとらわれからの脱却（筆者作成，2022）

障害を抱えていることについての「負い目」のようなものもなくなり，対等の目線で周囲に働きかけていけるようになり，自分が困っていること，してほしいことを周囲に伝え，堂々と助けを得ることができるようになる。そうする中で，周囲に感謝する気持ちもみられるようになる。

　過去よりも未来を見られるようになること，自分自身や周囲への恨み節がなくなること，感謝の気持ちが芽生えてくることなどが，「適応」の指標ではないかと思われる。

　ここまで，中途障害者の障害受容・精神的適応に至る過程について概観してきた。しかしながら，障害受容の段階説は，中途障害者の理解に一つの枠組みを与えるものではあるが，全ての人に一般化できるものではない。障害受容の段階が存在することはさまざまな研究者が述べている（岩井，2009）が，全ての人がこのプロセスを経るというわけではない。ある段階を経験しないケース，ある段階とある段階を行ったり戻ったりしているケース，一つ一つ順を追って適応に向かうケースなど，さまざまである。また，それぞれの段階を一つずつ経験するとは限らない。特にある段階から別の段階への移行期などでは，「否認」と「混乱と苦悩」を同時に経験するケース，「適応への努力」をしながらその努力に挫折し，「混乱と苦悩」に陥るケースなどもあるだろう。最終段階の適応に至ったとしても，何かのきっかけで以前の段階に戻ってしまうこともありうる。各段階に留まる期間がどれくらいなのか，何がきっかけで適応に目が向

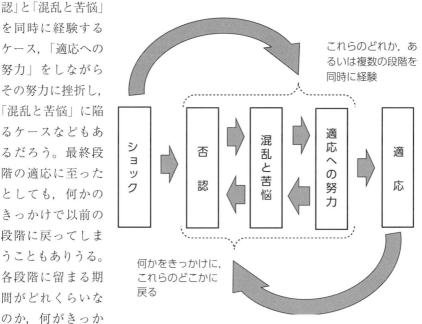

図 9-2　障害受容の流れ（西村，2011 をもとに筆者作成）

くようになるのか，など，回復への経過も人それぞれで異なることを理解する必要がある（図9-2）。障害受容段階説はあくまでも一つのモデルであり，決して一般的・普遍的に捉えるべきものではない。

4.　中途障害者へのかかわり

　「障害受容」の意味もプロセスも，一人一人で全く違っている。中途障害者の心理といっても，土台はあくまで人間一般の心理であり，そこに障害という「条件」が加わったものにすぎない。

　当事者の心理に影響を与える「条件」については，障害をもつ前の性格や生活状況，障害をもつことに至った時期やタイミング，もともとその人がもっている回復力（レジリエンス），周囲の人間関係，職場や学校の環境など，さまざまなものがあげられる。当然，当事者にかかわる支援者もその一つであり，支援者のかかわり方によって，当事者の心理状態は大きく左右されるといえる。

　中途障害者へのかかわりで大切なことは，まずは支援者が「障害とは一つの条件なのであり，障害者である前に尊厳をもった一人の人間なのだ」という理解をもち続けること，その人を取り巻く背景を理解しようと努めることである。それは，この章の冒頭で取り上げた「ノーマライゼーション」の考え方とも密接に関連する。ショック期の時期で，どれほどのショックに陥るのか，否認や混乱のしかたや度合いはどの程度なのか，そしてそれらはどれくらいの期間続くのか，立ち直りや回復のきっかけとなりそうなことはどんなことなのか，今後情熱を傾けるべきものは何なのか，また，障害を受容するというのはどういうことなのか。これらはあくまでも「その人にとって」であり，全ての中途障害者に一般化できるものではない。だからこそ，「障害」で区別することなく，「その人」を見，理解していく姿勢が求められるのである。

5.　寄り添う姿勢

　支援者にまず求められるのは，先述したように，「尊厳をもった一人の人間」としてその人に寄り添う姿勢であろう。「障害」に焦点を当てるのではなく，障害をもった「その人」と，空間と時間，そして感情を共有する，ということである。その人にとってのショックや混乱に寄り添い，思いを真摯に傾聴する。いらだちや焦りなど，陰性の感情も「この人にとって，そうした感情を表出するのは必要なことなのだ」と否定せずに受け止める。目指すべきものや取り組

みたいことが見つかったとき，それらに挫折したり自暴自棄になったりしたときには，彼の選択や気持ちを尊重しつつも，決して焦らないこと，少しずつでも継続していくことが大切であることを伝えていく。新たな目標を達成し，社会復帰に至ることができたら，それをともに喜ぶ。寄り添うとは，そうした姿勢ではないかと思われる。

その上で大切なのが，当事者にとっても支援者にとっても心地よい距離感である。例えば，支援者が対人的な距離が近く，積極的にかかわっていくタイプだったとしても，相手はそうした距離感を求めていないかもしれない。逆に，支援者が人とのかかわりに慎重なタイプだったとしても，相手の方はかかわってきてほしいと思っている，という場合もある。この距離感も，人によって全く違ってくるものであり，ある人にとっては良かったからといって他の人に当てはまるとは限らない。

支援が終わるときというのは，お互いにとって「良き別れ」である必要がある（平井，2005）。お互いに心理的な距離が近すぎると，支援を終えるときに良き別れにはなりにくい。距離が遠すぎても親密なコミュニケーションができない。

接していく中で，お互いにとって心地良い距離感を見出していくことが肝要である。

参考・引用文献

（1）平井孝男『カウンセリングの治療ポイント』創元社，2005
（2）岩井阿礼「中途障害者の「障害受容」をめぐる諸問題」淑徳大学総合福祉学部研究紀要，43，2009，pp.97-110
（3）目黒達哉「中途障害者の心理」池田勝昭・目黒達哉共編著『障害者の心理・「こころ」－育ち，成長，かかわり－』学術図書出版社，2008，pp.112-117
（4）西村茂「アセスメントとサービス提供の基本姿勢」2011，https://slidesplayer.net/slide/11540661（2021年11月21日閲覧）
（5）上田敏「障害の受容－その本質と諸段階について－」総合リハビリテーション，1980，pp.8-7

第Ⅱ部

障害をもつ人の育ち・成長にいかにかかわるか

第10章

障害をもつ人にかかわる人の基本的姿勢

1. 障害をもつ人にかかわる動機・目的の明確化
—なぜあなたは障害児・者にかかわろうと思ったのか？—

　障害をもつ人にかかわるうえで，私たちは「なぜ障害をもつ人に関心を持ったのか？」，「なぜ障害をもつ人に関して学びたいと思ったのか？」，「なぜ障害をもつ人にかかわる仕事をしてみたいと思ったか？」と。このような問いを私たち自身に問いかけてみる必要がある。これは動機といって，私たちが障害をもつ人について学び，かかわっていくうえで根幹を為すもので，筆者は重要な観点であると考えている。

　動機を持つきっかけとなった出来事は，それぞれことなっていることであろう。ある人は中学生，高校生時代に障害をもつ人の施設におけるボランティア活動体験から，ある人は家族，親類縁者，近所に障害をもった人がいてそれがきっかけなどさまざまであろう。

　おそらく皆さんの中で，現在障害をもつ人にかかわる仕事に従事している方もいるであろうし，また将来において従事したいと考えている人もいるであろう。

　皆さんは職場での人間関係や障害をもつ人とのかかわりにおいて，障害のことが理解できず，あるいはコミュニケーションがうまく取れず，悩み，苦しみ，葛藤することがあろう。また，障害をもつ人に関する学びや実践をしていく中で，本当に私はこの仕事をしたいのであろうか，本当に私はこの仕事が向いているのであろうかと自分自身の内面に疑問が湧き起こってくることもあったかもしれない。そんな時には，自分自身の動機を思い出して，原点に立ち返って欲しいのである。「自分はどうして障害をもつ人を支援する仕事をしようと思ったのか」と。おそらく，その一つに皆さんがもっている「思いやり」や「優しさ」といった気持ちを障害をもつ人やその家族のために発揮したいと思ったからではないだろうか。こうした自分自身の動機にふれることによって葛藤を越

えることができ，自分自身を成長させる可能性が拡がると考える。

　しかし，動機を忘れてしまうと『心』が枯渇してしまい燃えつき症候群など
の心の病にかかってしまうことがあるので留意する必要がある。

　障害をもつ人やその家族の方々は皆さんがこれから学ぶであろうあるいは高
めていくであろう支援スキルを期待しているだけでなく，皆さんのもっている
動機にふれたいのではないかと思う。こうした動機の大切さについて，今後の
皆さんの人生において忘れないでいて欲しい。ここでは，障害をもつ人やその
家族を支援していくうえで，皆さんの持っている動機の大切さについて冒頭に
おいてふれておきたい。

2. 障害をもつ人への支援者の基本的な姿勢

　障害をもつ人は，さまざまな生理的・心理的特性を呈する。私たちにとって
重要なことは生理的・心理的特性の背景に何があるのか，どうしてこのような
心理状態を造り出すのかといった視点を持つことである。

　ここでは支援者として必要な基本的姿勢について，(1) 障害の理解，(2) 個
性の理解，(3) 環境の理解，(4) 障害をもつ人への支援者の基本的姿勢，(5)
自己研鑽の5点をあげて考えてみたい（表10-1参照）。また，支援者の基本的
姿勢を構造化すると図10-1のようになる。表10-1，図10-1について考察を深
めていきたい。

表 10-1　支援者の基本的な姿勢として重要な項目

(1) 障害をもつ人の障害の理解
(2) 障害をもつ人の個性の理解
(3) 障害をもつ人の環境の理解
(4) 障害をもつ人への支援者の基本的姿勢
(5) 障害をもつ人への支援者の自己研鑽

(筆者作成，2022)

(1) 障害をもつ人の障害の理解
1) 障害の種類と状態像を理解する

　まず，障害をもつ人の障害や疾病の種類と状態像を理解することが大切であ
る。これを理解していないと，その背後にあるものも理解が困難となるであろ
う。その人は視覚障害，聴覚障害，肢体不自由，知的障害，内部障害，精神障

害，発達障害などいずれの障害や疾病をもっているのか，またその状態像を医学的，生理学的な視点から理解し，その対応を考えることが必要である。

2）障害の要因を理解する

　障害をもつ人の障害や疾病とその状態像を理解したならば，その障害や疾病の要因を理解することが重要である。例えば，それは先天的なものなのか，または，いつ，どのような状況で事故にあったのか，どのような日常生活を送っていたのか，周囲の環境はどうであったのか，仕事の状況は，人間関係は，ストレスを持ちやすい状況にあったのかなどその障害を生み出した要因について探求してみることも必要である。

(2)　障害をもつ人の個性の理解

1）障害をもつ人の生い立ちを知る

　人は一人として同じ人生を歩む人はいない。すべての人は千差万別な人生を歩むことになる。人にはその人の生い立ち，その人を取り巻く環境などがあって今があるわけで，現状の姿からその人を安易に判断してはならない。

　私たちはトータルな見方を要求される。障害をもつ人がなぜ障害や疾病を背負ったのか，どうして障害や疾病を背負わなくてはならなかったのかといった素朴な疑問を持つところからその人に対する理解が始まるのである。

2）障害をもつ人の性格特徴を理解する

　障害や疾病をもっていると，その人のマイナス面に注目し，その部分に焦点を当てがちになる。障害をもつ人には，障害をいう前に一人の人であって，その人が生きてきた歴史がある。生きてきた中で，その人のプラス面も必ずあるわけで，プラス面を可能な限り引き出すことも忘れてはならない。私たちは障害をもつ人の伸ばしていく点，課題とする点の両面を平等に理解することが大切である。

(3)　障害をもつ人の環境の理解

1）障害をもつ人の家族を理解する

　私たちは障害をもつ人とかかわるうえで家族の理解がどの程度であるかを知ることが重要である。なぜならば，本来家族というものは最も良き支援者であるからだ。

　施設入所者であれば，家族の訪問は有るのか，全くないのかなど知ること，

訪問がある場合には家族と利用者とのかかわりの様子を把握することである。在宅であれば，家族の介護の様子や家族の本人に対する感情が肯定的なのか否定的なのか，介護のストレスを抱えていないか，燃えつき症候群の兆候がないかなどを理解する。

2) 障害をもつ人の周囲の環境を理解する

先にも述べたように，障害をもつ人の家族関係を把握することはいうでもない。その他に私たちはその人が居住している地域の環境はどうか，地域社会の中で専門家や地域住民を含め，その人をサポートしてくれるキーパーソンやボランティアの人々（人的資源）はいるのか等を把握しておくこともネットワーク作りや協働・連携を図るうえで忘れてはならない。

(4) 障害をもつ人への支援者の基本的姿勢
1) 障害をもつ人の苦悩を知る

人には人の人生があり，その人がどのような四苦八苦の人生を歩んできたのか，障害をもつ人の話に耳を傾け，その人の表情を感じ取り，その人の人生の機微を垣間見，受け容れてみることによってその人の障害や疾病の所以を辿ることができよう。

2) 障害の否認と受容

障害をもつ人の中でも，特に中途障害の方の中には自分自身の障害や疾病を受容できず，自分自身の人生は「無駄であった」，「何の意味もなさなかった」，「どうして障害を背負わなくてはならなかったのか」などの否定的な感情をもつ人がいる。一方で，障害受容がなされ，障害を背負ったことをプラスに転化させ，前向きに建設的に人生を送る人もいる。障害受容を達成した人の中には，「健常者と障害者の両方の人生を送ることができて良かった」と語る人もいる。ここまで来るのには，それ相当の苦労や葛藤があったことが推察される。

私たちは障害をもつ人の中にはこの両者がいることを理解し，良い，悪いという判断を付け加えることなく受け容れていくこと必要があろう。

3) カウンセリング的かかわり（カウンセリングマインド）
a. 傾聴すること

私たちは，障害をもつ人やその家族の話をよく聴くことである。私たちは人の話を聴いているようで聴いていないことが多い。障害に状態によっては，現在と過去の混同，不可解なこと，意味不明なことをいうこともある。こうした

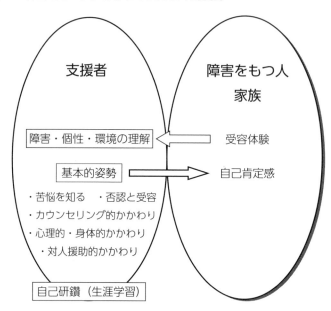

図 10-1　支援者の基本的姿勢の構造図（筆者作成，2022）

言動にも耳を傾け，表情や雰囲気から対象者を感じ取ることも傾聴に含まれよう。

b. 受容性を高めること（私たちが大きな器となる）

　私たちに傾聴するという構えができると，障害をもつ人を受け容れることができる。逆に障害をもつ人は私たちに受け容れられたと認知するのである。すると，障害をもつ人と私たちの間には信頼関係が生まれ，障害をもつ人は私たちにあらゆることを話すようになる。私たちは障害をもつ人のどんな言動や態度でも，いったんそれを受け容れることに徹するが大切である。このような私たちの態度によって障害をもつ人は自己肯定感や自尊感情を高めることができると考えられる。

　障害をもつ人を理解するには私たちが大きな器となって障害をもつ人を受け止める姿勢を持つことが先決であろう。障害や疾病にのみ焦点を当てるのではなく，先にも述べたようにその人の生い立ち，家族を含めた周囲の環境など全体をも見渡した総合的な見方をすることが障害をもつ人に対する真の理解につながると考えられる。

c. 共感的理解

　傾聴，受容の態度が形成されると，そこには共感が生まれる。私たちは障害をもつ人のことを完全に共感することは困難である。それは全く違う人間で，人生体験も異なるからだ。しかし，障害や疾病を背負ってしまったこと，障害や疾病を持って生きることの辛さ，苦しさ，虚しさといったその人の四苦八苦の人生を私たち自身の人生体験と照らし合わせながら共感する努力が必要であろう。

4) 心理的・身体的かかわり

a. 情緒的接触をもつよう心がける

　障害をもつ人は身体的，機能的には障害があっても，直感的，感覚的に鋭敏な人もいる。私たちが障害をもつ人に対して良い，悪いといった判断的な見方や態度をとったりすると彼らは拒否的態度を示す。私たちは障害をもつ人の「心」，「気持ち」に訴えかけることを忘れてはならない。例えば，今日，出会えたことへ感謝の気持ちを伝える，私たち自身の気持ちを障害者に伝えるなど，情緒に触れる交流が重要である。

b. 身体的接触をもつよう心がける

　障害をもつ人の中には視覚障害や言語障害をもっている人もいる。私たちは言語的コミュニケーションのみでなく，非言語的コミュニケーションも考慮に入れる必要がある。例えば，身体的接触はその一つである。障害をもつ人の手足をさすってあげる，肩に触れてあげるといったかかわりは，彼らを安心させ，不安感を和らげるのに効果的である。こうしたアプローチを介在させることによって彼らと私たちの言語的コミュニケーションを促進することもある。

　しかし，彼らの中にはこれまでの人生において人に触れられることにあまり慣れておらず，他人に身体を触れられることを嫌がる人もいる。このようなことからむやみに身体に触れるのは禁物である。逆に心を閉ざしてしまう結果になりかねない。障害をもつ人の身体に触れる時には粗雑にならないように細心の注意を要する。

c. 残された機能と失われた機能の両面を理解する

　障害をもつ人は，精神障害，肢体不自由，視覚障害，言語障害など人によってさまざまである。私たちは対象者の障害特性を理解するよう心がけ，その人に何ができて何ができないのかを把握し，現在できることをより以上に伸ばしていくように心がけることである。とかく私たちは失われた機能をリハビリ

テーションなどの機能訓練によって回復させようと思うが，この視点は障害をもつ人にとって負荷が大きいいと考えられる。むしろ残されている機能に焦点を当てそれを伸ばしていくことの方が重要であると考える。

5）対人援助的かかわり

a. 障害をもつ人を中心に物事を考え，行動し，その人にあった援助をする

　障害をもつと人といっても十人十色で十把一からげに考える分けにはいかない。私たちは障害をもつ人とのかかわりを通して，その人の特徴や傾向性を実践的に学び，その人にあったかかわりをすることが大切である。

b. 障害をもつ人や家族に迎合しない

　私たちは可能な限り，障害をもつ人や家族に寄り添い，受容せてくことが大切である。しかし，とかく私たちは障害をもつ人や家族に気に入られようと，あるいは評判が悪くならないようにと無理をすることがある。私たちが障害をもつ人や家族に不自然な気の使い方や機嫌をとろうとするとうまくいかないものである。障害をもっている人は，障害をもっているが感覚的には衰えておらず，むしろこうした私たちの態度を見抜き，関係性がぎくしゃくするのである。私たちは障害をもつ人のありのままを受け止め，素であることが大切である。

(5) 障害をもつ人への支援者の自己研鑽

1）障害をもつ人や家族の現状や心理などを継続的に学ぶ（生涯学習）

　私たちはまず，障害児・者の現状や事例，その心理に関して継続的に学んで行く姿勢が重要である。国家試験のためだけに勉強をするという態度ではなく，近い将来にそのことは非常に重要な基礎になるということを意識しておくことである。そのように考えた方が学びに遣り甲斐が出てくるであろう。おそらく，実際の現場では，座学で学んだことがなかなか生かせなかったり，つながらなかったりと感じることもあろうが，少し辛抱し継続して実践することにより，開けてくるものと思われる。理論だけでは現場では何もできないが，辛抱すること，他の職員や他職種の人々と協働・連携すること，周囲の人々に対する思いやりの気持ちを意識することによって，道が開けて来ることもあろう。このようなことを不断に努力することが実践と理論を結びつけるのに重要な関係性であると考えられる。でるから，学生の皆さんの場合は，可能であれば学校等の座学と実際のボランティア活動体験により相乗効果が現れてくることが考えられる（竹田，2007）。

　重要なことは，支援者が夢を持つこと，ヴィジョンを描くこと，自身の中の動機を見出すことである。でなければ何処に向かって行くのか支援の目的や支援計画が立てられない。実際の現場での実践では対象者とのコミュニケーションなどかかわりにおいて必ずと言っていいほど戸惑い，悩み，葛藤が生じてくる。その際に，夢や動機，ヴィジョンを思い起こせば，迷い込んでしまった道を越え，もとの道に戻れると思うのである。夢，ヴィジョンは難しい課題をクリアーにしてくれる（竹田，2007）。

2）自分自身のストレス・コントロール方法を知っておく

　私たちは，保健医療・福祉・教育等の現場の仕事で，ストレスもかかることは十分に理解している。精神的にも肉体的にも多くのストレスが溜まる。それらのストレスを自ら見出して処理をする方法も自分自身で工夫しておく必要がある。

　具体的な方法としては，追い詰められた感じがして，「落ち込み」のような気持ちを感じたときには，音楽などを一人で聴くのも良いであろう。こういう場合には，にぎやかな音楽を聴くのではなく，少し悲しげでスローテンポのクラシックの曲や，または悲しい歌詞の歌などを聞き，思いきり涙を流すのも良い方法である。自分が何もできないだめな人間のように感じて虚しいときには，大きな自然の景色や広い見渡せる河川敷のような所に一人でゆっくりと散歩をしながら，判断なしに自分の夢やヴィジョンそして希望を心の中に思い出してみることよい。静かになりたいときには詩を朗読するのもよいであろう（竹田，2007）。

　以上の項目は，最も基本的な態度として必要なものであると考えられる。未だ他にもあるかもしれない。

　保健医療，福祉，教育等の現場で皆さんの実際の経験が進むにつれて，これ以外の多くのものが生じてきますが，いつの時にもこれらの項目は皆さんの行動の原点とすることが大切であると考える。

参考・引用文献
（1）藤田哲也監修他『絶対に役立つ教育相談』ミネルヴァ書房，2017
（2）藤田哲也監修・串崎真志編著『絶対に役立つ臨床心理学』ミネルヴァ書房，2017
（3）片山和男編『ストレス社会とメンタルヘルス』樹村房，2017

（4）諸富祥彦『新しいカウンセリングの技法――カウンセリングのプロセスと具体的な進め方』誠信書房，2014

（5）中田行重・串崎真志『地域実践心理学―支えあいの臨床心理学へ向けて』ナカニシヤ出版，2005

（6）Rogers, C. R.（1961）. On Becoming person, Boston: Houghton Mifflin.（村山正治編訳『ロジャーズ全集 12 巻　人間論』岩崎学術出版社，2009）

（7）ロジャーズ「人間論」『ロジャーズ全集　4 巻』岩崎学術出版社，1967

（8）竹田倫代「障害児・者にかかわる当事者としての姿勢」池田勝昭・目黒達哉共編『障害者の心理・「こころ」―育ち・成長・かかわり―』学術図書出版社，2007，pp.198-214

第11章

障害をもつ人の育ち・成長に有効な心理的支援

　この章では，障害をもつ人の育ち・成長・悩みの解決に有効と考えられる心理的支援について述べる。それにあたって，まず，筆者の心理療法家としてのあり方について記載したいと思う。筆者は，障害をもつ人について，「障害をもつ人」と「もたない人」など，二極化した捉え方はしておらず，「障害をもつ人」と「もたない人」をスペクトラム（同線上のもの）として捉えている。

　それは，例えば「障害をもつ人として，耳のほとんど聞こえない人」もいれば，「障害をもっていないが耳の聞こえづらい人」もいるように，また，発達障害における自閉症スペクトラム障害の方が，「重たい障害としてその特性をもっている人」もいれば，「軽く障害として認定されないがその傾向をもっている人」もいるように，「障害をもつ人」でも「もたない人」でも本質的な人間性にはなんら変わりはないと考えている。

　この考えは，「障害をもっている人」は，その障害における何か特有の悩みをもっているはずだという，先入観を少なくする上で有効である。もちろん，そういった特有の悩みもあるのだが，筆者の臨床家としての経験上，「障害をもつ人」や「そのご家族」が相談に来られた時，その障害における問題を主訴として語られることはほとんどなく，語られるのは友人関係や家族関係，仕事・勉強上での問題など，「生きづらさ」という点で，「障害をもたない人」となんら変わりのない場合が多かったことに起因する。

　また，人は他者との差を自覚した時，劣等感を感じ，悩みを大きくさせる生きものである。「障害をもつ人」は，「もたない人」よりも，差を自覚しやすく，悩みを大きくさせてしまうことや，語られる主訴の背景要因として，障害をもつことが関係する場合は，十分あり得ると捉えている。このことは，障害とは関係ない主訴・悩みの解決に向かうにつれて，その方の自身のもつ障害への理解・受容が促進されるともいえるのだが，そこで行われる心理療法は，もちろん「障害をもつ人」や「そのご家族」の，致し方なく障害をもたざるをえな

かったことへの配慮は十分に行われるべきであるが，心理的支援の本質は，「障害をもたない者」となんら変わりがないものであると考えている。

　カウンセリングでは，クライエントの内的枠組みをしっかりと捉えることを重視する。長く自身の障害と向き合ってきた人にとっては，「障害をもつ自分」が自分自身であり，その事についてセラピストが「障害をもつ人」の特別な悩みとして意識し過ぎることは，かえってクライエントの内的枠組みの理解の妨げになるようにも思う。この考えは，筆者自身が心臓付近の血管に疾患をもっており，多少なりとも不自由な幼少期を送ったことに関係する。今，客観的に思い返せば「不自由」と定義付けられるのであって，（入院時の体験など，語ることも少ないのだが，語った際は同情されることも多いので，そうでない人に比べて不自由だったのだろう。もちろん筆者よりも重い疾患を抱えている人も多くいるため，わかりかねる部分もあるのだが，）その当時の自分は，疾患を抱えることでの「不自由さ」も「そのことについての特別な悩み」も抱えてはいなかった。

　　（「障害をもつ人」の特有な悩みとしては，中途障害の方など，生まれもってではなく，人生の半ばにて後天的に障害をもたざるをえなくなった場合に，「障害をもたない人」としての自分への喪失体験と，「障害をもつ人」としての障害受容が当てはまると考える。中途障害については，第 9 章をご参照頂けたらと思う。）

　これからいくつかの心理的支援について記載させて頂く。各支援方法について，筆者が記述することが妥当なのか，筆者自身，恐縮の思いはあるのだが，少しでも障害をもつ人の支援として，学びとなれば幸いである。

1．カウンセリング

　現在，日本におけるカウンセリングにおいて，セラピストがクライエントの話を批判せず，確りと耳を傾けることや，受容・共感・傾聴を重視すること，クライエントに自由に腹蔵なく話してもらい，気持ちを整理してもらうようなあり方について，大きな影響を与えたのは，クライエント中心療法を作ったロジャーズ（Rogers, C. R.）といえる。

　ここでは，カウンセリングでの治療理論，セラピストの在り方を伝えるために，ロジャーズのクライエント中心療法について詳しく述べたいと思う。

　ロジャーズは，このアプローチの中心的な仮説は簡潔に述べることができるとしている。個人は自分自身のなかに，自分を理解し，自己概念や態度を変え，

自己主導的な行動をひき起こすための巨大な資源を持っており，そしてある心理的に促進的な態度についての規定可能な風土が提供されさえすれば，これらの資源は働き始める。パーソンセンタード・アプローチは，あらゆる有機体に備わっている実現傾向，つまり成長し，発展し，その可能性を十分に実現しようとする傾向を基盤にしており，私たちが解放しようとしているのは，この方向性を備えた流れなのである（Rogers, C. R., 1986）。

このことからロジャーズは，全ての人が「実現傾向」，自分自身をより良い方向へと変化させる力を持っており，いくつかの条件がそろえば，クライエントは自らの持つ「実現傾向」の力が発揮され，問題や悩みを解決していくとしていたことがわかる。では，いくつかの条件とはいったいどのようなものであったのであろうか。

ロジャーズは，「セラピーによるパーソナリティ変化の必要にして十分な条件」という論文において，その条件を記載している。

建設的なパーソナリティ変化が起こるためには，次のような諸条件が存在し，しばらくの期間存在しつづけることが必要であるとした。

(1) 二人の人が心理的な接触を持っていること。

(2) 第1の人（クライエントと呼ぶことにする）は，不一致の状態にあり，傷つきやすく，不安な状態にあること。

(3) 第2の人（セラピストと呼ぶことにする）は，その関係のなかで一致しており，統合していること。

(4) セラピストは，クライエントに対して無条件の肯定的配慮を経験していること。

(5) セラピストは，クライエントの内的照合枠を共感的に理解しており，この経験をクライエントに伝えようと努めていること。

(6) セラピストの共感的理解と無条件の肯定的配慮が，最低限クライエントに伝わっていること。

他のいかなる条件も必要ではない。この六つの条件が存在し，それが一定の期間継続するならば，それで十分である（Rogers, C. R., 1957）。

その「必要十分条件」のうち，(3)，(4)，(5)，を抜き出し，上記の成長を促進する風土を構成するセラピスト側の三つの条件として，多くの人間関係において当てはまるものであるとしている。下記にその三つの条件を記載する。

(1) 純粋性・自己一致

　セラピストが職業上の建前や個人的な仮面をまとわず，その関係のなかで自分自身であればあるほど，それだけクライエントが建設的に変化し成長する可能性が高くなるのである。純粋性とはセラピストが自身の内面でその瞬間瞬間に流れつつある感情や態度に十分にひらかれており，ありのままであるということである。つまり，セラピストの内臓レベルで体験されていることと，セラピストのなかで意識されていること，および，クライエントに向けて表現されていることとが，密接に符号し，一致しているということである。

(2) 受容・無条件の肯定的関心

　心を寄せること，あるいは尊重することといってもよい。クライエントがその瞬間にどういう状態であっても，セラピストがクライエントを肯定的に，非批判的に受容する気持ちを経験しているならば，治療的な動きあるいは変化がより起こりやすくなる。クライエントのなかにいま流れている感情が，混乱であれ，憤慨であれ，恐怖であれ，怒りであれ，勇気であれ，愛であれ，プライドであれ，クライエントがその感じになりきれることにセラピストが寄りそおうとする気持ちが，受容には含まれている。それは非所有的な思いやりである。セラピストがクライエントを条件付きでなく全面的に尊重するとき，前進的な動きが起こりやすい。

(3) 共感的理解とその伝達

　これはクライエントが体験しつつある感情やその個人的な意味づけを，セラピストが正確に感じとっており，この受容的な理解をクライエントに伝えるということである。共感的理解が最もよくすすむときにはセラピストは，他者の私的な内面の世界にまで深く入り込んでいるので，クライエントが気づいている意味づけだけでなく，クライエントが気づいていない深いレベルの意味づけまでをも明確化することができる。このきわめて特殊で能動的な傾聴は，私が知っている限りでは，変化をもたらす力として，最も強力なものである (Rogers, C. R., 1986)。

　これらの態度条件を，セラピスト側がクライエントに示していくことで，クライエントの「実現傾向」の力が活性化していき，自身の力で問題を解決していくとした。

　文明が進歩した現代社会において，私たちは，幼少期から多くの時間を，社会生活を営む上で「条件付きの肯定的関心」（〜できればあなたのことを認めるが，できなければ認めないというもの）の中で過ごしてきたと言える。他者から求められる自分になろうと，条件を満たそうと苦心することで，自己不一致は大きくなり，純粋性は失われ，本当の自分がどんどん解らなくなっていく。他者との関わりや理解も，共感による深い内的なもの・相手の立場に立ったものではなく，自分にとって都合が良いか，悪いか，と言う損得を基準としたものが多くなっている。

　筆者自身は，このクライエント中心療法の3条件は，セラピストとしての在り方，技法というよりも，人がその人らしく生きていく上で，大切なこととして捉えている。何らかの理由で「障害」をもたざるをえなかった人や，そのご家族が，自分自身の生き方をより純粋に，自分・他者に対して条件付けることなく，共感による理解を重視した関わりを多く持てることを心から願っている。

　「実現傾向」の力は，「障害をもつ人」「もたない人」に関係なく，人間誰しも備わっているものである。むしろ，何らかの理由によって障害をもたざるをえなかった人，生きづらさを抱える人にこそ，自らの力と，他者との関係性の中で問題を乗り越えていく，クライエント中心療法の支援の有効性がうかがえる。

2. 遊戯療法

　次に，遊戯療法について解説したいと思う。

　遊戯療法（プレイセラピー）は子どもを対象とした心理療法である。心理療法はセラピストとクライエントの心理的人間関係を基盤として行われる，内的世界の再統合の過程である。その手段は言語，絵画，音楽，夢，箱庭などであるが，遊戯療法のプレイは，夢と同様か，あるいはそれ以上の心の表出手段である。そのプレイを通して行われるところにその特質がある（東山, 2004）。

　前述のカウンセリングの技法は，クライエントとの言語的なやり取りを中心とした関わりを想定して作られている。そのため，言語能力が未発達な子どもへの適用は，相応しくない場合が多いと考えられる。言語能力が未発達な子どもにとって，十分に自分自身をカウンセリングの時間内で言語表現することは，困難になるためである。「言語表現」にかわる手法として「遊び」をカウンセリングに取り入れた遊戯療法の有用性がうかがえる。

このことから，遊戯療法では，言語表現が未発達な子どもだけでなく，何らかの理由によって，言語表現に苦手意識を持たざるをえなかった人（聴覚障害・知的障害・発達障害の方など）でも，十分な支援効果を期待することができるといえる。

遊戯療法は，遊びを通して自由に自己表現してもらうことで，気持ちを整理し，心理的安定をはかる心理療法である。

また，東山は，遊戯療法の理論的立場として，児童分析，関係療法，非指示的療法，その他の四つに大別されることを述べている（東山，2004）。

ここではアクスライン（Axline, V. M.）の非指示的遊戯療法について記載させて頂く。この非指示的遊戯療法は，前述のクライエント中心療法の理論を遊戯療法へと使用したものである。いかにクライエント自身の「実現傾向」の力を引き出すかなど，基本的な理論形態，セラピストのあり方については，共通性が多い。アクスラインは遊戯療法における八つの基本原則を提示しているため，それを下記に記載する。

(1) セラピストは，子どもと温かい友好的な関係をつくるようにしなければならない。そうすれば，よいラポールが早急に確立される。

(2) セラピストはあるがままの姿の子どもを受容する。

(3) セラピストは子どもとの関係で，受容的な感情を作り出すようにする。

(4) セラピストは子どもが表出している感情を敏感に察知し，これらの感情を子どもに「おうむ返し」に返してやり，自分の行動を洞察しやすいようにしてやる。

(5) セラピストは，子どもに自分自身の問題を解決する機会さえ与えるなら，子どもが，みずから解決できる能力をもっていることを深く信じて疑わない。選択し，変化しはじめるか否かは，子どもの責任にしておく。

(6) セラピストは，かりそめにも子どもの行動や会話に指示を与えることのないようにする。子どもがリードをとり，セラピストが従う。

(7) セラピストは治療を早くしようなどとはしない。治療は徐々に進歩する過程であり，セラピストはこのことをよく理解している。

(8) セラピストは，治療を現実の世界に関係づけておくのに必要な，また子どもに治療関係での責任を自覚させるのに必要な制限を与えるだけである。

遊戯療法，特有の特徴として，カウンセリング（言語面接）では，時間や場

所の設定以外，原則としてセラピストからクライエントに言語内容についての制限は設けないのだが，遊戯療法ではバージニアアクスラインの八つの基本原則の8番目にもあるように，遊びの内容がクライエント，セラピストにとって著しい苦痛を伴うものや，身体の危険性を含むものの場合，考慮の末，子どもに治療関係での責任を自覚させるのに必要な制限を設ける場合がある。

カウンセリングと遊戯療法の違いの例

<u>カウンセリング</u>：クライエントがセラピストに対して，面談中，セラピストが著しく心理的苦痛を伴うような暴言を発し続ける。

→　言語表現の制限は行わず，セラピストは（心理的苦痛を伴う場合もあるのだが，）なぜクライエントが暴言を発し続けざるをえないのかについて，理解を深めるよう，洞察を図ることが望ましい。

<u>遊戯療法</u>：クライエントがセラピストに対して，面談中，セラピストが著しく身体的苦痛を伴うような遊びをやり続ける。（プラスチック製の遊具などで，セラピストが出血に至るまで叩き続ける等。）

→　遊びの内容の制限について検討する。セラピストはなぜクライエントがそこまでの身体的苦痛をセラピストに体験させざるをえないのかについて，理解を深めるよう，洞察を図るのと同時に，今後，安定して遊戯療法が継続できるよう，（状況や見立てにもよるが，暴力行為の禁止や，柔らかいもので叩いてもらえるように働きかけるなど，代替案も考慮に入れ，）治療を現実の世界に関係づけておくのに必要な，また子どもに治療関係での責任を自覚させるのに必要な制限の検討・実施を行う。

また，「障害をもつ人・子ども」との遊戯療法では，セラピストはその子が遊びの中で，十分に自由に自己表現できるようにしつつ，もっている障害への配慮を十二分に行うべきと考える。しかし，遊戯療法の主体，遊びの選択はあくまで子ども自身が行うものであるため，例えば，肢体不自由（指の欠損）の障害をもつ子がドミノ倒しを並べて遊ぶ様に，もしその子が自身の障害によって実施が困難となる遊びを選択したとしても，セラピストは制限や代替の遊びの提言などは行わず，その子がその遊びを選択した意味を推し量りつつ，じっくりと腰を据えて，その子がその遊びに満足するまで，寄り添うべきであると考える。筆者の経験上，こうした象徴的な遊戯療法は，その子の心理的な安定や，障害への自己受容に大きく貢献する可能性を秘めたものだからである。

3. 認知行動療法

　ここでは，疾患ごとに療法がパッケージ化（特定の症状に対して，一定の流れで治療を行うことで，効果的な改善が見込める）され，実証的研究が行われている認知行動療法について述べたいと思う。

　認知行動療法は，アカデミックな心理学から得られた知見に基づいて理論が洗練され，介入方法が体系立てられ，有効性が実証されてきたところに特徴がある心理療法である。また，一人の創始者による単一の理論に始まるわけではなく，認知行動療法という基本的前提を共有したさまざまな介入方法の総称であり，行動療法と認知療法の二つを源流としていることを野村は述べている。

　行動療法を源に持つ流れは，行動を刺激と反応の図式から理解する学習心理学を乗り越える試みであり，人間の行動の複雑性や主体性を説明するためには，古典的条件付けに代表される機械論的な図式だけでは不十分であるとの批判に基づいている。認知概念を導入することで，行動療法はその適用範囲を大きく広げた。もうひとつの源流である認知療法は，ベック（Beck, A. T.）やエリス（Ellis, A.）らが提唱した認知療法が，クライエントの認知に介入するために，認知的な技法と併せ，行動的な技法を活用していたことによる。

　これら，行動療法，認知療法，それぞれに発する流れは，現在では歩み寄り，認知行動療法として統合されつつある（野村，2003）。

　伊藤は，認知行動療法は，特にうつや不安にといった感情の問題に対しては，薬物療法と比較して効果的であることを示す研究や，再発率が低く，副作用が少ないといった利点を示す研究が増えていることを述べている。また，マッケンバウム（Meichenbaum, D. H.）は，クライエントの症状に合わせて行動的技法と認知的技法を組み合わせる「パッケージ療法」として，認知行動療法を紹介しているとした（伊藤，2012）。

　つまり，認知行動療法は，ベックやエリスなどの「認知療法の理論」に基づいて，パブロフ（Pavlov, I. P.）やスキナー（Skinner, B. F.）の条件付け理論などを活用した種々の「行動療法の技法」を用いることで，うつや不安（パニック）など，特定の症状に対して治療効果を実証している心理療法であるといえる。

　まず，行動療法の技法についていくつか紹介させて頂く。

(1) 系統的脱感作法

　不安と対極にあるリラックスによって，不安を制圧していこうとする逆制止法の応用技法。まず，患者との面接から，いったいどのような場所で不安が生じてくるのかを聞き出し，不安の強い場面から，弱い場面に順序だてた不安階層表を作成する。次に，筋肉をほぐすことによって，リラックス状態をつくり上げる漸進的筋弛緩法を学習する。（体操，呼吸訓練，催眠などがリラックスに導入されることもある。）このような，リラックス訓練をしたうえで，先に作成した不安階層表を参考にしながら，その弱い不安刺激を与える。これを何度も繰り返し練習して，不安が除去できれば，徐々に強い不安刺激を与え，同じく除去していく方法。不安症などに用いられる（森谷, 2004）。

(2) モデリング法

　モデルの望ましい行動を直接，あるいは映像で見せ，学習者がそれを模倣することによって適応行動を習得させる方法。恐怖症や基本的生活習慣の獲得など，さまざまな行動の獲得に用いられる（及川, 2003）。

(3) セルフモニタリング　セルフコントロール法

　自分自身の行動を記録し，客観視することで，行動をコントロールする技法。主に生活習慣の改善に用いられる。例えば，食生活の改善の場合，食事のバランスなどの内容や，食事のし方や，体重や活動や運動を自分で記録し，それによって食行動と身体活動を修正する（山下, 2004）。

(4) 生活技能訓練

　主として対人関係上の行動を向上するためのワーク。自分がしたいと思っていることを実現するために，肯定的な雰囲気の学習場面の中で自分自身の課題を他者とともに考え，モデリング，コーチング，ロールプレイ，フィードバックなどを組み合わせて学習し，その学習した技能を実際の生活場面に般化させていく技法（市来・伊藤, 2004）。

　次に，認知療法の理論について述べる。
　認知療法では，出来事に対する「推論の誤り」から，悩みや不安が生じると考える。下記にベックの上げた「推論の誤り」について記載する。

① 恣意的な推論（arbitrary inference）：根拠もないのにネガティブな結論を引き出す傾向

② 選択的な抽出（selective abstraction）：最も明らかなものには目もくれず，些細なネガティブなことだけを重視する傾向

③ 過度の一般化（overgenerlization）：わずかな経験から広範囲のことを恣意的に結論する傾向

④ 誇大評価と過小評価（magnification and minimization）：ものごとの重要性や意義の評価を誤る傾向

⑤ 自己関連づけ（personalization）：自分に関係のない出来事を自分に関係づける傾向

⑥ 絶対的二分法的思考（absolutistic dichotomous thinking）：ものごとの黒白をつけないと気がすまない傾向。「ものごとは完璧か悲惨かのどちらかしかない」といった具合に考える傾向。

（今野，2005）

認知療法の理論としては，エリスの提唱した ABC 理論が挙げられる。

(Activating event)　　(Belief)　　　(Consequence)
ストレスな出来事　→ 認知・考え方　→ 結果（うつや不安など）
　　　　　　　　　　　↑ 推論の誤り
　　　　　　　　　　スキーマ

何らかのストレスを感じさせる出来事（基本的に，出来事自体に良し悪しは無い）に対して，人がどう認知（良いか・悪いかなど）するかによって，その後，その人が結果として取る行動等が変わるというものである。（肯定的認知をしたら，肯定的行動・感情変化を，否定的認知をしたら否定的行動・感情変化を行う。）

例えば，目の前から顔見知り程度の人が歩いてきて，あなたに微笑みかけたとする。

ここであなたが，自分に好意を向けてくれている，挨拶をしてくれているなど肯定的認知をしたら，その後，あなたは微笑みを返す，挨拶するなど肯定的行動を取り，気分も良くなるだろう。しかし，自分が変だから笑われた，おかしいと思われたなど否定的認知をしたら，その人との関わりを避けたり，気分を落ませるなど，否定的な行動をとる可能性が高くなる。

　この時の認知を「自動思考」といい，自分の意思ではどうにもコントロールできないものとしている。

　また，その「自動思考」の背景には，過去の体験によって形成された「スキーマ」（認知の枠組み）が存在しており，この「スキーマ」が浮かんでくる「自動思考」に影響を与えている。

　否定的なスキーマ（認知の枠組み）が，過去の体験によって形成されていると，ストレスを感じさせる出来事に遭遇した時に，「推論の誤り」から，否定的な「自動思考」（お前は何をやっても駄目だ …。おかしいから笑われたのだ …。など）が生じ，結果としての否定的行動・感情変化（気分の落ち込み・不安・恐怖など）によって，うつなどの症状が作られる。

　具体的なアプローチ方法の一例としては，例えば，浮かんできた「自動思考」について，先述のセルフモニタリングを行い，認知の内容についての記録を作成してもらう。日時，出来事，認知，感情等について書き出してきてもらい，面談時にセラピストと，作成してきた記録内容や「推論の誤り」について話し合いを行う。（このように，次回面談時までにクライエントにホームワークを導入することも，認知行動療法に特徴的な支援方法である）同時に，クライエントに対人不安や視線恐怖がみられる場合には，系統的脱感作法などを実施し，症状の軽減を試みる。また，その状況での適切な行動を検討し，セラピストが実際にやってみせたり（挨拶する，会釈するなど：モデリング法），その状況を想定して，模擬練習・ロールプレイなども実施する（生活技能訓練法）。

　「障害をもつ人」も，「もたない人」と同様，長い人生の中で，致し方なく，うつや不安（パニック）の症状になってしまう事もあるかもしれない。（障害からの，心理的負担も懸念される。）また，中途障害など，後天的に障害をもたざるを得なくなってしまった人は，その障害受容の過程において，「防衛・抑うつ」の期間があるように，うつや不安などの症状との，関連性は心配である。

　これらの症状の改善に，認知行動療法は有効性が高いといえるのではないだろうか。

4. 心理リハビリテイション（臨床動作法）

　心理リハビリテイション（臨床動作法）は，成瀬悟策によって作られた，日本独自の支援技法である。

　動作法の起源は，脳性麻痺児の動作を改善するために，成瀬によって開発さ

れた動作訓練に端を発していることを今野は述べている。

　それまで，脳性麻痺児の動作不自由は，中枢神経系の障害によって直接もたらされると考えられていた。しかし，脳性麻痺児の動作を詳細に観察すると，習慣化された動作を行うときや特別に意識しないで動作を行うときは強い緊張が入らないが，複雑な動作や意図的な努力が要求されるような動作を行うときは緊張が強くなり，動作不自由がより顕著になることがわかってきた。また，脳性麻痺児は，催眠暗示によって暗示がかかっている時は，「動かなかった」腕を動かすことができるようになることも発見された。

　これらの発見に基づいて，成瀬は，ヒトの動作を「意図―努力―身体運動」という一連の過程として捉え，脳性麻痺児の動作不自由はこの過程がうまくいっていないことによると考えた。そして，「意図―努力―身体運動」の過程がうまく働くようにする方法として動作訓練が開発されていった。

　その後，心と体の調和的な体験の援助方法として発展し，今日では脳性麻痺児の動作改善はもちろんのこと，自閉症児や AD/HD（注意欠陥／多動性障害）児の発達援助，不安障害や気分障害，PTSD などの心理治療の領域で幅広く活用されている（今野義孝，2012）。

　心理リハビリテイション（臨床動作法）とは，不自然な緊張・身体操作の仕方を緩和し，動作における「意図―努力―身体運動」の過程（自分の「意図」どおりに身体が動くように「努力」し，それにそった「身体運動」ができるようになること）が上手く働くようになることで，心と体の調和的な体験から心身のバランスを整えていく支援方法である。

　下記に今野（2012）を参考に心理リハビリテイションの支援方法についてまとめる。

　動作特徴の見立て：動作法では，「意図―努力―身体運動」という動作プロセスの観点から，問題の見立てを行う。主な観点は，次のとおりである。

　①動作の遂行に関する意図や努力の様子。

　②意図や努力を妨げている体の緊張の様子。

　③座位や膝立ち，立位などの姿勢や歩行の様子。

　④発声・発語動作や書字動作などの様子。

　見立てでは，生活の中でクライエントが自分の体や動作をどの様に感じているかという主体動作活動を重視する。不安定な立位や歩行，肩こり，猫背，側彎，腰痛，緊張感，あがり，慢性緊張などは，体や動作の偏りを表しており，これ

らの偏りは，生活上の動作の体験の偏りによってもたらされると考える。

　<u>動作法における援助活動</u>：そこで，動作法では，座位，膝立ち，立位，歩行などの姿勢を基本に動作課題づくりを行うことで，動作の体験の偏りを変化させる。主な治療セッションにおける援助活動には，「リラクセーション課題」，「主動で動かす課題」，「体をタテにする課題」の三つの動作課題がある。

(1) リラクセーション課題

　リラクセーションは，躯幹弛め，背弛め，肩弛めなどの特定部位の力を抜いてリラックスする課題から構成されている。ここでは，「自分に働きかける感じ」，「自己弛緩」，「能動感」，「現実感」等の体験が可能になり，自分の気持ちや感情を肯定的に捉えなおすことができるようになる。

(2) 主動で動かす課題

　主動で動かす課題は，腕上げ，背反らし，状態曲げ，躯幹ひねり，片膝立ち前後動，腰回しなど特定の部位を動かす動作から構成されている。「自体制御とバランス取り」，「主動感」，「自由感」，「自信」等の体験をすることが可能になり，クライエントは自分の体に対して能動的に働きかけている主体的な努力の体験を深めることができ，心と体の一体感を実感することができるようになる。

(3) 体をタテにする姿勢づくりの課題

　体をタテにする姿勢づくりの課題は，タテに座る，タテに立つ，右に乗る，左に乗る，直立で前傾する，歩く，体を真っ直ぐにして自体軸をつくる，重心を移動したり自体軸を自在に使いこなす，などの動作から構成されている。「自体存在・自己存在」，「自体軸・自己軸」，「自体確実感・自己確実感」等を体験することができ，体の中に安定した自分自身の拠り所を実感するようになる。

　また，動作法では，セラピストとクライエントの人間関係における体験として，クライエントが三つの「お任せ」体験を体感することを重視する。

　①「相手へお任せ体験」セラピストを信頼して自分をセラピストに任せる。

　②「自分へのお任せ体験」セラピストにお任せするだけでなく自分にお任せする。「あるがままに」「自分にできるままに」任せること。

　③「無意識へのお任せ体験」体のもっている動作のメカニズムに任せてしま

うこと。

　これらのお任せ体験は，通常，「相手へのお任せ体験」から「自分へのお任せ体験」，そして「無意識へのお任せ体験」へという順に深まっていく。「無意識へのお任せ体験」ができるようになると，警戒や防衛，不安や怖さなどの感じも治まり，意識にはのぼらない自分への信頼感が育ち，自分自身の意識下的な努力の仕方に身を任せることができるようになる。

　このようにお任せ体験をしながら動作課題を解決することで，クライエントは自分の心と体の間にしっくりと調和したコミュニケーションを形成することができるようになる（今野義孝，2012）。

　支援の一例として，例えば，日常的に他者と話す時，腕を組むことが癖になっているクライエントがいたとする。腕組は，心理的な防衛・対人接触への不安の意味合いがあるのだが，この腕組によって，肩が張り，肩や背中周りの緊張が起こる。また，不安からの威嚇行動として，自分を大きく見せようと背中を反ることにより，体の軸の歪みも生じているかもしれない。このような状態のクライエントに「リラクセーション課題」，「主動で動かす課題」，「体をタテにする課題」等の動作課題を行い，動作の体験の偏りを良い方向に変化させつつ，「お任せ」体験を体感してもらうことで，警戒や防衛，不安や怖さを緩和し，自分への信頼感を増加させ，意識下的な努力の仕方・自然な流れに身を任せられるように促していく。クライエントの心身のバランスが調和される。

　結果として，クライエントの対人接触への不安の減少や，それによって引き起こされていた，肩や背中周りの緊張の軽減につながるのである。

　「障害をもつ人」は，その人の障害の種類にもよるが，もたざるをえなかった障害の特性から身体操作に苦手意識を持たれている人も，少なからずいる。また，特定の障害部分をかばうために，他の部分に過度に負担をかけてしまっていることもあり，結果として，身体的緊張，軸の歪み，不自然な身体操作を行ってしまっているかもしれない。さらに，障害へのコンプレックスから，「あるがままに任せる」ことも困難になっている場合も多い。そう言った方への心理リハビリテイション（臨床動作法）は，心身のバランスを整えるのと共に，苦手意識を変容させ，自身を受け入れる手助けになるリハビリテイションおよび発達支援の手法である。

5. 家族療法

　家族療法とは，クライエントの問題を，個人ではなく，家族全体の問題として捉え，家族関係にアプローチする心理療法である。

　そのため，家族療法では，悩みを抱える人を患者やクライエントとはよばず，IP（Identified Patient: 家族の問題から患者の役割を担う人）と表現する。

　また，面談においてもセラピストとクライエント，一対一ではなく，家族全員を対象に行われたりもする。

　家族関係から，クライエントの抱える問題を見立て，家族関係を変化させることで問題を解消していく支援を用いることを特徴としている。

　また，家族療法は，単一の治療技法ではなく，個人療法にも種々の学派によって見立て・アプローチ方法が異なるように，家族療法にも，家族関係の見立てと介入という共通性はあるものの，学派ごとに見立て・アプローチの違いが存在する。（ボーエン学派，コミュニケーション学派，戦略学派，ミラノ学派等）

　下記に家族関係からの問題のとらえ方・見立ての一例を記載する。

　例えば，学校で問題行動を起こした生徒がいたとする。一般的な心理療法では，その問題行動の原因は，何かしらの生徒個人の心の問題からなのではないかと捉え，見立てを立てるのに対して，家族療法では，生徒個人ではなく，何かしらの家族全体が抱える問題がその生徒の学校での問題行動として現れているのではないかと捉え，見立てを行う。

　家族やその生徒からのヒアリングの結果，家族関係の情報を得たとする。

　父，母，息子の3人家族。父親は仕事の都合で単身赴任しており，あまり家には居られず，母親が近くに住む父方の祖父母の助けを借りつつなんとか生活をしているが，教育熱心な祖父母の生徒への期待からのプレッシャーも多く受けており，最近は生徒の行動に対してキツく怒ってしまう事が増えていた。生徒は母親の置かれている立場を察してか，母親に反抗することはなかったが，たびたび電話にて父親に「なんかシンドイ」など曖昧な言語表現をしていた。父親はその際，「まあ頑張れ，お父さんも頑張っているから」というような言葉を返しており，家を空けている負い目からか，母親よりも祖父母に生徒の相談をすることが多かったことが明らかになった。

　これは架空の事例であるが，問題行動を起こした生徒が，その行動を起こさざるをえなかった家族関係を読み取って頂けたらと思う。また，生徒が問題行

動を起こすたびに，生徒（問題行動）→父親（祖父母に相談）→祖父母（母親への圧力）→母親（生徒への叱責）→生徒（問題行動の再発）→父親…と問題が円環的に循環し，悪化していくことが考えられる。

　具体的なアプローチの一例としては，こういった状況が今，家族の中で起こっているかもしれないことをセラピストも交えて，家族全体で共有し，どうしたら家族がより良い方向へと進めるのかについて話し合いを行う。

　その際，言語情報だけでは家族関係の問題はつかみにくいため，家族の関係図を書いて提示するなど，視覚的に状況が理解しやすいように配慮を行う場合もある（外在化）。

　また，話し合いの中で，その生徒の問題行動について，個人の心の問題・性格に原因があるのだ，問題行動をしたその生徒自身が悪いのだという，暗黙の家族の認識から，家族関係の問題から，この子がその行動を起こさざるをえなかったかもしれないなど，問題行動の意味づけの変容を促す（リフレーミング）。

　家族関係を客観視したり，問題の捉え方を変えることで，家族関係の改善と，問題の緩和を促していく。

　実施時の注意点としては，この架空事例では，家族の問題がこの子に問題行動として表れているということなので，この問題行動を消失させるだけでは，別の誰かに心理的な問題が起きてしまう可能性を考慮しなくてはならないことである。（例えば，その生徒が母親の叱責に対して反抗的な態度をとれるようになれば，学校での問題行動は低減するかもしれないのだが，次は母親が祖父母からのプレッシャーと，生徒からの反発の板挟みに合い，不眠，落ち込み，食欲不振などの不調が現れるかもしれない。）

　単に問題行動の消失を治療目的とするのではなく，誰か一人が負担を背負うことなく，家族全体がより良い関係性を構築することが重要である。

　下記に家族療法で使われる代表的な技法について記載する。

・援助的関係形成のための技法

ジョイニング

　家族システムに参入するため，セラピストが家族の会話スタイルや交流パターンを受け入れ自分を溶け込ませる。

多方面への肩入れ

　他の家族が見ている前でメンバー一人一人に順次共感的理解を示してゆくことで，特定の誰か一人に偏らない，全員から等距離にある関係を築く方法。

・援助的変化を促すための技法

リフレーミング

「事実」は変えずに，それがおかれている文脈（フレーム）や意味づけを変えたり拡げたりすることで，そのことが問題にもたらしている影響力を変化させる方法。

逆説処方

改善しよう・解決しようとして行った行為が問題の持続や悪化に力を貸してしまう例は少なくない。悪循環を断つためにセラピストが現状を続けたりもっと強化するように勧める等，家族に逆説的な指示を与えること。

外在化

問題をあたかも自分に内在する属性と考え，自己内対話を発展させた状態を変化させるため，問題が与えている影響について質問する等によってそれを客体化し，問題に影響されない自己の主体性を取り戻すこと（中釜, 2003）。

「障害をもつ人」は，その人自身はもとより，支えるご家族の心理的負担も大きい。障害が直接の原因とはなり得ないかもしれないが，すでに抱えていた家族関係の問題が表面化した時，心理的負担の悪化の可能性は考えられる。家族の関係性を見立て，支援する家族療法も「障害をもつ人」とその家族にとって，有用であるといえる。

この章では，障害をもつ人の育ち・成長に有効な心理的支援として，いくつかの心理療法について記載させて頂いた。

各々の心理療法ごとに特徴があり，支援効果が存在している。求める支援に適したものを選んで頂くのもいいだろう。

- クライエント中心療法 → 言語的心理面接 「実現傾向」を発揮させる。
- 遊戯療法 → 主に子どもを対象とする。言語機能・知的機能に難があっても効果を期待できる。情緒の安定。
- 認知行動療法 → 各症状に特化した認知・行動に働きかけるアプローチを行う。
- 心理リハビリテイション → 言語機能に難があっても効果を期待できる。心身のコントロール・バランスを改善する。
- 家族療法 → 家族関係に働きかける。家族の関係性，コミュ

　　　　　　　　　　　　　ニケーション・関わり方を改善する。

　筆者自身は，心理的支援の効果は，技法や知識以上にセラピストとクライエントの関係性が重要であると捉えている。

　そもそも，人は他者との関係の中で育ち・成長する生きものである。

　障害をもつ人も，もたない人も，良い他者との関係の中で，育ち・成長できることを，人生の理解者に出会えることを，心から願っている。

参考・引用文献

(1) 東山弘子「遊戯療法」氏原寛ほか（編）『心理臨床大辞典［改訂版］』培風館，2004，pp.384-386

(2) 市来真彦・伊藤順一郎　2004「予後，社会復帰」氏原寛ほか（編）『心理臨床大辞典［改訂版］』培風館，2004，pp.1144-1148

(3) 伊藤義徳「認知行動療法」森和代ほか（編）『よくわかる健康心理学』ミネルヴァ書房，2012，pp.110-113

(4) 今野義孝「認知行動療法」乾吉佑ほか（編）『心理療法ハンドブック』創元社，2005，pp.134-141

(5) 今野義孝「動作法」森和代ほか（編）『よくわかる健康心理学』ミネルヴァ書房，2012，pp.120-123

(6) 森谷寛之「不安」氏原寛ほか（編）『心理臨床大辞典［改訂版］』培風館，2004，pp.166-170

(7) 中釜洋子「家族療法」下山晴彦（編）『よくわかる臨床心理学』ミネルヴァ書房，2003，pp.148-151

(8) 野村晴夫「認知行動療法」下山晴彦（編）『よくわかる臨床心理学』ミネルヴァ書房，2003，pp.144-147

(9) 及川恵「行動療法」下山晴彦（編）『よくわかる臨床心理学』ミネルヴァ書房，2003，pp.136-139

(10) Rogers, C.R. 1957, The necessary and sufficient conditions of Therapeutic personality change. Journal of Consulting Psychology., 21, 95-103.（邦訳：カーシェンバウム，H. & ヘンダーソン，V.L. 編，伊東博・村山正治監訳『ロジャーズ全集（上）』第16章，誠信書房，2001，pp.265-285）

(11) Rogers, C.R. 1986, A Client-centered/Person centered Approach to Therapy. In Kutash, I. and Wolf, A.(Eds.), Psychotherapist's Casebook. Jossey-Bass, 197-208.（邦訳：カーシェンバウム，H. & ヘンダーソン，V.L. 編，伊東博・村山正治監訳『ロジャーズ全集（上）』第10章，誠信書房，2001，pp.162-185）

(12) 山下敏子「行動療法」氏原寛ほか（編）『心理臨床大辞典［改訂版］』培風館，2004，pp.335-339

第12章

障害をもつ人の家族の支援と社会参加

1. 家族支援

(1) 家族支援の視点

　障害をもつ人の家族を支援する際には，その家族が障害をどのように理解しているのかということを支援者が理解することが重要である。例えば，障害をネガティブなものとして捉え，保護者にとって問題と捉えられる行動を修正するために叱責を重ねたとする。このようなことが続けば，二次障害へとつながっていく。注意欠如多動症のような叱責を受けやすい行動が多い障害の場合は，特に二次障害へとつながらないように保護者といった人的環境も含めた上での環境調整が求められる。

　家族の障害理解の一端として，一連の「障害受容」の研究がある。第9章で述べられている通り，「段階説」はその基本的な考え方である。一方で，直線的な段階ではなく，その質的な差に着目した研究も多い。一瀬（2012）は，さまざまな障害のある乳幼児の母親を対象とした調査を行った結果，発達の初期段階で，障害のある子どもとして認識せざるをえない「障害モデル」と，治療や訓練をすれば治るかもしれないと理解する「病気モデル」があることを示している。そして，前者は母親の「自己全体の崩れ」が特徴的であり，適切な子どもへの対応方法を指導するのみでは十分な支援とはなり得ず，母親自身の自己イメージといった内的世界について焦点化すべきであることを指摘している。また，後者は将来への見通しがあいまいとなり，母親自身が子どもをどのように認識しているのかということが重要であると述べている。特に，母親が「わが子とわかり合えた実感」をもてるかどうかという点が強調されている。このように，保護者の認識によって障害受容の質は大きく変わってくる。支援者にとって重要であるのは，① 保護者の個別性を理解した上で，② 必要となる社会的資源につなげていくことである。中田（2002）が指摘しているように，「障害をもつ子の親にかならず段階的な反応が生じるという思いこみ」を支援者が持っていると，支援している保護者が障害受容できない保護者として意味

づけられてしまうことになる。障害受容を保護者が到達すべき地点として捉えないこと，障害自体の認識にも多様性があることを理解しておくことが重要である。

（2）家族支援を行う相談機関

　家族支援を行う相談機関は，子どもの育ちや相談の内容によって異なってくる。先天性の障害（ダウン症など）がある場合，妊娠期に既に障害があることがわかっていたり，出生後すぐに障害があることがわかることも多いため，最初の相談を担うのは医療機関となる。また，出生後に療育手帳の取得，特別児童扶養手当の申請といった支援制度の利用のために各自治体の福祉事務所などの相談機関とつながることが多い。一方で，知的障害や発達障害に代表されるような発達に伴って明らかになってくる障害の場合は，最初に相談を行う機関も異なってくる。日本では，保健師による新生児訪問や乳幼児健康診査といった母子保健システムが発達している。知的障害や発達障害の場合，1歳6ヶ月児健康診査や3歳児健康診査で相談が開始されることが多い。この場合，保健師や健診担当の心理士が相談を担当して，必要であれば療育機関（児童発達支援センターや児童発達支援事業所）へとつないでいく。

　児童期になると，就学するため，学校教育の場において相談することが多くなる。一方で，近年では児童期も対象とする療育も増えており，そのような機関や，発達障害者支援センターといったより専門性の高い機関で相談することもできる。また，必要に応じて医療機関を利用している家族も多い。特に，青年期以降では二次障害が現れることもあり，服薬やカウンセリングなどのニーズが高い。

　家族支援を行っていると，障害だけではなく，家族全体として多様な課題が複雑に絡み合っていることがある。例えば，子どもが知的障害をもっており，保護者がネグレクトをしているといったように，課題が輻輳している場合，療育機関のみで課題を解決することは難しいため，より高い専門性が求められる。家族支援を行う機関としては，各自治体に設置されている子ども家庭支援センターや児童相談所がその役割を担っている。問題が輻輳している場合には，学校や保育所・幼稚園といった単独の機関のみで対応するのではなく，地域の福祉資源や関係機関との連携の中で問題の解決を図っていくことが求められる。

（3）ペアレント・トレーニング

　ペアレント・トレーニングとは，子どもの行動変容のために保護者が対応方法を学ぶためのプログラムを指す。また，子どもの行動変容によって，保護者の養育負担感を軽減することも目的の一つとなる。これは，1960年代のアメリカで発祥したプログラムであり，日本においてもさまざまな方法へと分化していった。このプログラムの根底にあるのは，行動療法の考え方となっている。行動療法は，人間のさまざまな問題行動に対して，その行動を刺激に対する反応の現われであると捉え，その条件を変化させることによって行動の改善を目指す療法である。

　ペアレント・トレーニングの場合，この中でも「A-B-C分析」と呼ばれる分析方法によって行動の理解をしていく。A-B-C分析のAは先行事象（Antecedent），Bは行動（Behavior），Cは結果（Consequence）を示している。例えば，学校で体育着に着替えることに抵抗を示してパニックになる子どもがいたとする。先生が体育着の袋を見せると（先行事象），すぐに自分の頭を叩いて周りの子どもにも唾を吐きかけた（行動）。この時，先生は周りの子どもへの影響を考えてこの子どもに「やめなさい！」と強く叱った（結果）。このような例の場合，先行事象が行動の原因になっている可能性がある。体育着を見た時に，これから自分の嫌な体育が始まるのだということを知り，そこから逃避するために周りの子どもに唾を吐いて意思を示したと捉えられる可能性がある。そこで，先行事象を変化させることによって，この子どもが受け入れられる状況を作り，行動を変容させていくことを目指すことができる。一方で，このようなパニックが続いている子どもの場合，パニックを起こすと先生が寄ってきてくれるということを学習して，先生を呼ぶためにパニックを起こしている（強化）といったことも見られたりする。このように，行動を分析的に捉えるための方法がA-B-C分析である。ペアレント・トレーニングでは，この分析方法を基礎としながら，保護者が子どもの行動を理解していくものである。

　ペアレント・トレーニングは，発達障害児の保護者支援の一環として行われることが多くなっている。特に，行動面での課題が多い注意欠如多動症や自閉スペクトラム症の子どもを対象とすることが多い。一方で，発達障害に限らず，典型発達児の養育，社会的養護の領域など，近年では広く応用されている。ペアレント・トレーニングは，多くの場合グループで行う。したがって，グループ全体を動かすリーダーや，全体を見渡し補助的な役割を行うサブ・リーダー

といったように複数のスタッフによって運営される。グループで行っているため，参加者は自分の考えを述べるだけではなく，他の参加者とスタッフのやりとりを通して学んだり，悩みを共有できる他者の存在によって心理的に支えられたりといった集団ならではの効果も期待できる。

　表12-1 には，岩坂（2012）による標準的なペアレント・トレーニングの内容を示した。それぞれの回ではレジュメが用意されており，ロールプレイなどを交えて実践的に理解できるプログラムとなっている。また，学んだことを家で実践して，それを報告するといった内容になっている。ペアレント・トレーニングは，保護者の子ども理解を基礎としており，その上で適切な指示や環境調整のあり方を学んでいく方法である。

表12-1　標準的なペアレント・トレーニングの内容

回　数	内　容
第１回	プログラム全体のオリエンテーション，自己紹介・子ども紹介
第２回	子どもの行動の観察と理解
第３回	子どもの行動への良い注目の仕方
第４回	親子タイムと上手なほめ方
第５回	前半のふりかえりと学校との連携
第６回	子どもが達成しやすい指示の出し方
第７回	上手な無視の仕方（ほめるために待つ）
第８回	トークンシステム（ご褒美）とリミットセッティング（限界設定）
第９回	ほめ方，無視の仕方，タイムアウトのまとめ
第10回	全体のまとめとこれからのこと，学校との連携

※岩坂（2012）を基に筆者が作成した。

(4)　ペアレント・メンター

　メンターとは，「助言する者」という意味である。メンターは，一般企業でそれぞれの新入社員に対して相談・助言・指導する役割をもった先輩社員がつくといったように，一般的に広がっているシステムである。福祉領域においては，発達障害児・者の家族（保護者）を支援するためにペアレント・メンターが広がってきている。

　ペアレント・メンターになるのは，主として発達障害がある子どもを育てた経験のある保護者である。当事者でもあることから，悩みを共有することがで

きることや先輩保護者であることから発達の見通しをもつことができるといったメリットがある。

　図 12-1 には，ペアレント・メンターの養成と活動を示した。ペアレント・メンターの活動の場は，さまざまな機関が行っている当事者向けの会合やグループの中にある。例えば，市町村の保健センターが主催する障害児を育てる保護者の会合にゲストとして呼ばれるといった活動，障害児の親の会に所属する会員に対する継続的な支援などを挙げられる。井上ら（2014）によると，ペアレント・メンターの相談形態は，① 個別相談（対面），② 電話相談，③ メール相談（インターネットの掲示板なども含む），④ グループ相談といったさまざまな形態がある。それぞれの場はメリット・デメリットがあり，その特性を理解した上での活動が必要となる。

　ペアレント・メンターの活動は基本的に「傾聴・共感」「情報提供」「子育ての先輩としての体験談・アドバイス」（井上ら，2014）を柱としている。相談

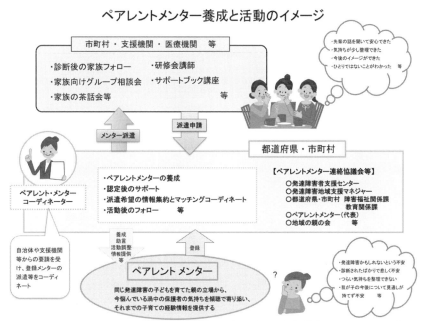

図 12-1　ペアレント・メンターの養成と活動［※厚生労働省のホームページから抜粋（https://www.mhlw.go.jp/content/000651037.pdf）］

内容も子どもの障害の理解，教育機関との関係の取り方，進路についてといった障害がある子どもに直接関係することだけではなく，夫婦関係，家族関係など幅広い相談に対応する必要がある。そのため，多様な相談に対応できるような養成を行う必要がある。また，養成を受けてペアレント・メンターとして認定された後も活動についていわゆるスーパーヴァイズを受ける必要もあるため，活動を支える団体が存在する（図 12-1 における「ペアレントメンター連絡協議会等」）。ペアレント・メンター活動の組織については，地域差が大きく，自治体や発達障害者支援センターなどが主導で行う場合もあれば，地域の親の会が主体的に組織化することもある。それぞれの地域の事情に合わせて組織化が行われているが，行政機関や医療機関など地域における福祉に関する資源と連携しているという特徴がある。相談によっては，虐待などの緊急性が高いケースやより高度の判断が求められるケースもあるため，ペアレント・メンターでは対応できない場合にさまざまな機関へとつなぐ役割も求められている。このように，家族の気持ちに寄り添った活動であり，地域全体で障害がある子どもと家族を支えるのがペアレント・メンター活動の特徴である。このような考え方は，近年の福祉の特徴であるだろう。

2.　社会参加

(1)　就労支援と定着支援

　国際障害者年の「完全参加と平等」というキーワードは，わが国における福祉制度の大きな変革をもたらした。2000 年代には，福祉サービスが「措置」から「契約」へと変更されており，より障害者の主体的な社会参加が求められるようになった。特に近年では，2013（平成 25）年に公布された「障害を理由とする差別の解消の推進に関する法律」（いわゆる障害者差別解消法）によって差別の禁止のみならず，社会的障壁の除去について合理的な配慮を行うことが一般企業にも求められるようになった。この法律にも明記されているように，障害者が社会的障壁の除去を必要としている旨の意思表明があった場合には，その内容の検討を行う必要があり，以前よりも権利を主張することの重要性が増していると考えられる。このように自らの権利を守ることをアドボカシー（権利擁護）という。近年では，アドボカシー・スキルをより発達の初期から理解することが求められるようになっている。

　障害者の雇用状況について，図 12-2 に示した。障害者雇用については，法

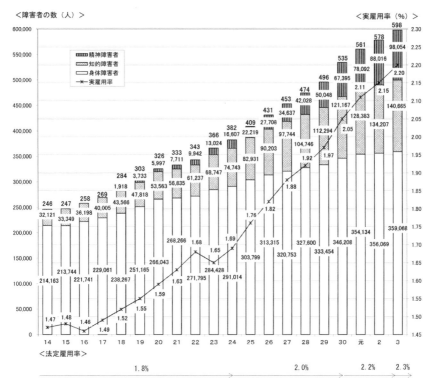

図 12-2　民間企業における障害者の雇用状況と雇用率
[※厚生労働省（2021）令和 3 年　障害者雇用状況の集計結果
(https://www.mhlw.go.jp/content/000886158.pdf)]

定雇用率が定められている。2022 年現在，43.5 人以上の一般の民間企業については、2.3% の雇用率となっている（雇用率達成率は 47.0%）。以前は，全体に占める身体障害者の割合が高かった。しかし，近年は精神障害者の雇用が進んでいる点が特徴的である。これは，2018（平成 30）年に雇用率の算定基礎の対象に精神障害者が含まれたことが影響しているだろう。また，精神障害として算定される発達障害者（精神障害者福祉手帳を所持することが多いため）の就労支援が促進したことも一つの要因である。このように，障害者雇用は就労の面から見ると改善していると見ることができる。就労支援を行う機関として，障害者就業・生活支援センターが各地に設立され，生活支援を含めたり，地域の多様な機関と連携するなどの包括的な支援が進んでいる状況である。

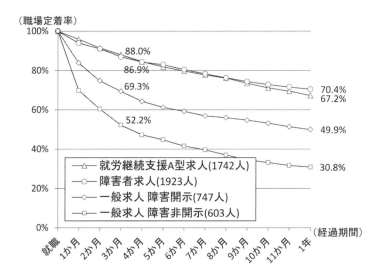

図 12-3　求人種類別にみた職場定着率［障害者職業総合センター（2017）
障害者の就業状況等に関する調査研究］

　一方で，課題としては就労定着を挙げることができる。図 12-3 には，障害
者職業総合センターが実施した障害者の職場定着率の変化を示した。これによ
ると，1 年後の職場定着率は，就労継続支援 A 型や一般企業における障害者求
人で約 70% であった。加えて，一般求人では 1 年後の定着率が 50% を下回っ
ていた。このように，就労することを目的とするのではなく，その定着まで
含めて支援を継続していくことが重要である。図 12-3 に示されているように，
一般求人においては，自身が障害をもっていることを開示して就労した人の方
が定着率は高い結果となっている。これは，開示することによって，ジョブコー
チの利用，障害者トライアル雇用奨励金等のさまざまな支援制度を利用できる
ことが影響していると考えることができる。職場に障害があることを開示でき
るということは，障害に対する理解を含めた自己理解を深めている必要がある。
自身の内的特性について内省することや，他者に対して伝えていくこと，援助
要請ができることといったように，自己理解は就労定着の大きな要因である。
教育の中で自己理解を育むことが求められるだろう。

(2) ICT の利活用

　障害児・者の社会参加を拡大する上で，情報通信技術（Information and Communication Technology, 以下 ICT）の発展が重要な意味をもってきている。ICT を活用することによって，第一に，より簡便に必要な情報にアクセスすることができるようになった。特に，支援に関する情報を行政などから与えられるのではなく，自ら探すことが可能になってきている。第二に，コミュニケーションの幅が広がっていることが挙げられる。例えば，希少な疾患（難病指定された疾患など）の場合，国内に数百人ほどの当事者しかおらず，生活圏で同じ疾患をもった者同士がつながることは非常に難しい。オンライン会議システムの普及によって，離れた人同士がつながり「難病カフェ」（当事者同士の相互交流の場）が開催されるといったように，コミュニケーションの幅が広がっている。このような技術革新によって，障害児・者が意思決定をする機会が拡大することによって社会参加が促進されている面があると考えられる。

　これまで，障害がある人の ICT 利活用については，特別支援教育の中で発展してきた面がある。例えば，表出手段が限られている児童・生徒が発信する手段として，VOCA（Voice Output Communication Aid）と呼ばれる機器がよく使われてきた。これは，あらかじめ入力された音声を児童・生徒がボタンを押すことで言語表出の代替となる支援である。また，近年は視線入力装置（利用者の視線を探知して，パソコンの画面上で利用者が見ている文字を入力するといったことができる）の改良が進み，筋ジストロフィーや筋萎縮性側索硬化症（ALS）といった身体障害者の社会参加に大きな影響を与えている。

　2019（令和元）年に文部科学省は GIGA（Global and Innovation Gateway for All）スクール構想を立ち上げ，全ての子どもが ICT を利用してより主体的で対話的な深い学びができる環境を整えることを目指している。特別支援教育においては，障害のある人が社会参加をする上で利用できる技術（AT; Assistive Technology）によって，さまざまな状態の児童・生徒の個別性に配慮した支援を行ってきた。例えば，読字に障害がある児童（限局性学習症）がデジタル教科書を使用して，教科書の自動読み上げを行ったり，タブレットによる文字入力で板書を行ったりという支援が行われている。このような支援は，児童・生徒への合理的配慮の一環として行われるようになっている。GIGA スクール構想によって，ICT の利活用は一般化したが，今後は，より個別性に対応した支援が必要とされる時代になると考えられる。また，教育分野だけではなく，福

祉施設などでの利用促進も課題となるであろう。

【引用・参考文献】

(1) 一瀬早百合『障害のある乳幼児と母親たち－その変容プロセス』生活書院 , 2012

(2) 中田洋二郎『子育てと健康シリーズ⑰　子どもの障害をどう受容するか』大月書店 , 2002

(3) 岩坂英巳編『困っている子をほめて育てるペアレント・トレーニングガイドブック : 活用のポイントと実践例』じほう , 2012

(4) 井上雅彦・吉川徹・加藤香編『ペアレント・メンター活動ハンドブック : 親と地域でつながる支援』学苑社 , 2014

(5) 障害者職業総合センター『障害者の就業状況等に関する調査研究』障害者職業総合センター , 2017

第Ⅲ部

障害をもつ人の教育と福祉

第13章

特別支援教育

1. 特別支援教育の定義と理念
特別支援教育の理念

　2007 年 4 月，日本において，特別支援教育が導入された。この特別支援教育については，2007 年 4 月に施行された改正学校教育法にともなって，文部科学省（2007）が「特別支援教育の推進について（通知）」において次のように，その理念，および定義を示した。

　特別支援教育の理念

　特別支援教育は，障害のある幼児児童生徒の自立や社会参加に向けた主体的な取組を支援するという視点に立ち，幼児児童生徒一人一人の教育的ニーズを把握し，その持てる力を高め，生活や学習上の困難を改善又は克服するため，適切な指導及び必要な支援を行うものである。

　また，特別支援教育は，これまでの特殊教育の対象の障害だけでなく，知的な遅れのない発達障害も含めて，特別な支援を必要とする幼児児童生徒が在籍する全ての学校において実施されるものである。

　さらに，特別支援教育は，障害のある幼児児童生徒への教育にとどまらず，障害の有無やその他の個々の違いを認識しつつ様々な人々が生き生きと活躍できる共生社会の形成の基礎となるものであり，我が国の現在及び将来の社会にとって重要な意味を持っている。

　　　　　（文部科学省（2007）「特別支援教育の推進について（通知）」より引用）

　この理念に，示された内容は大別して，次の三つに分けられる。

① 児童生徒の自立と社会参加に向けた主体的な取り組みを支援し，そのために一人ひとりの教育的ニーズを把握する。

② 発達障害を含め，全ての学校において実施する。

③ 共生社会の実現を目指す。

　つまり，特別支援教育は，障害のある児童・生徒の教育をもとに一人ひとり

が住みなれた地域で自らの希望するそれぞれの生活を可能にする共生社会の実現を目的としている。

2. インクルーシブ教育システム

　障害者の権利条約に基づいたインクルーシブ教育システムの推進により，障害の有無にかかわらず，共に学ぶための条件整備が進められている。インクルーシブ教育システムの目的は，人間の多様性の尊重等の強化，障害者が精神的，身体的な能力等の発達を援助し，自由な社会に効果的に参加することにある。この目的のもとに，障害のある児童生徒と障害のない児童生徒がともに学ぶ仕組みを作り，障害のある児童・生徒が，自らの生活する地域において，教育が受けられることである。つまり，一般的な教育制度から排除されず，地域での初等中等教育の機会の提供と，機会において必要な一人ひとりについての「合理的配慮」が提供される教育システムの推進が進められている。

合理的配慮

　合理的配慮については，障害者の権利に関する条約の第2条において，次のように定義されている。

> 障害者の権利に関する条約の第2条
> 「合理的配慮」とは，障害者が他の者と平等にすべての人権及び基本的自由を享有し，又は行使することを確保するための必要かつ適当な変更及び調整であって，特定の場合において必要とされるものであり，かつ，均衡を失した又は過度の負担を課さないものをいう。
> （文部科学省（2012）「参考資料2：障害者の権利に関する条約（抄）」より引用）

　この定義に基づき，学校・教育における「合理的配慮」は，障害のある子どもが他の子どもと平等に「教育を受ける権利」を享有・公使することを確保するために，学校の設置者および学校が必要かつ適当な変更・調整を行うこととなる。2013年には，「障害を理由とする差別の解消の推進に関する法律」（障害者差別解消法）が制定され，2016年からは，国公立学校で合理的配慮の提供は，法的義務（障害者差別解消法第7条）となっている。

　合理的配慮の概要については，次の表に示す（表13-1）。

表 13-1　合理的配慮の概要

学習の内容にかかる配慮

1-1-1　学習上または生活上の困難を改善・克服するための配慮

1-1-2　学習内容の変更・調整

学習の方法にかかる配慮方法

1-2-1　情報・コミュニケエーションおよび教材の配慮

1-2-2　学習機会や体験の確保

1-2-3　心理面・健康面の配慮

学習の支援にかかる配慮

2-1　専門性のある指導体制の整備

2-2　幼児児童生徒，教職員，保護者，地域の理解啓発を図るための配慮

2-3　災害時等の支援体制の整備

学習環境にかかる配慮

3-1　校内環境のバリアフリー化

3-2　発達，障害の状態および特性等に応じた指導ができる施設・設備の配慮

3-3　災害時等への対応に必要な施設・設備の配慮

（文部科学省（2012a）「共生社会の形成に向けたインクルーシブ教育システム構築のための特別支援教育の推進（報告）別表」を改変）

3. 特別支援教育の歴史

　障害のある児童・生徒の教育の歴史を概観する（表 13-2）。1878 年，京都に盲者と聾者のための教育機関として，盲唖院が設立された。これが，日本においてはじめて設置された障害のある児童の教育の始まりといわれる。その 20 年後，1897 年石井亮一が，東京に知的障害のある子どもを対象にした教育施設として，滝乃川学園を設立する。続いて，1921 年に肢体不自由児教育の先駆である柏学園が東京に設立された。その後遅れること約 25 年後の 1947 年学校教育法において，障害のある児童・生徒の教育が特殊教育として制度化されることになった。京都における始まりから，約 70 年がたっていた。さらに，1978 年の養護学校就学義務化までには，約 1 世紀かかったことになる。

　その後，ようやく 2007 年に障害の有無によらず国民の誰もが共生できる社会の実現の理念の基に特別支援教育が導入されることになるのである。誰もが生まれながらにして享有する人権を行使できる社会である。つまり，誰もが住みなれた地域で，自らの望む生活ができる社会を実現するべくシフトした。

　次に示した障害のある児童・生徒についての教育取り組みは，この理念を願う人々の取り組みの歴史といえる。

表13-2　特別支援教育の歴史

1947 年	学校教育法制定：盲・聾・養護学校，小・中学校の特殊学級を制度化
1948 年	盲・聾学校就学義務化
1979 年	養護学校就学義務化，訪問教育実施
1993 年	「通級による指導」制度化
2002 年	就学制度改正：認定就学制度化
2005 年	発達障害者支援法制定
2006 年	学習障害，注意欠陥／多動性障害のある児童生徒を通級対象
	特別支援教育の導入 「特殊教育」から「特別支援教育」へ
2007 年	従来の「特殊教育」から，一人ひとりの個別のニーズに応じた適切な指導及び必要な支援に基づく「特別支援教育」へ，特別支援学校等のセンター的機能発揮，小中学校等における特別支援教育の展開等。
2007 年	障害者権利条約署名（インクルーシブ教育システムの理念，合理的配慮など）
2009 年	特別支援学級の対象に自閉症を明記
	障害者基本法改正
2011 年	主な改正点：障害者権利条約への対応し，十分な教育が受けられるようにするため可能な限り共に教育を受けられるよう配慮を行う。可能な限りの本人・保護者の意向を尊重するなど。
	中教審報告初中分科会報告
2012 年	共生社会の形成に向けたインクルーシブ教育システムの構築のための特別支援教育の推進を提唱した。具体的な事項として，合理的配慮や就学相談・就学先決定のあり方，多様な学習の場の整備・拡充，教職員の専門性向上などが提示された。
	障害者差別解消法制定
2013 年	合理的配慮提供の法的義務などを規定した。就学制度改正による認定就学制度の廃止と本人・保護者の意向を可能な限り尊重した総合的判断など。 主な内容は 2016 年に施行された。
2014 年	**障害者権利条約批准**

（文部科学省（2012b）「特別支援教育に関する基礎資料」を改変）

4. 特別支援教育を支えるシステム

　まず，特別支援教育における学校について，対象とする障害種とその目的を示し，次に特別支援教育を支えるシステムについて述べる。

(1) 特別支援学校

【対象障害種】視覚障害，聴覚障害，知的障害，肢体不自由又は病弱・身体虚弱

【目的】障害のある幼児児童生徒に対して幼稚園小学校中学校又は高等学校に準じて教育し，障害による学習上又は生活上の困難の克服と自立を図る知識技能についての指導を行う。

(2) 特別支援学級

【対象障害種】知的障害，肢体不自由，病弱及び身体虚弱，弱視，難聴，言語障害，自閉症者・情緒障害

【目的】小学校中学校等において以下に示す障害のある児童生徒に対し，障害による学習上又は生活上の困難を克服するために必要な指導を行う。

(3) 通級による指導

【対象障害種】言語障害，自閉症，情緒障害，弱視，難聴，学習障害，注意欠陥多動性障害，肢体不自由病弱及び身体虚弱

【目的】小学校中学校高等学校等において通常の学級に在籍し通常の学級での学習におおむね参加でき一部特別な指導を必要とする児童生徒に対して，障害に応じた特別の指導を行う。

(4) 通常学級

【対象障害種】通常の児童・生徒とともに学んでいる学習障害，注意欠陥多動性障害，自閉症等の発達障害等のある児童・生徒が対象となる。

【目的】小学校中学校高等学校等に通う児童生徒に対して，個別の障害に配慮するとともに通常の教育課程に基づく指導を行う。

　上記のうち，特別支援学校については，特殊教育では，障害種別に盲学校，ろう学校，知的障害養護学校，肢体不自由養護学校，病弱養護学校に在籍して教育がなされていたが，特殊教育では，障害種別にとらわれない学校として盲・

ろう・養護学校を「特別支援学校」に再編し，複数の障害種別に対応し，その設置される学区内の幼稚園，小学校，中学校，高等学校，及び中等教育学校を支援するセンター的な機能を果たすことと規定されている。

(5) 特別支援教育の体制整備

文部科学省（2004）「小・中学校における LD（学習障害）・ADHD（注意欠陥／多動性障害），高機能自閉症の児童生徒への教育支援体制の確備のためのガイドライン（試案）」において，障害のある児童生徒に対する適切な指導のための体制整備が示されている（図 13-1）。

この体制におけるそれぞれの役割について述べる。

1) 特別支援教育コーディネーター

特別な支援を必要とする児童生徒の一人一人の教育的ニーズに基づいて計画的な教育を行うことを目的に，小・中学校内に設置した校内委員会において教師等に指導・助言し，教育委員会の指導主事との連携・調整を行う。加えて，地域の福祉や医療機関等の関係機関との連絡調整を実施し，学校において指導的な役割を担う。

2) 特別支援教育委員会（校内委員会）

校内で，学習や行動などで気になる児童・生徒の存在やそのつまずき，障害の有無の確認，これに対する適切な指導・支援や校外の専門家チームや巡回相談などの支援要請について検討する委員会である。校長，教頭，特別支援教育コーディネーター，通常学級担任，教育相談担当者，養護教諭などがメンバーである。

3) 専門家による巡回相談

小・中学校への専門家による巡回相談事業を実施し，その学校の教員を対象に，校外の専門家が学校を訪問してさまざまな支援・助言を行う。発達障害のある児童・児童生徒などに対する指導方法などについても助言する。

4) 専門家チーム

対象となった子どもが LD や ADHD あるいは高機能自閉症かなどについての教育的な判断を行い，専門的な意見を学校に提示・助言する。メンバーは，教育学，心理学，医学などの専門家らなどで構成される。

5) 特別支援連携協議会

都道府県レベル（広域特別支援連携協議会）と市町村レベル（地域特別支援

連携協議会）に分けられる。それぞれのレベルにおいて，各地で特別支援教育を推進するための部局横断的なネットワークである。

　これらの指導・支援体制を基盤に障害のある児童・生徒の教育が計画にもとづいて実施される。この教育における計画は次の二つである。

6）個別の指導計画

　障害のある児童・生徒を教師が指導する際の計画として，その一人ひとりに対して作成される計画である。その作成は，特別支援教育委員会（校内委員会）が行う。この計画を作成するには，対象の児童生徒の実態を把握し，その結果に基づいた1年間の長期目標，学期ごとの短期目標を設定する。それぞれの指導内容や具体的な手続きを明確に記述される（図13-2）。

7）個別の教育支援計画

　個別の教育支援計画は，担任や校内の教師の他，外部の関係者や機関が協力して支援にあたるために作成される。入学前から卒業後における長期にわたる計画である。この計画には教育面に限らず，対象となる児童・生徒のニーズや実態に対応して，医療，福祉，労働等に関する事項も記載する。障害が明らかになってから，学校教育期間中，卒業後，成人期，高齢期と生涯にわたっての支援がこの計画にもとづいて接続される（図13-3，13-4）。

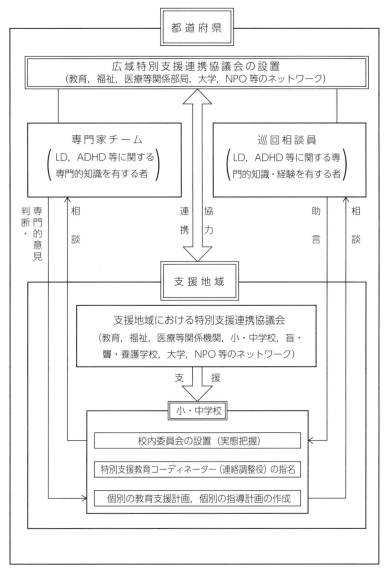

図 13-1　障害のある児童生徒に対する適切な指導のための体制整備
[文部科学省（2010a）「特別支援教育について　第 1 部　概論（導入）
5．特別支援教育の体制の整備」から引用]

（Aタイプ）

	今 年 度 の 目 標（長期目標）	主な指導の場
学習面		
生活面		
社会性・対人関係		

（　　）学 期 の 取 り 組 み			
	指　導　計　画		指　導　結　果
学習面・生活面・社会性・対人関係		変 容 と 課 題	
具 体 的 手 立 て		手立てについての評価	
評価の観点		来学期の方向	

図 13-2　個別の指導計画の様式（例）
[文部科学省 (2010b)「特別支援教育について
資料 5 個別の指導計画の様式例」より引用]

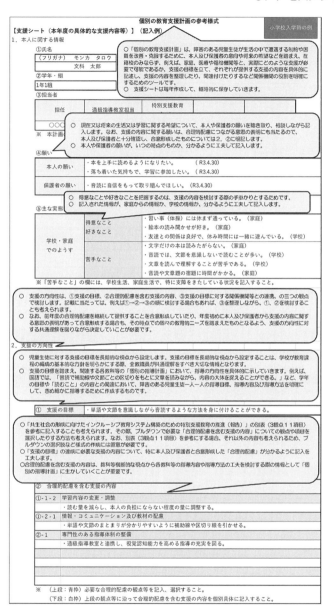

図 13-3　個別の教育支援計画の様式と記述例 1
［文部科学省 (2021)「個別の教育支援計画の参考様式について
【別添 1】プロフィールシート，支援シート」より引用］

○教育、家庭、医療や福祉などの関係機関等が一貫した支援を行うため、支援の目標に対し、それぞれが提供する支援の内容を具体的に記述し、支援の内容を整理したり、関連付けたりするなど関係機関等の役割を明確にします。

③ 支援の目標に対する関係機関等との連携	関係機関名	支援の内容
	□□病院作業療法（担当＊＊OT：月2回）	ビジョンセラピー（眼だけで追視する訓練）
	放課後等ﾃﾞｲｻｰﾋﾞｽ（担当＊＊指導員：月～金放課後）	読書（合理的配慮①-2-1）

3．評価

○①支援の目標の評価、②合理的配慮を含む支援の内容の評価は、4．の引継ぎ事項の根拠となるものです。

① 支援の目標の評価	・音読の前に、自分から補助線や区切り線を引き、それらを手がかりに音読に自信をつけている。 ・学校の取組を保護者に伝え、家庭でも同様の方法で音読することを認めてもらうことで、保護者の称賛もあり、自信につながっている。　（R4.3.1）
② 合理的配慮を含む支援の内容の評価	【①－1－2】は、引き続き、同様の合理的配慮が必要である。 【①－2－1】は、本人に定着し、音読課題は見られず、合理的配慮としては必要なくなった。 【②－1】は、引き続き、学年が上がり、複雑な画数による新出漢字への対応から、通級指導教室と連携した指導は必要である。　（R4.3.1）

※年度途中に評価する場合も有り得るので、その都度、評価の年月日と結果を記入すること。

○合理的配慮の決定後も、一人一人の発達の程度、適応の状況等を勘案しながら、合理的配慮を柔軟に見直しができることを共通理解とすることが重要です。なお、柔軟に見直す視点は、教育的な支援の内容についても同様です。
○定期的に「個別の教育支援計画」に基づく教育相談や関係者による支援会議等を行う中で、必要に応じて合理的配慮を含む支援の内容について見直す等は、十分な教育が受けられるために提供できているかという観点から評価することが大切となります。

4．引継ぎ事項（進級、進学、転校）

○次年度に引継ぎ事項を示すことで、担任や学校等が変わっても必要な支援について、切れ目なく確実に引き継がれることになります。

① 本人の願い	・落ち着いた気持ちで、学習活動に参加したい。
② 保護者の願い	・物事に最後まで取り組んでほしい。 ・通級指導教室は継続して利用したい。
③ 支援の目標	・漢字に関しては、2年生においても同様の支援目標が必要である。 ・本人・保護者の願いにもあるが、長い時間集中することが苦手であるため、2年生における支援の目標としたい。
④ 合理的配慮を含む支援の内容	①－1－2、②－1は、引き続き、必要であると思われる。
⑤ 支援の目標に対する関係機関等との連携	・ビジョンセラピーについては引き続き取り組みを続ける必要がある。 ・学校における合理的配慮と連携して取り組みを進める必要がある。

5．備考（特に配慮すべき点など）

○⑤については、関係機関の評価を聞き取ったうえで、記入します。

・保護者は、新しい生活と学習への適応状況について強い不安を抱きやすいので、学校での様子は、定期的に連絡し、伝えるようにする。

○上記の項目以外で必要な事項（支援する者が特に配慮すべき点など）があれば、ここに記入します。
○プロフィールシート同様、極力共通して記載する様式は簡素にし、書ききれない内容で、付記すべきと考える内容は、備考を活用します。

6．確認欄

このシートの情報を支援関係者と共有することに同意します。
　　　　年　　　月　　　日
　　保護者氏名

このシートの情報を進学先等に引き継ぐことに同意します。
　　　　年　　　月　　　日
　　保護者氏名

○このほか、保護者の同意などについて、確認した旨を明記するなどの項目を設けることが考えられますが、地域の実情や、電子化等への対応などを踏まえ、柔軟に検討いただくことが重要です。

図 13-4　個別の教育支援計画の様式と記述例 2
[文部科学省 (2021)「個別の教育支援計画の参考様式について
【別添 1】プロフィールシート，支援シート」より引用]

5．アセスメントと指導

指導のためのアセスメント

特別支援教育で用いられているアセスメントについて述べる。

教育領域でのアセスメントでは，その児童・生徒の成績が同年齢の集団のなかのどの位置にあるかの相対的な成績についての個人間差をみるよりも，個人のなかにある発達の順調な部分や遅れのある部分という個人内差をみることが重要になる。特別支援教育では，科学的なアセスメントに基づいた効果的な指導の計画（Plan）→支援の実施→結果の評価（Check）→指導の改善（Action）というPDCAサイクルに則して行う。また，指導の実施と並行して，その進捗状況についてモニタリングを行い，その結果を受けて修正・変更して指導を進める。

この教育的指導に役立つアセスメントの一つに，日本版KABC-Ⅱがある。対象児童・生徒の認知能力や学力の特性の二つの側面をとらえたうえで，実際の指導のための有効な情報を得ることを可能にしている。対象年齢は，2歳6ヶ月〜18歳11ヶ月に引き上げられ，継次処理・同時処理に加え，計画能力と学習能力が測定できる。この得意な認知処理スタイルを生かした指導法の基本として，藤田（2000）は，下記の五つの基本原則を示している（藤田，2000）。

表 13-3　得意な認知処理スタイルを生かした指導法の基本

継次処理が得意な子への指導方法		同時処理が得意な子への指導方法	
1	段階的な教え方	1	全体的な教え方
2	部分から全体への方向性を踏まえた教え方	2	全体から部分への方向性を踏まえた教え方
3	順序性を踏まえた教え方	3	関連性を踏まえた教え方
4	聴覚的・言語的手がかりの重視	4	視覚的・運動的手がかりの重視
5	時間的・分析的要因の重視	5	空間的・統合的要因の重視

（藤田和弘監修（2002）『小学校　個別指導用　長所活用型指導で子どもが変わる
Part2―国語・算数・遊び・日常生活のつまずきの指導―』図書文化社）

上記に示された二つの認知処理様式に基づいた指導方法の基本からは，日本版KABC-Ⅱが検査結果を児童生徒の得意を生かした指導に結びつけられる検査であることが理解できる。

6．保護者との連携

　保護者との連携は，重要な事項の一つである。児童・生徒が言語による意思を伝えることや聞き手が聴き取ったりすることに困難がある場合や児童・生徒の希望や権利を保護者が代弁したり補足したりできるからである。児童・生徒の基本的な生活は家庭などの環境にある。保護者との連携によって，より児童・生徒の適性や主体性を尊重した指導や支援が可能である。一方で，この連携は，保護者自身を支援する役割も果たす。保護者自身による児童・生徒の養育を援助する機会でもある。発達障害児・者の家族に対する支援については，発達障害者支援法の総則において，第6条および第13条に，下記のように明文化されている。

（早期の発達支援）

　第6条　市町村は，発達障害児が早期の発達支援を受けることができるよう，発達障害児の保護者に対し，その相談に応じ，センター等を紹介し，又は助言を行い，その他適切な措置を講じるものとする。

（発達障害者の家族等への支援）

　第13条　都道府県及び市町村は，発達障害者の家族その他の関係者が適切な対応をすることができるようにすること等のため，児童相談所等関係機関と連携を図りつつ，発達障害者の家族その他の関係者に対し，相談，情報の提供及び助言，発達障害者の家族が互いに支え合うための活動の支援その他の支援を適切に行うよう努めなければならない。

　　　　（文部科学省（2016）「特別支援教育について　発達障害者支援法」より引用）

　保護者にとっての児童・生徒の障害受容については，ドローター（1975）が，次の5段階を述べている。第1段階は「ショック」→第2段階の「否認」→第3段階の「悲しみと怒り」→第4段階の「適応」→第5段階の「再起」である（Drotar, 1975）。これらの段階のいずれかに保護者は位置している。その段階毎に苦悩と喜びがある。これらの過程における保護者の支援とは，保護者が児童・生徒の障害の理解やその特性に応じた養育の方法や情報などを提供し，受容の促進を図るとともに，保護者としての主体的な役割が発揮でき，養育に自信と喜びが持てるよう主体的な参加や選択などについての援助が求められる。

7．教育と心理・福祉の協働に向けて

　特別支援教育にあっては，幼・小・中・高校の特別支援教育コーディネーターが，校内委員会の設置から運営に携わる。この特別支援教育コーディネーターは，地域の関係機関とそれに所属する支援者と連絡と調整を行い連携して，障害のある児童・生徒のニーズに基づいた支援をチーム学校として地域において展開していくのである。児童・生徒の一人ひとりの教育的ニーズに基づいた個別の教育支援計画に基づいた支援を地域の福祉機関などに所属する臨床心理士や公認心理師による心理的な援助とともに社会福祉士などのソーシャルワーカーらと実施，あるいは新たなサービスを開発して，特別支援教育の理念である障害の有無にかかわらない児童・生徒の地域生活を実現するのである。

参考・引用文献

（1）Drotar, D., Baskiewicz, A., Irvin, N., Kennel, J., and Klaus, M.（1975）The Adaptation of Parents to the Birth of an Infant With a Congenital Malformation: A Hypothetical Model. Pediatrics, 56（5）, 710-717.

（2）文部科学省（2007）「特別支援教育の推進について（通知）」https://www.mext.go.jp/b_menu/hakusho/nc/07050101/001.pdf（2021年11月15日現在）

（3）文部科学省（2010a）「特別支援教育について　第1部　概論（導入）5. 特別支援教育の体制の整備」https://www.mext.go.jp/a_menu/shotou/tokubetu/material/1298161.htm（2021年11月15日現在）

（4）文部科学省（2010b）「特別支援教育について　資料5　個別の指導計画の様式例」https://www.mext.go.jp/a_menu/shotou/tokubetu/material/1298214.htm「https://www.mext.go.jp/a_menu/shotou/tokubetu/material/1298161.htm（2021年11月15日現在）

（5）文部科学省（2012）「参考資料2：障害者の権利に関する条約（抄）」https://www.mext.go.jp/b_menu/shingi/chukyo/chukyo3/044/attach/1323315.htm（2021年11月15日現在）

（6）文部科学省（2016）「特別支援教育について　発達障害者支援法」https://www.mext.go.jp/a_menu/shotou/tokubetu/main/1376867.htm（2021年11月15日現在）

（7）文部科学省（2017a）「2012 共生社会の形成に向けたインクルーシブ教育システム構築のための特別支援教育の推進（報告）　別表」https://www.mext.go.jp/b_menu/shingi/chukyo/chukyo3/044/attach/1323312.htm（2021年11月15日現在）

（8）文部科学省（2017b）「特別支援教育に関する基礎資料」https://www.mext.go.jp/component/a_menu/education/micro_detail/__icsFiles/afieldfile/2017/10/30/1397004-14-1_1.pdf（2021 年 11 月 15 日現在）

(9) 文部科学省（2021）「個別の教育支援計画の参考様式について【別添 1】プロフィールシート，支援シート」https://www.mext.go.jp/a_menu/shotou/tokubetu/material/1340250_00005.htm（2021 年 11 月 15 日現在）

(10) 藤田和弘（監）（2002）『小学校　個別指導用　長所活用型指導で子どもが変わる Part2—国語・算数・遊び・日常生活のつまずきの指導—』図書文化社

(11) 竹田契一（監），上野一彦（監，編），花熊曉（監，編）（2018）『特別支援教育の理論と実践　第 3 版—Ⅰ概論・アセスメント』（S.E.N.S 養成セミナー）金剛出版

(12) 竹田契一（監），上野一彦（監，編），花熊曉（監，編）（2018）『特別支援教育の理論と実践　第 3 版—Ⅱ指導』（S.E.N.S 養成セミナー）金剛出版

(13) 柘植雅義（編），渡部匡隆（編），二宮信一（編），納富恵子（編）（2014）『はじめての特別支援教育−教職を目指す大学生のために　改訂版』（有斐閣アルマ）有斐閣

第14章

障害者福祉

1. 国際的な障害者に関する動き

　1948（昭和23）年12月10日国連総会で世界人権宣言が決議された。その第1条「すべての人間は，生まれながらにして自由であり，かつ，尊厳と権利とについて平等である。人間は，理性と良心とを授けられており，互いに同胞の精神をもって行動しなければならない。」とあり，人権についてもっとも基礎的な文書として考えられている。

　1959（昭和34）年デンマークでは当時，社会省（厚生省）の担当者であったバンク・ミケルセンが精神薄弱者（以下知的障害者）の親の会の要請を受けてノーマライゼーション（誰もが同じ水準の社会生活を送ることは人間としての当然の権利であり，障害の有無に関係なく，当然のことを当然にできる社会を目指すこと）の考え方を進めてきた。そしてノーマライゼーションの概念の基となる「1959年法」が成立した（花村，1998）。この考えは欧米全体に広がってきた。同じように1970年代よりインテグレーション（統合教育）が進み，1970年代後半にはインクルーシブ教育に発展してきた。

　アメリカ合衆国では1950年代より脱施設化が進み施設中心から地域を基盤とする支援に移行が進み，1990（平成2）年に「障害をもつアメリカ人法（ADA法）」が制定された。これは，障害者の差別を禁止した法律である。

　1971（昭和46）年国連で知的障害者の権利宣言が出され知的障害者が多くの活動分野においてその能力を発揮し得るよう援助し，かつ可能な限り通常の生活に彼らを受け入れることを促進する必要性に留意し，障害のある人の権利に関する国際連合の最初の決議であり，「ノーマライゼーション」という言葉が国際的に初めて公式に使われた。

　1975（昭和50）年12月9日，国連総会で「障害者の権利宣言」が採択された。この宣言を機に世界的に障害者の権利保護や社会参加に向けた施策の整備が加速した。

　この宣言では，13カ条で構成され，障害者は例外なく人権が尊重されること，

自立を目的とした施策を受ける資格があること，経済・社会計画の全段階で特別に考慮される資格があることなどが再確認された。さらに，障害者の権利保護のための行動を国家に求めている。

1981（昭和 56）年，国連での「障害者の権利宣言」に次いで，「完全参加と平等」をテーマとして国際障害者年とすることを宣言した。日本でも「ノーマライゼーションとリハビリテーション」を推進するために啓発事業として全国で「障害者福祉の店」や「障害者スポーツ大会」等々のイベントが各地で開かれた。そしてこの年の 12 月 9 日，日本では毎年この日を「障害者の日」とした。現在，障害者の日は 12 月 3 〜 9 日を「障害者週間」として拡大し，厚生省（以下厚生労働省）や地方自治体，障害者団体などがイベントや啓発事業を実施している。

その後，1983（昭和 58）年−1992（平成 4）年「国連障害者の十年」として国際障害者年の目的を計画的に達成するために，「障害者に関する世界行動計画」とともに決議採択したものである。その後，「アジア太平洋障害者の十年（1993-2002）」としてその後 2 回の延長（2003-2012）（2013-2022）を実施してきた。

2001（平成 13）年には，世界保健機構（WHO）において国際生活機能分類（ICF）が第 54 回 WHO 総会において採択された。

これにより今までの単に心身機能の障害による生活機能の障害を分類するという考え方でなく，活動や社会参加，特に環境因子というところに光を当てていこうとする考え方で「医学モデル」から「社会モデル」に大きく変わった点である（障害者福祉研究会，2002）。

2006（平成 18）年「私たちのことを私たち抜きで決めないで（Nothing About us without us）」を合言葉に「障害者の権利に関する条約」が国連総会にて採択された。

第 1 条（目的）に「障害者には，長期的な身体的，精神的，知的又は感覚的な機能障害であって，様々な障壁との相互作用により他の者との平等を基礎として社会に完全かつ効果的に参加することを妨げ得るものを有する者を含む。」（抜粋）

第 2 条（定義）に「合理的配慮」とは，障害者が他の者との平等を基礎として全ての人権及び基本的自由を享有し，又は行使することを確保するための必要かつ適当な変更及び調整であって，特定の場合において必要とされるものであり，かつ，均衡を失した又は過度の負担を課さないものをいう。」（抜粋）

　これは，障害者の概念が「他の者との平等を基礎として」とあり権利条約の考え方の基になっている（藤井克徳，2014）。

　この権利条約を批准した EU では 2010 年「欧州障害戦略」が採択され，その目的は，障害者へのエンパワメントであり，障害者がこの戦略に直接的に関与することが重要であった。

　この障害戦略には，労働市場政策として「援助付き雇用」「保護雇用」「その他のリハビリテーションと訓練」の三つの措置がある。

　障害者がシェルタードワークショップ（授産施設等）から，賃金助成を伴わない援助付き雇用や賃金助成を伴った保護雇用，そして最終的には通常の賃金が支払われる援助付き雇用の移行であり，こうした働き方の相互移行を進めるためにすべての人に対してアクセスを保障することが重要である（全国社会福祉協議会，2013）。

2. 日本における障害者福祉の歴史
(1) 1945（昭和 20）年以前

　日本における当初の障害者福祉は，天災，戦災等により困窮した障害者の救済は主に篤志家や民間団体，宗教，儒教思想に基づく慈善活動として人道主義の実践等で進められた経緯がある。

　1873（明治 6）年金沢市で小野太三郎が，視覚障害者や困窮者の収容をはじめ，1891（明治 24）年濃尾大震災で被災した児童の保護収容として石井亮一が東京に「滝乃川学園」を開設して，知的障害児の療育，教育の端緒を拓く。

　石井亮一は 1934（昭和 9）年日本精神薄弱者愛護協会（以下日本知的障害者福祉協会）を創設し関係者団体の組織化に努めた（蟻塚昌克，2019）。

　1929（昭和 4）年救護法が制定され，これは，老衰，幼少，病弱，貧困，身体障害などのため生活できない者を公の義務として救うための法律であったが，ちょうどその年に起きた世界大恐慌等の影響を受けて施行が難しくなり，関係者の奮闘により 1932（昭和 7）年 1 月に施行された。しかし当時の社会福祉事業の資金は寄付金で支えられており公金は皆無であった。この経営困難な社会福祉事業への助成や税制上の優遇措置を講じて，公的監督権限の確立を設ける目的で「社会事業法」が 1938（昭和 13）年に制定される（蟻塚昌克,2019）。

　このように戦前までは，多くの慈善事業家，篤志家などの活躍で社会福祉が進められてきた。障害者福祉が本格的に動き出すのは戦後からであった。

(2) 1945（昭和20）年～1970（昭和45）年

　1945（昭和20）年終戦により日本国憲法第11条「国民は，すべての基本的人権の享有を妨げられない。この憲法が国民に保障する基本的人権は，侵すことのできない永久の権利として，現在及び将来の国民に与へられる。」

　戦災で多くの方が身体障害者となり更生を援護する意味で「身体障害者福祉法」が1949（昭和24）年制定され，身体障害者更生援護施設を設置し収容授産施設もその一種として身体障害者で雇用されることの困難な者又は生活に困窮する者等を収容して必要な訓練を行い，かつ職業を与えて自活させる施設が生まれた。

　1951（昭和26）年には「社会福祉事業法」が制定され社会福祉法人による第1種社会福祉事業の運営が認められた。

　1960（昭和35）年には，身体障害者が適当な職業に雇用されることにより，その職業の安定をはかる目的で「身体障害者雇用促進法」が制定され，その後1976（昭和51）年に改正されて雇用義務を設け雇用率の設定，未達成企業からの納付金の徴収が課せられた。

　同じ年の1960（昭和35）年「知的障害者福祉法」が制定され，当初は「知的障害者援護施設」が設けられた。

　1962（昭和37）年重症心身障害児施設びわこ学園が建設され当時園長の糸賀一夫は「どんなに重い障害をもっていても，だれとも取り換えることのできない自己実現をしている。その自己実現こそが創造であり，生産である。」と有名な言葉に「この子らを世の光に」を残している（日本知的障害者福祉協会，2013）。

　1964（昭和39）年に「知的障害者収容授産施設」が知的障害者援護施設の一種として制度化された。また同年には，「重度身体障害者収容授産施設」が設けられた。

　1967（昭和42）年「身体障害者福祉法」の改正により障害の範囲が拡大され，通所施設も認められ，同年，「知的障害者福祉法」改正により通所知的障害者授産施設が認められた。

　これは，重度の障害者でも「働く」ことを強く求めていることを物語っており人間的利益として経済的利益だけでなく人間関係の改善，病気の減少，依存症の減少，余暇活動の改善，精神的疾患に関する兆候の改善などが挙げられている。労働は人間にとって，未来の生活にとって，生きる喜びと，誇りにつな

がるものであり，最も人間的な活動である（児島，1982）。

　1945（昭和20）年から1970（昭和45）年の間に多くの社会福祉関係法が整備され，この時期，欧米諸国では脱施設として入所の施設から通所の施設へ移行するケースが増えつつあったが，日本では，1970（昭和45）年代まで入所施設を増やし，さらに保護を目的としたコロニーの開設が進み大規模総合施設として推進してきた。

(3) 1970（昭和45）年～1980（昭和55）年

　1970（昭和45）年には，心身障害者の福祉，教育，雇用，環境整備にわたる総合的推進を図るため「心身障害者対策基本法（1993（平成5）年障害者基本法に改正）が制定された。

　1971（昭和46）年「社会福祉施設緊急整備5か年計画」により知的障害者授産施設，重度身体障害者授産施設の整備が進み，1972（昭和47）年から身体障害者福祉工場の制度が発足した。

　1973（昭和48）年養護学校（以下特別支援学校）義務制予告政令が出される。これは，1979（昭和54）年に特別支援学校義務制が実施されることを視野に特別支援学校の整備や通所授産施設の必要性が高まり，特に知的障害者の利用が施設数の絶対数をはるかに上回り，施設の増設が急務なものと考えられていた。

　1975（昭和50）年生活保護授産施設，社会事業授産施設，身体障害者授産施設，知的障害者授産施設の団体・関係者が安定した仕事の確保ということで「官公需促進協議会」を発足した。

　さらに1977（昭和52）年に授産事業の仕事の確保のため，官公需を推進しようと全国社会福祉協議会の種別部会であった「全国授産事業協議会」と「全国身体障害者職業更生施設協議会」を発展拡大して「全国授産施設協議会」（現在の全国社会就労センター協議会）が障害種別を超えて障害者の所得保障を目指して発足した（全国社会福祉協議会・全国授産施設協議会，2015）。1979（昭和54）年，特別支援学校義務制により障害の重い方に対しても教育を受ける権利が保障された。しかし，普通学級から切り離した形での教育となり「インテグレーション・インクルーシブ教育」の展開が困難な状況となった。

　この時期は，まだまだ通所施設より入所施設の整備が進められていてノーマライゼーションへの道には至っていない頃であった。

(4) 1980（昭和 55）年〜 2000（平成 12）年

　1981（昭和 56）年この年，国連で，「完全参加と平等」をテーマとして国際障害者年とすることを宣言した。

　このことにより「ノーマライゼーションとリハビリテーション」が進み，障害者が地域に普通に暮らすことを促進して通所施設が急速に増加してきた。

　1986（昭和 61）年には「障害基礎年金制度」創設，「費用徴収制度」の導入で年金により生活を支える仕組みと福祉サービスを受けた者に対しての受益者負担として応能負担が始まった。

　1987（昭和 62）年精神衛生法の全面改正で「精神保健法」となり「精神障害者通所授産施設制度」も創設された。

　1989（昭和 64）年「障害者地域生活援助事業制度」（知的障害者グループホーム）が創設されて知的障害者の暮らしの場が入所施設から地域へ移行することが可能となってきた。このような制度は欧米諸国では既に進められており1980 年代にはほとんどが通所施設とグループホームで入所施設は一部残って訓練施設として利用されている事が多かった。しかし我が国の場合は，要件として入所施設がバックアップ施設，一般就労，中軽度の利用等の要件があって一度入所施設を退所するとなかなか再入所することが難しいこともあって進まなかった。

　1993（平成 5）年に入所施設の再入所で定員外の措置が設けられ，1996（平成 8）年にはグループホームでのバックアップ施設を入所の施設でなく通所の施設や 24 時間緊急時に対応できる等の条件が満たされれば認められるようになり随分と緩和された。

　また，なかなかグループホーム用の建物を確保する事が難しいケースもあったため公営住宅でも利用できるようになった。さらに一般就労の条件も撤廃され，重度の障害者も利用することが可能となった。このことによって通所施設とグループホームの利用がしやすくなって増加を続けてきた。しかし，グループホームを重度の方が利用をするためには，従事者の質，量ともに人材不足があり今後の課題となっている。

　1990（平成 2）年授産施設に「分場」制度が認められて過疎地や都市部での小規模授産施設が利用しやすくなった。さらに身体障害者授産施設に「混合利用」制度の創設がされ，より多くの障害者が種別を越えて利用することが可能となった。

1992（平成4）年厚生労働省から「授産施設制度のあり方に関する提言」が出された。これは，障害者の就労・社会参加のニーズの増大，障害者の重度化，利用期間の長期化，通所志向等の授産施設を取り巻く環境の変化に適切に対応するために以下のように提案があった。

① 機能分化として「就労を重視し，高い工賃を目指す福祉工場」「訓練と福祉的就労（作業）の機能を併せ持つ授産施設」「社会参加，生きがいを重視し，創作・軽作業を行うデイサービス機能を持つ施設」の3つの機能を明確化。

② 生活の場の整備充実を図り「職住分離の推進」を実施。

③「通所利用を基本」とする。

④ 施設機能に着目して通所施設について障害種別間の一部相互利用「混合利用の促進」をする。

施設整備の近代化，経営のノウハウ面で人材育成を図り，工賃の引き上げを目指す。

しかしこれは，法制度としての取扱いでなく「提言」にとどまったが，これからの授産施設の指針となり2006（平成18）年「障害者自立支援法」へ引き継がれていった（全国社会福祉協議会，1993）。

1995（平成7）年「障害者プラン」が出され，1996（平成8）年から2002（平成14）年「ノーマラゼーション7か年戦略」が出され，地域で共生，社会自立の促進，バリアフリー，生活の質（QOL）の向上，安全な暮らしの確保，心のバリアフリー，国際協力・国際交流についての方策が打ち出された。

1997（平成9）年に厚生労働省より「社会福祉基礎構造改革について（主な論点）」が出され，社会福祉の基盤となる制度のあり方を大きく変えていくことになった。将来にわたって増大・多様化する福祉需要を的確に対応し，利用者の信頼と納得の得られる質の高い福祉サービスを効率的に確保していくためには，社会福祉の基礎構造全体を抜本的に改革し，強化を図るために

① 利用者とサービス提供者との対等な関係の確立。

② 個々の利用者が持つさまざまな需要を総合的にとらえ，地域で必要となる各種サービスが相互連携した効果的な提供体制の構築。

③ 信頼と納得が得られるよう，適正な競争を通じて良質なサービスの効率的な提供。

④ 利用者の要望に応えるため，多様な提供主体による福祉サービスへ参入

の促進。

⑤ 事業運営の透明性の確保を図るためサービス内容や事業に関する情報公開をし，利用者による適切なサービスの選択と事業運営の信頼確保。

等々の改革を進めるために今までの行政処分による「措置制度」から個人とサービス提供者が契約により利用する制度「利用契約制度」を基本とし，また自己決定能力の低下している者については，その者の権利を擁護し，本人の意向を尊重したサービス利用が可能となる制度を進めてきた。

1980（昭和55）年〜2000（平成12）年のこの時期は，1979（昭和54）年の特別支援学校義務制，1981（昭和56）年の「国際障害者年」を契機としてノーマライゼーションの動きが活発になり入所施設や家庭のケアから地域に舞台を移して「職住分離」「通所施設」をキーワードとした動きが活発になった。

(5) 2000（平成12）年〜2020（令和2）年

2000（平成12）年社会福祉事業法を社会福祉法に名称を変更して基本理念の再構築，社会福祉事業の追加，苦情解決制度の導入，地域福祉の推進を進めてきた。特に「福祉サービス利用援助事業」として日常生活自立支援事業（地域福祉権利擁護事業）を位置づける。

また，1999（平成11）年「精神薄弱者」を「知的障害」に改名し，2001（平成13）年「厚生省」が「厚生労働省」に変わった年でもあった。

2003（平成15）年には，社会福祉基礎構造改革を進める形で「障害者支援費制度」が始まり「措置制度」から「利用契約制度」になり大きく社会福祉が変わった。しかし，この「支援費制度」は，障害福祉サービスとして身体障害者（児）及び知的障害者（児）が，その必要に応じて市町村から各種の情報提供や適切なサービス選択のための相談支援を受け，利用するサービスの種類ごとに支援費の支給を受け，事業者との契約に基づいてサービスを利用できる制度として急激に利用が進み予算が不足して破綻してしまった。

2004（平成16）年厚生労働省より改革のグランドデザイン案が出されて改革の基本的視点として，障害保健福祉の総合化（市町村の一元体制，地域福祉の実現），自立支援型システムへの転換（保健から自立支援へ，自己実現・社会貢献），制度の持続可能性の確保（給付の重点化・公平化，制度の効率化・透明化）が出され，サービスの計画的な整備や相談支援体制，利用決定プロセスの透明化，公平な費用負担を基本的方向として地域福祉の実現を目指して進

められた。

　2006（平成18）年「障害者自立支援法」が施行され，①3障害の一元化（市町村に実施主体を一元化），②利用者本位のサービス体系（職住分離，重度者重視，規制緩和），③就労支援の抜本的強化（新たな就労支援事業，雇用と連携），④支給決定の透明化，明確化，障害程度区分（現障害支援区分）の導入，⑤安定的な財源確保（応益負担）等が出されてどんな障害者も，国内どこに住んでいても同じサービスが受けられ自立を強調した法律であったが，利用者負担等の問題があった。

　同じ年の2006年に国連より「障害者権利条約」が採択された。この障害者権利条約は，障害者の人権や基本的自由の享有を確保し，障害者の固有の尊厳の尊重を促進するため，障害者の権利の実現のための措置等を規定し，市民的・政治的権利，教育・保健・労働・雇用の権利，社会保障，余暇活動へのアクセスなど，さまざまな分野における取組を締約国に対して求めている。

　これを受け，政府は2007（平成19）年権利条約批准のための前提手続きとして署名。2009（平成21）年「障害者制度改革推進本部」を設置，2010（平成22）年「障がい者制度改革推進会議」を発足して今後の障害者福祉のあり方を「障害者総合福祉法（障害者総合支援法）の骨格に関する総合福祉部会の提言」として2011（平成23）年8月30日にとりまとめた。そして，この権利条約を批准するために2011（平成23）年「障害者基本法」改正，2012（平成24）年「障害者虐待防止法」施行，2013（平成25）年「障害者総合支援法」,「障害者差別解消法」成立「障害者雇用促進法」改正を行い国内の法整備を進めたうえで2014（平成26）年1月20日「障害者権利条約」の批准書を国連に寄託，同年2月19日に我が国について発効した（藤井克徳，2014）。

　2017（平成29）年「我が事・丸ごと」地域共生社会実現本部が設置された。これは，「他人事」になりがちな地域づくりを地域住民が「我が事」として主体的に取り組んでいただく仕組みを作っていくとともに，市町村においては，地域づくりの取組の支援と，公的な福祉サービスへのつなぎを含めた総合相談支援の体制整備を進めていくことを目的として設置された。また，「縦割り」の公的福祉サービスも「丸ごと」へと転換していくため，サービスや専門人材の養成課程の改革を進めていく必要がある。

　2000（平成12）年〜2020（令和2）年のこの時期は，社会福祉基礎構造改革により社会福祉制度の仕組みが大きく変わり，また国際的にも権利条約の批

准をするために障害福祉制度の整備が進むなどの未だかつてない大きな社会福祉の転換期となった。さらに地域共生社会の実現に向けて社会全体が変わろうとする時期にさしかかってきている。

3. 今後の障害者福祉の課題

　障害者の重度化，高齢化の問題や健常な高齢者が障害をもつことによって，障害福祉サービスと介護保険サービスの併用が進み障害のない市民との平等と公平さをどう確保するのかが大きな課題といえる。

　また，入所施設や入院から地域に移行する場合や家庭での親の介護，引きこもり，生活困窮等さまざまな課題を抱えている中で家庭や地域の支援無しでは考えられない。地域によっては障害者のための住まいや働く場が無い場合もあり，そのために地域格差が生まれてきている。

　個々の障害とニーズが尊重されるような新たな支援サービスの決定システム。

　また，支援サービスを決定するときに，本人の希望や意思が表明でき，それが尊重される仕組みも必要である。

　さらに安定した財政面の確保策を考えていく必要や福祉業界全体における人材確保の問題は非常に重要であり，今後人材確保，育成，定着について大きな課題がある。

　障害者福祉から地域福祉の充実につなげていく必要が今後ますます進み，全体を見据えた施策が重要となる。

参考・引用文献
(1) 花村春樹訳・著『「ノーマリゼーションの父」N・E・バンク－ミケルセン　その生涯と思想（増補改訂版）』ミネルヴァ書房，1998
(2) 世界保健機構（WHO），障害者福祉研究会（編）『ICF 国際生活機能分類－国際障害分類改定版－』中央法規出版，2002
(3) 藤井克徳著『「私たち抜きに私たちのことを決めないで」障害者権利条約の軌跡と本質（日本障害者協議会編 JD ブックレット 1)』やどかり出版，2014
(4) 国際シンポジウム「ヨーロッパの『福祉的就労』の取組みから学ぶ」報告書，2013 年 3 月 2 日（土）障害者の雇用・就労に関する海外関係者と国内就労支援関係団体との意見交換会，社会福祉法人全国社会福祉協議会，全国社会就労センター協議会（セルプ協）
(5) 蟻塚昌克著『日本の社会福祉「礎を築いた人びと」』全国社会福祉協議会，

2019
(6) 津曲裕次（監修），日本知的障害者福祉協会（編集）『「天地を拓く」知的障害福祉を築いた人物伝』公益財団法人日本知的障害者福祉協会，2013
(7) 児島美都子編『障害者雇用制度の確立をめざして』法律文化社，1982
(8) 全国社会就労センター協議会編『改訂　社会就労センターハンドブック』全国社会福祉協議会，2015
(9) 全国社会福祉協議会・全国授産施設協議会編『授産施設制度改革【関係資料集】「これからの障害者就労の改革に向けて」』1993
(10) 障がい者制度改革推進会議総合福祉部会「障害者総合福祉法の骨格に関する総合福祉部会の提言－新法の制定を目指して－」平成 23（2011）年 8 月 30 日

事 例 研 究

【事例1】聴覚障害児の事例－コミュニケーションと母子関係－

(1) **テーマ**：聴覚障害幼児のコミュニケーションの形成と母子関係の安定

(2) **事 例**：重度聴覚障害幼児と母親

(3) **主 訴**：ことばを話さない，目が合わず，落ち着きがない，働きかけても反応しない，聞こえているかどうか心配，育児に自信がもてず不安

(4) 家族構成
父 37 歳（会社員），母 32 歳（主婦），兄 8 歳，姉 6 歳，本児（A 男）3 歳
本児以外は家族全員健聴者

(5) 現病歴
1 歳 11 ヵ月時に難聴が発見され，重度の聴覚障害と診断された。2 歳 1 ヵ月より補聴器を装用したが効果が得られず，2 歳 5 ヵ月時に人工内耳手術を受けた（右耳）。2 歳 7 ヵ月より聴覚支援学校乳幼児教室に参加し，3 歳 2 ヵ月より個別の言語指導を開始した。

(6) 言語指導開始時の状態
言語指導開始時は，人工内耳（右耳）手術後 9 ヵ月が経過していたが，音に対する明確な反応がみられなかった。補聴器（左耳）もハウリングがあり，常時装用が困難だった。音声言語は未獲得で，身ぶりや手話等の手指メディアの使用も少なかったため，母子のコミュニケーションはほとんど成立していなかった。要求は，指さしや数語の簡単な身ぶり，直接母親を引っ張るなどの行動で伝えていた。また，視線が合いにくい，注意が転導しやすい，落ち着きがない等の問題も認められた。母親は「聞くこと」にこだわって手指メディアの使用には消極的だった。また，まだ排泄自立もしていなかったが，過度に世話

をやいて甘やかす等，養育態度に偏りがみられた。

(7) 指導・援助の方法

　聴覚活用，言語発達の促進とコミュニケーション関係の形成を目標に言語指導を行った。また，音声だけでなく，身ぶりや手話等の手指メディアを使用し，本児のコミュニケーション手段を拡大した。母親には，指導場面に同席してもらい，指導場面で学んだことを家庭でも実践してもらった。また，本児の変化や成長を詳しく伝えて，聴覚活用，言語，コミュニケーションの発達状況を確認してもらいながら，母親の変化を見守った。

(8) 指導経過

　本児と母親への指導経過は四つの時期に区分することができる。各期の状況について以下にまとめた。

第Ⅰ期　母親の聞くことへのこだわり

　人工内耳手術をしたものの，本児は周囲の音や母親の声がけにほとんど反応できず，一人遊びをしていることが多かった。母親が声をかけても反応が返ってこないことが多く，次第に母親から働きかける頻度が減っていった。しかし，母親は「聞くこと」へのこだわりが強く，身ぶりや手話等の手指メディアの使用に対して消極的だったため，母子のコミュニケーションはほとんど成立しなかった。

　また，母親は「目が合わないことや落ち着きがないことが気になる，手術をしたが本当に聞こえているのかどうか心配」等の不安を抱えており，「育児に自信が持てない，どのようにしつけたらよいかわからない」等の育児への自信のなさや困惑も強かった。さらに，こうした状況で本児と関わると「気疲れを感じ，イライラして気が滅入る」ことが多く，育児に対する否定的な感情や負担感も高かったが，「まだ3歳だから」と過度に甘やかすことが多かった。

第Ⅱ期　身ぶりによる母子コミュニケーションの成立

　言語指導を開始して6ヵ月程経過した頃より，本児は名前を呼ばれると振り向くようになり，徐々に周囲の音にも反応できるようになった。また，指導で身ぶりや手話を積極的に使用したため，本児も身ぶりを使用して自分から「ナニ？」「ダレ？」等と働きかけてきたり，母親からの身ぶりに反応するようになる等，母子のコミュニケーションが少しずつ成立するようになった。母親は

「やりとりができるようになってよかった」と喜びを表現するとともに，「聞くことだけでなく，コミュニケーションも必要だと思います」と話すようになり，それまで使わなかった身ぶりや手話を使用して，本児に働きかけることが多くなった。

第Ⅲ期　母親の育児に対する自信の回復

　その後も，本児の方から視線を合わせてきたり，身ぶりで要求を伝えてくる等の働きかけが増加し，身ぶりを介した母子コミュニケーションがさらに安定した。指導中も集中したり，席に座っていられる時間が少しずつ長くなり，コミュニケーション態度全般にも落ち着きがみられるようになった。また，母親の指示に従ったり，行動を切り替えることもできるようになった。母親は，「やりとりができるようになって，Ａ男と接するのが楽になりました」と育児に対する負担感が軽減したことを表すような前向きなコメントを話すようになるとともに，以前のように母親が働きかけても本児が反応しないことがなくなるにつれ，本児との関わりや育児に対する自信を取り戻し始めたようだった。また，姑に，「最近、Ａ男が落ち着いてきた」と言われる出来事があり，周囲からの理解が得られるようになったことで，母親の心理的な負担は一層軽くなったようだった。

第Ⅳ期　母親の養育態度と障害受容の変化

　指導を開始して1年程経過した頃より，本児は身ぶりで2語文の表出ができるようになり，語彙数や語彙の種類も1年前に比べ，著しく増加した。母親は育児に対する自信が回復するにつれ，本児が難聴であることに対する心理的な衝撃からも徐々に回復しているようだった。そのような変化とともに，指導中に本児が課題に取り組まず，遊んだり立ち歩こうとすると注意したり，最後まで課題をやらせようとする等，本児に対するしつけが行えるようになった。以前は，本児が年齢相応に振る舞えず，母親に過度に依存する場合でも，「まだ3歳だから」とすぐに本児を抱きかかえて甘やかす等，親としての厳格さを欠いていたが，徐々に「もう4歳だから」と本児に対し年齢相応の扱いができるようになった。また，本児が人工内耳をしていることを他人にどう思われるか，以前ほど気にならなくなり，幼稚園入園を契機に一旦は離れてしまった聴覚支援学校に再び戻って「もっとコミュニケーションをがんばりたい」と話すようになる等，本児の障害や手話等の手指メディアに対する受けとめ方に徐々に変化がみられるようになった。

(9) 考　察

　子どもの難聴が発見されてまもない母親は情動的に混乱しており，少なくとも初めのうちは，第一の患者は子どもではなくて母親であるといわれている[1]。母親が心理的衝撃を受けて混乱し，拒否し，あるいは，抑うつ的になっていれば，子どもに対してどのような指導をしても，それを母親が日常に汎化することは困難となる。このような母親への対応として最も効果的な方法は，子どもの何らかの成長と変化を母親自身に見せることであるともいわれている。本児の母親の場合は，子どもに声がけしても反応が不確実であることを心配しながらも，「聞くこと」にこだわっていたため，音声以外の働きかけの手段は使用しないという矛盾した状況に陥り，育児への不安や困惑，否定的感情を助長させていた。このような状況を繰り返すうち，育児への自信を喪失し，必要なしつけも行えないままに過度に子どもの世話をして，さらに育児への負担感を増大させるという悪循環を起こしていた。

　そこで，筆者は，本児に対して身ぶりや手話を積極的に使用した働きかけを行い，本児とコミュニケーションを行う様子を母親に見せるところから指導を開始した。母親には当初，身ぶりや手話の使用に戸惑う様子がみられた。しかし，本児が母親からの働きかけにも応じられるようなるにつれ，「聞くこと」と同様に「コミュニケーション」も大切であることを母親が認められるようになり，抵抗感を示していた身ぶりや手話を使用して，母親の方から積極的に働きかけるようになった。子どもとのコミュニケーションが安定するにつれ，母親の育児への不安や困惑も減り，徐々に育児に対する自信を取り戻すようになった。また，「A男と接するのが楽になった」等，育児に対する否定的な感情や負担が軽くなるとともに，本児に対して年齢相応のしつけが行えるようになった。本児のように聴覚活用や言語発達がうまく進まない場合でも，音声言語にこだわらず，まず母子のコミュニケーションを成立させて，お互いの感情や経験を共有する体験を積み重ねることにより，母親自身も心理的に安定し，養育態度によい変化がもたらされたのだと考えられる。

　本児の母親が示した「聞くこと」へのこだわりの背景には，手話等の手指メディアを使用すると音声言語の獲得が阻害されるという考え方があり，本児が手術を受けた病院でも，「コミュニケーション」よりも「聞くこと」を優先した指導が行われていた。八木（2001）は，人工内耳手術を受けた最初の病院で指導者から受ける親の発想の方向づけは「刷り込み」にも似て決定的であり，

その後の修正が容易ではなくなることを指摘している[2]が，本児の母親も手術を受けた病院から「聞くことを中心に関わるように」と言われたことにより，「コミュニケーション」よりも「聞くこと」を優先させるべきだと思い込んでいた。

また，人工内耳を希望する母親の多くが手術後は自然にことばを覚えて会話も自由にできるようになることを無意識に期待しているといわれるが，本児の母親も無意識下に「聞こえるようにさえなればことばが覚えられる」と期待していたことが，「聞くこと」へのこだわりをさらに強くした可能性がある。しかし，「ことば」とは，単に「聞こえ」を補償すれば自然に育まれるといった性質のものではなく，乳幼児期からの母子関係のあり方や非言語的なコミュニケーションを基盤に培われるものである。本児の母親と同様に，難聴児の親の90% は健聴者であるが，健聴の親にとって手話等の手指メディアを受け入れることは容易なことではない。むしろ，「聞こえるようにさえなれば」という思いが無意識下に存在することも事実である。しかし，聴覚活用や言語発達の基盤として，まず，母子の豊かなコミュニケーション関係を形成することが重要であり，子どもの発達状況によっては，身ぶりや手話といったコミュニケーション手段の併用が有効であることを母親に理解してもらう必要があるだろう。

本児の母親は，本児とのコミュニケーションが成立したことにより，手話を受け入れることはできた。しかし，子どもの障害そのものを受け入れることができた訳ではない。本児の母親に限らず，障害児をもつ母親が子どもを，障害も含めてありのままに受容することは容易なことではない。しかも，障害の受容は，子どもの発達や置かれた状況の変化に伴い，今後も形を変えて迫ってくる継続的な問題である[3]。本児の成長に伴って生じるさまざまな障壁を，母親が自分の問題として捉え直していく中で，本児と本児の障害そのものの理解や認識を深めることができるよう，今後も長期的な援助を続けていく必要がある。

参考・引用文献
(1) コール，E. 他編著，今井秀雄編訳『聴覚学習』コレール社，1990
(2) 八木治「人工内耳を装用した幼児への手話を併用した指導法の適用－両親支援の観点から－」ろう教育科学，第42巻，第4号，ろう教育科学会，2001，pp.175-179.
(3) 村瀬嘉代子編『聴覚障害者の心理臨床』日本評論社，1999

【事例 2】 発達障害の事例

※以下に紹介する事例は，臨床でよくみられる複数のケースを組み合わせた架空事例である。

A君　男児　自閉スペクトラム症　インテーク面接時 8 歳　小学校 2 年生

(1) 主　訴：不登校

(2) 成育歴

　同胞二人の次男として生まれる。妊娠出産において特筆すべき事項なし。人見知りが強く，母親以外に抱かれることを嫌がった。視線があいにくく，呼んでも振り向かない，指差しをしない，母親の手をクレーンのようにして要求を表すなどの行動が見られた。家ではおとなしく，ひとりで遊んで過ごしていた。3 歳で自閉スペクトラム症と診断された。4 歳で保育園に入園した。保育園では集団に入れず，ひとりで過ごすことが多かった。小学校入学時は学校に行くことを嫌がっていたが，母親が付き添ってなんとか登校していた。授業中は自分の席にじっと座っていることができず，教室内を歩いたり，教室から出たりして，保健室や校長室で過ごすことが多かった。2 年生になると新しい教室に入ることを嫌がり，学校を休みがちになる。5 月中頃になると朝起きることを渋るようになり，母親が起こして登校を促すと泣いて暴れるようになった。現在は週に 1 日程度登校している。

(3) 家族歴

　父親（43 歳），母親（40 歳），兄（12 歳，小学校 6 年生），本児の 4 人家族。父親は大学を卒業後，システムエンジニアとして勤務している。母親は短大を卒業後，事務職として働いていたが，出産を機に退職し，以降子育てに専念している。父親は本児の幼少期の行動について「自分も似たような子どもだった」と語り，本児の特性を心配する母親とは捉え方にやや違いがある様子であった。兄は本児と同じ小学校に通っている。兄はこだわりの強さや感覚過敏がみられるものの，小学校では友だちと穏やかに過ごしている。

事 例 研 究

(4) **面接構造**：精神科クリニックで週1回50分のプレイセラピー。薬物療法
なし。

(5) **面接経過**：本児Aとのプレイセラピーの経過を3期に分けて記す。
「　」はA，＜　＞はセラピスト（筆者），『　』は母親の発言である。

1) 第Ⅰ期　他者とつながる世界の体験

　第1回のセッション開始時，小柄なAは母親にぴったりと体を寄せ，待合
室で家から持参してきた絵本を読んでいた。セラピストが挨拶をして自己紹介
をすると，目線はあわせるが返答はなく，固い表情のまま母親にくっついてい
る。プレイルームに誘ったところ，体をこわばらせたまま母親をじっと見て離
れようとしなかったため，母親と一緒にプレイルームの前まで移動した。プレ
イルームの入り口から室内を見せ＜ここが遊ぶお部屋だよ＞と伝えると，しば
らく無言のまま室内の様子をうかがっていたが，棚にあるミニカーを見つける
とまっすぐにミニカーへと向かう。母親が『ママはさっきのところで待ってる
ね』と言って退室しようとすると，一度母親へと視線を向けるがすぐにミニカー
に視線を戻し，無言で並べて遊び始める。プレイルームにあるミニカー7台す
べてをきれいに並べ終わると，場所を変えてまたミニカーを並べる。初回のセッ
ション終了時間までミニカー並べをして過ごした。

　第2回のセッションではセラピストが前回同様に待合室へAを迎えに行き，
挨拶をすると，Aは母親にくっついたままセラピストの顔をじっと見た。プレ
イルームに誘うと，Aは小さくうなずくが，母親から離れようとはしない。母
親と3人でプレイルームの前に移動し，ドアを開けたところ，自分から入室し
てミニカーへと向かう。ミニカーを並べ終わると，タイヤを手で回して遊び，
少し緊張の緩んだ表情でタイヤを眺めていた。

　第3回のセッションからはセラピストが待合室に迎えに行くと，セラピスト
が挨拶する前からセラピストの顔を見るようになり，母子分離が可能となった。
セラピストと二人でプレイルームへ向かい，入室後はミニカーやおもちゃのコ
インを並べて遊んだ。おもちゃを並べながら小さい声で「これ」「こっち」と
独語を発するようになり，並べ終わった際には少しはにかむような表情も見せ
るようになった。

　第5回のセッションではセラピストにトランプを渡し「あけて」と要求を伝
えるようになり，セラピストがトランプを切っている様子をじっと見ていた。

トランプの山が一区切りつくと，セラピストと目を合わせ，嬉しそうな表情を見せた。

2）第Ⅱ期　自分の感情の表出

　第6回のセッションではプレイルーム内を見渡し，これまでと違うおもちゃに関心を示すようになった。すごろくを見つけ，床に広げて準備をしてセラピストを見て，そのまま自然とセラピストと二人で遊ぶようになる。Aは自分が負けている状況でもルールを守り，淡々とゲームを進めていく。どちらかがゴールするとすぐにそこで終了となり，次のゲームを始める。すごろくを数回行った後，Aは突然大きなバランスボールに乗り，勢いをつけて跳ねる動作を繰り返した。そして跳びはねながら嬉しそうな笑い声をあげて笑顔を見せ，セラピストに対して「こっちきて」と自分の隣に来るように求めた。

　第10回のセッションでは入室してすぐにバランスボールに乗った後，Aよりも大きなゴリラのぬいぐるみをプレイルームの中央に引きずり出し，しばらく抱きかかえた後，ゴリラに馬乗りになって殴り始めた。しばらく殴った後，ゴリラを背負い投げするように床にたたきつけたり殴ったり蹴ったりと激しい攻撃を続けた。しかし終了時間になると，自分から片付けはじめ，終了しぶりは見られなかった。

　第13回のセッションからは，キャッチボール，ちゃんばらごっこやプロレスごっこにセラピストを誘うようになった。キャッチボールではかなり強い勢いで投げ，ちゃんばらやプロレスではセラピストの顔や腕や腹に強い攻撃を繰り返す。＜眼鏡が壊れちゃうから，お顔はやめてね＞と伝えるが，なかなか止めようとしない。セラピストがゴリラのぬいぐるみを使って応戦すると，笑顔でゴリラと取っ組み合いの戦いを繰り広げ，ひと段落すると大きな笑い声と満足そうな表情を見せた。

　第14回からは攻撃性は徐々に落ち着きを見せ，ゲームでは自分の勝ちが多くなると「先生も」とセラピストを一緒にゴールさせるなど，配慮を見せるようになった。

3）第Ⅲ期　日常場面への旅立ち

　Aは好きなオンラインゲームを介してクラスの友人と関わることができたことをきっかけに友人関係が広がり，徐々に登校日数が増えてきた。セッションの間隔も徐々に開き，友人との遊びを優先したいとして来院をキャンセルすることも多くなった。

　第20回のセッションでは前回のキャンセルについて「友だちできた，おやすみしてごめん」と語った。その後「今日は野球」とバットを持ち出して構え，セラピストにボールを投げるように催促する。セラピストが投げたボールをAが打てなかった時はすぐに自分でボールを拾い，セラピストが受け止められるように投げ渡し，笑いながら「もう一回！」と声を上げる様子が見られた。

　第25回のセッション頃に3年生に進級し，仲の良い友人と同じクラスになったことから自ら学校に行き楽しく過ごすことができるようになった。

　Aが自ら登校しはじめた頃から，母親は少し余裕ができた様子で，表情は明るくなり，セラピストからのねぎらいにも笑顔で応答することができるようになった。『夫とも話してみたんです』と，夫婦で話し合いの場を持ったこと，セラピストから提供された資料をもとにAの特性やそれに伴う困りごとや対応などについて共通認識を持つことができるようになったことが報告された。この状況をふまえ，プレイセラピーは第28回で終結することとした。

　最終回のセッションではセラピストとカードゲームをしながら「友だちと遊ぶの楽しい」と学校での様子を笑顔で語った。終了時に二人でプレイルームから母親のもとに戻ると，Aは母親に手を伸ばし，母親から小さな紙を受け取り，「はい」とセラピストに渡した。それはAからセラピストにあてた手紙で，「ありがとう」という文字と，たくさんのキラキラとしたシールが貼ってあった。セラピストが＜うれしい，ありがとう＞と伝えると「うん、先生ばいばい！」と手を振って別れを迎えた。

(6) 考　察

　本児は自閉スペクトラム症と診断されており，面接当初には新規な場面や対人関係への強い抵抗がみとめられた。遊びにおいては一人遊びが主であったため，これまで他者とのかかわりが少ない状況で過ごしていたことが考えられた。プレイセラピーによる介入をはじめ，第Ⅰ期ではプレイセラピーの枠を体感し，それを確認することで，枠に守られている場というプレイセラピーの非日常性に基づく関係性を築くことが可能となった。この関係性が，他者とともにいる世界を安心して体験することの基盤になったと考えられる。第Ⅱ期では安定した関係性の中で，攻撃性などを表出することができるようになった。どのような感情でも他者に受け入れられるという体験を繰り返すことで，自分の感情を認識し，コントロールすることへとつながったと考えられる。そしてこのよう

な体験から本児の中に安定した世界が成立したことが，プレイセラピーという
"非日常場面"から，オンラインゲームという"日常の中の非日常場面"を介し，
友人関係や学校という"日常場面"への旅立ちを支えたと考えられた。

　また子どもへの支援を考える際には，その家族への支援も含めて検討するこ
とが重要である。本事例の場合，本児の主訴が軽快していくにつれて母親にも
余裕ができるようになり，母親は父親と話し合う機会も持つことができた。両
親のなかで本児や子育てに対する共通認識が持たれ，母親自身が安定した環境
となったことは，本児にとっても安定した家庭環境となり，本児の内的世界の
安定化においても大きな影響を与えたと考えられる。

　本児は今後も自らの特性とともにあり続けるが，彼の世界はさらに広がりを
みせ，たくさんの出会いと別れ，つまずきがあるだろう。その際には，ともに
いる存在があることや，自分が守られる世界があることが大きな助けとなる。
今回のセラピーは本児にとって，他者と世界を共有する体験となり，今後訪れ
るであろう困った状況において"誰かに助けを求めること"を選択することが
できるリソースにもなると考えられる。本事例は，不登校として現れた子ども
の内的世界に着目し，他者とのコミュニケーションや受け入れられる体験を通
じて，内的世界の安定化が行われたことで問題解決に至った事例であるといえ
る。

　子どもの心理臨床では，毎回のセッションでその子が大きく成長していくこ
とをセラピストとして実感し，子どものもつ力の大きさに感銘を受ける。試行
錯誤を繰り返し，少しずつでも着実に成長していく子どもの力を信じ，その子
の世界と共にあるセラピストの姿勢こそが，セラピーを進めていく基盤となる
だろう。

【事例3】肢体不自由児の事例

　肢体不自由のある児童生徒は，身体の動かしにくさ，感覚や認知の特性，経験や体験の不足により，学びを積み上げていきにくいことがある。本事例では，肢体不自由児の中でも，身体の動かしにくさはそれほどないが，学習に難しさのある児童に対する国語科の実践を紹介する。

(1) 対象児童について

　対象児童は，小学部第2学年である。初対面の人に対して自分から挨拶をしたり，目上の人に丁寧な言葉づかいをしたりすることができる。一方で，友達には，強い口調で話すことがある。また，友達との会話では話題を捉えきれず，状況に合わない発言をする場面も見られる。学習では，教員が指示したことに対して，とても真面目に取り組む。他方，課題にすぐに答えようとしたり，答えの正誤だけで「できた」「できない」を判断し，答えを出すまでの過程には目が向きにくかったりする様子が見られる。話に出てくる言葉を，異なる言葉に聞き誤ることがあり，見て情報を取り入れることの方が得意な児童である。

(2) 対象児童の個別の指導計画

　個別の指導計画では児童の実態の背景を捉えたり，関連付けたりし，目指したい姿を設定した。

- 感じたことやわかったことを意識化できるようにする。
- 以前に学んだことや経験したことを生かして学習したり，生活したりする。
- 友達と一緒に活動することの良さや楽しさを感じる中で，自分や友達の良いところを認める。

(3) 対象児童の国語科における実態把握と指導目標の設定

1) 実態把握

【知識及び技能】

　該当学年の漢字を読むことができる。知っている語彙そのものは多く，日常的に発するものの，意味を理解して使っている訳ではない様子が見られる。手の操作や視覚認知に問題があるわけではないが，マス目の中に整った文字を書くことが難しく，字形が整わないことがある。

【思考力，判断力，表現力等】

A　話すこと・聞くこと

話題に沿って話す事柄を考える学習では，教員が提示した大きなテーマに沿って話題を自分ですぐに考えることができた。しかし，話題を構成する事柄は，一つしか出てこなく，それ以外のことは出てこなかった。話題に沿って具体的に伝えたい事柄を，一人で複数考えることは難しい様子であった。

B　書くこと

話題について書く事柄を考え，詳しく書く学習では，書く事柄に悩む様子が見られた。教員と一緒に書く視点を考えると，詳しく書くことができた。このことから，対象児童は事柄を集める視点があると，話題に沿って詳しく書くことができた，と捉えた。

C　読むこと

説明的文章ではドリル（小学部第1学年）やカラーテストで，「いつ」「なにが」等着目する語句が示されている問題は比較的できていた。しかし，説明的文章を読み，主語に着目しながら事柄ごとにまとまりにくくる学習では，児童は，文章を自分でまとまりと捉えてくくることが難しかった。着目する語句が示されないと，考える手掛かりを自分では見つけられない様子であった。このような様子から，対象児童は文章の中で着目する視点がはっきりとしていれば，どのようなことが書かれているのかをある程度理解することができるが，視点が提示されないと，情報同士の関係が捉えられず，話の内容を理解することが難しいのではないかと考えた。一方で，文学的文章では，中心となる人物を捉え，行動の変化を大まかに捉えることができていた。また，小学校2年生の教科書の文章を拾い読みで音読するときがあり，語をまとまりとして捉えて読むことが難しい様子が見られた。

2) 指導目標の設定

対象児童の実態や個別の指導計画を踏まえ，国語科の学習では，目標に示されている資質・能力の一つである「日常生活における人との関わりの中で伝え合う力」を高めることを目指していくことで，児童が周りの人と良好な人間関係を築くことができると考えた。そのために，物事を一方向の視点だけではなく，さまざまな視点で捉えることが必要であると考えた。そこで，国語科における年間での指導目標は，「物事を捉える様々な視点をもちながら，話題を捉えたり，一つの事柄を一つのまとまりと捉えたりすることができるようにする」

とした。

(4) 授業実践

1) 単元名：どんななかまができるかな

　【知識及び技能】（2）情報の扱い方に関する事項　ア

　【思考力、判断力、表現力等】C 読むこと（1）読むことに関する事項　ア

2) 単元の指導目標

　自分なりの視点をもって，語句を共通点でくくり，分類することができる。

3) 指導の工夫

　本単元では，教員が
提示したいくつかの語
句を分類して，仲間（ま
とまり）を作り，仲間
（まとまり）の名前を
考える学習活動をした
（図 3-1）。活動の流れ
としては，語句を自分
で付せん紙に書き，そ
の付せんを A4 のワー
クシートに貼っていく
ことで語句を分類し
た。付せん紙を用いて

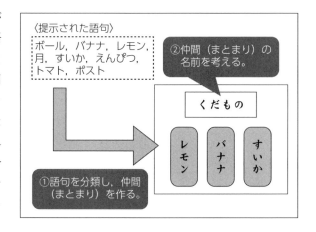

図 3-1　本単元での学習

操作すること，またワークシートの大きさにも配慮することで，児童自身が考
えたことを自分で見てわかったり，確かめたりできるようにした。また，付せ
ん紙を用いて操作する活動は，受け身の学習ではなく，児童自身が主体的に学
習に取り組むことができる学び方であると考えた。さらに，児童が正解するこ
とにだけこだわったり，正解を求めすぎたりしないようにするため，正解を一
つにせず，自由に考えられるような学習課題を設定するとともに，ワークシー
トに貼る付せん紙の枚数も自由とした。扱う語句については，対象児童が自分
なりの視点をもてるように，単元全体を通じて，児童が知っているものを用い
た。また，考えたプロセスを自分の言葉で表現する時間を設け，そのプロセス
を教員が評価するよう意識して関わった。

4) 対象児童の学習の様子と評価

　対象児童は，単元の学習の初めは，「（仲間になる語句は）なにかないかなあ。」や「難しすぎる。」と言いながら，取り組んでいた。単元当初の授業では，いくつかある語句から「すいか」「バナナ」「レモン」を分類し，くだもの」という仲間の名前を考えることができた。しかし，このときに考えられた仲間の名前は一つであった。しかし，他の児童が「バナナ」「レモン」の語句から「黄色」という仲間の名前を考えたことを全体で発表したところ，その後，対象児童は「ポスト」と「トマト」で「赤」という名前や，「ボール」「月」「すいか」で「丸」という名前を考えることができた。他の児童の発言を聞くことで，新たな視点や考えを知り，自分の視点が広がったと言える。

自分の視点が広がったことで，対象児童は複数の仲間の名前を考えることができるようになった。学習を積み重ねるにつれて，対象児童は自分で「イチゴ」「リンゴ」「ブドウ」「カキ」で，「たね」という仲間の名前を考えた。果物を，色や形という視点以外に，種があるという共通点で分類することができるようになった。このような姿から，語句という小さなまとまりではあるが，情報をいくつかの視点で捉えていること，またそうした情報と情報の関係を共通という視点で捉えていくことを理解することができた，と評価した。

(5) その後の対象児童の様子

　その後に行った別の単元では，まとまりにした文章と写真を正しく合わせたり，文章の順序を考えて並び替えたりする学習をした（写真3-1）。児童は，最初は「わからない」「できない」と言ってはいたものの，じっくりと文章を読み，粘り強く課題に取り組んでいた。学習が進むにつれて，「山（という言葉）がある」などと書かれている語句や文を基に，自信をもって自分の

写真 3-1　その後の単元
での学習の様子

考えを述べる姿が見られた。また，友達と考えを交流する場面（児童らは「話し合い」と呼んでいる。）では，「早く話し合いをしたい。」「ぼく，話し合いが好き。」など，考えたことを友達と伝え合うことに意欲的に取り組む姿が見られるようになった。さらに，話し合いでの話がまとまらないときは「先生，もう少し時間をください。」と納得するまで学習に取り組むようになってきている。

(6) まとめ

　肢体不自由のある児童生徒は身体の動かしにくさがあることに加え，感覚や認知の特性，経験や体験の不足があることで，学習に難しさがあったり，人間関係を築きにくかったりする児童生徒がいる。そのため，認知の特性等も踏まえた授業設計が求められる。また，個別の指導計画に基づいて，年間や単元の指導目標や指導内容を設定することはもちろんのこと，児童生徒が授業でどのように学んでいくのかという学び方もとても重要である。学習指導要領では，資質・能力の育成に向けて「主体的・対話的で深い学び」の実現が求められている。そうした学び方を，個々の児童生徒の実態や困難さに合わせて具体化していくことが，児童生徒の成長には欠かせないと改めて感じている。

参考・引用文献
(1) 文部科学省『小学校学習指導要領』2017
(2) 文部科学省『小学校学習指導要領（平成 29 年告示）解説　国語編』2017
(3) 筑波大学附属桐が丘特別支援学校，研究紀要　第 53 巻，2018
(4) 筑波大学附属桐が丘特別支援学校『平成 29 年度・平成 30 年度・令和元年度　文部科学省　特別支援教育に関する実践研究充実事業　研究成果報告書　報告 2　実践編　国語科』2020

　※本実践は，「肢体不自由教育」（日本肢体不自由教育研究会編集）第 253 号に掲載した実践報告を，一部修正したものである。

【事例 4】重度・重複障害児の事例

　本稿では，働きかけに対する応答が微弱な超重症児に対する教育支援の実際（菊池・伊藤, 2019）を紹介する。具体的には，対象児自身の拍動（以下「HR」とする）をフィードバックした活動について，かかわり手がどのようにして対象児への理解を深めようとし，どのようなかかわりの変遷があったのかを整理するとともに，活動中における対象児の自律神経系に及ぼす影響について検討を行った。

(1) 対象児の生育歴と主な障害

　A 病院に入院する B さん（19 歳）を対象とした。筆者らは，B さんが特別支援学校中学部在籍時から継続してかかわりを行ってきた。B さんの診断名は低酸素性虚血性脳症後遺症である。気管切開，人工呼吸器の装着，胃瘻の造設等をしており，超重症児スコアは 29 点である。寝たきり状態で，大村（2004）の超重症児分類では「昏睡」に該当する。顔面神経麻痺の影響で閉瞼困難であるため，両眼はラップで覆われている。主治医からは視力，聴力ともに失われているとの報告を受けている。

(2) かかわりの期間および支援の内容

　X 年 2 月から，週 1 回，約 1 時間程度のかかわりをもった。B さんのバイタルサインに着目し，HR に合わせた働きかけを B さんの身体にフィードバックした。かかわり中は，B さんの右足第一指にパルスオキシメーターを装着するとともに，モーションセンサーカメラで上半身を撮影した。かかわりの具体的な内容は以下のとおりである。まず，かかわり開始前の安静時 HR を測定した。活動は， i ）はじまりの挨拶として「手指の歌」， ii ）B さんの HR に合わせてメトロノーム音の呈示, iii ）音楽, iv ）手首の回旋, の順で行った。iii ）では，ディズニーアニメの挿入歌「とびら開けて」（2 分 4 秒）を用いた。曲の前半 1 分は B さんの HR に合わせて呈示し，後半 1 分は B さんの HR ＋ 5 bpm に合わせて呈示した。iv ）では「ひまわりの約束」（1 番の終了まで）に合わせて手首を 2 拍に 1 回回旋する取り組みを実施した。なお, iii ）と iv ）においては，曲の速度を変更するために DJ コントローラーを用いた。曲の呈示にあたっては，B さんが聴覚障害状態であることをふまえ，肩付近に振動スピーカーを設

置した。

(3) 分析の方法

　今回は，動画記録とパルスオキシメーターによる HR 記録の両方が行われた X 年 6 月から X 年 11 月までの活動（計 16 回）における，ⅲ）のかかわりを分析対象とした。かかわりの最中における B さんの HR 分析にあたっては，安静時 HR（平均 HR 73 bpm）を基準とした。

(4) かかわりの経過と省察

　B さんに対して，かかわりの最中における自身の HR に基づいてテンポを変えた音楽をフィードバックし，自律神経系に及ぼす作用についての検討を行った。具体的には，B さんの HR に合わせて，DJ コントローラーを用いて音楽の速度を追従させ，振動スピーカーで呈示した。

　X 年 2 月から X 年 6 月までは，かかわりにおける音楽呈示の休止時間を設けておらず，振動スピーカーは B さんの肩から首の間に設置されたままであった。そのため，活動と活動の切れ目は曖昧なものであった。X 年 6 月以降のかかわりからは，音楽呈示の休止時間を設けたことにより，以下のような HR の推移が認められた。X 年 6 月 3 日の音楽を用いたかかわりが終了したおよそ 2 分後に，HR の一過性の上昇および下降が認められた。また，X 年 6 月 10 日の音楽を用いたかかわりにおいても，かかわりの終了直後に同様の傾向が認められた。

　この日の動画の振り返りから，HR の推移について，働きかけに対する応答が，呈示直後ではなくしばらくの間を置いて生じるのではないかと仮定した。そこで，音楽を用いたかかわりにおいては，この仮定に基づいてかかわりとかかわりの間の休止時間を長く設けることとした。

　X 年 7 月 1 日のかかわりの振り返りにおいては，上述した HR の一過性の変動が，音楽を用いたかかわり開始時の HR が高い時に生じる可能性があることに気がついた。そのため，これ以降の活動に際しては，音楽を用いたかかわり開始時の HR を確認した上で行うことにした。

　以上のような HR に着目したかかわりを積み重ねていくなかで，この傾向だけでなくかかわり全体の B さんの HR 変動がかかわり開始時の HR 水準によって異なった推移をしているという印象を持つようになった。具体的には，活動開始時の HR 73 bpm を基準として二つに大別されると考えられた。

音楽を用いたかかわり開始時の HR 73 bpm 未満の活動においては,「かかわり開始前」から「＋ 5 bpm」終了にかけて緩やかではあるが,加速方向へ変化し,その後,「音楽呈示後」において 100 sec が経過する頃までにかかわり開始の基線 HR まで戻ろうとするかのように減速方向に変化する(ただし,実際には戻りきらず「音楽呈示前」よりも高い HR に落ち着く)という HR 変動であった。一方で,音楽を用いたかかわり開始時の HR 73 bpm 以上の活動においては,「±0 bpm」中は上昇方向へ変化し,「＋ 5 bpm」になると今度は下降方向へ変化して「音楽呈示後」の 100 sec が経過する頃には,「音楽呈示前」とほぼ同じ HR まで戻るという HR 変動であった。

図 4-1 に音楽を用いたかかわり開始時の HR 73 bpm 未満の活動における 10 sec ごとの平均 HR の重ね書き,図 4-2 に音楽を用いたかかわり開始時の HR 73 bpm 以上の活動における 10 sec ごとの平均 HR の重ね書きを示した。その結果,上述のかかわり中の印象と一致するものであった。すなわち,音楽活動中においては,「± 0 bpm」は,多くの回で上昇方向へ変化しているが,「＋ 5 bpm」では,変化の方向が異なり,その結果「音楽呈示後」100 sec が経過する時点での HR について,一方では戻りきらず,もう一方では戻りきるという結果であった。また,統計検定の結果,音楽活動では「音楽呈示前」と「± 0 bpm」では,B さんの活動中の覚醒を促す可能性のあることが示唆された。

(5) まとめ

自発的な運動が困難な超重症児 B さんに対する支援について,かかわりの経過について整理するとともに,バイタルサインの活用が B さん自身に及ぼす影響について検討を行った。以下では,これらの点についてかかわりの振り返りを行うこととしたい。

まず,かかわりを省察することの意義についてみてみる。今回の取り組みから,働きかけに対する応答がほとんど認められない,自発的な運動が困難な B さんについて,かかわり当初では見いだすことができなかった状態変化を確認できるようになったことが大きな意義として挙げられる。かかわり開始当初,筆者らは B さんの状態変化を捉えるため,HR の一過性反応に着目していた。これは,従来から指摘されている働きかけに対する定位反応の出現動態を確認するためであった。しかしながら,かかわりの最中における 1 〜 2 bpm の小さな変化は確認できたものの,明確な定位反応を捉えることはできなかった。

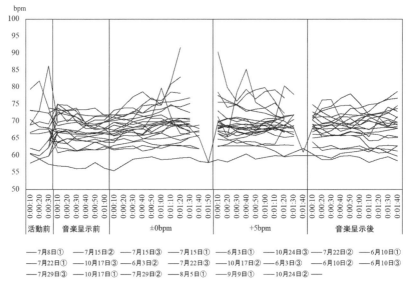

図 4-1　音楽開始時の HR 73 bpm 未満の活動における
10 sec ごとの平均 HR の重ね書き

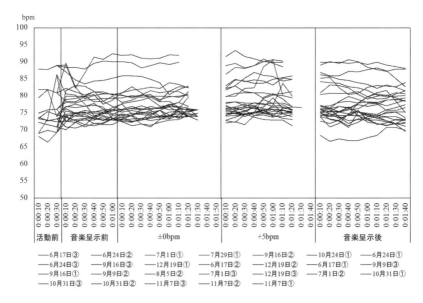

図 4-2　音楽開始時の HR 73 bpm 以上の活動における
10 sec ごとの平均 HR の重ね書き

そこで，かかわりの間における休止時間のHR変動についても着目するとともに，動画記録の見直しもつぶさに行うなど，毎回のかかわりについての省察を重ねたところ，HRVの変化や，実際のかかわりの最中には気がつかないようなきわめてゆっくりとした体幹を伸展する動きが出現していることに気がついた。このことが，かかわりにおける筆者らの視点を変容させ，Bさんの新たな状態変化を見いだすことにつながったものと考えられる。自発的な運動が困難な超重症児に対し，彼らの行動が発現しやすい応答的な環境を設定するとともに，かかわりの省察を繰り返すことは，今後の重症児教育に大きな意義をもたらすものと思われる。

　次に，Bさん自身のHRをフィードバックする意義についてみてみる。超重症児に対する従来の報告をみてみると，そのいずれもが応答的環境を整え，随意であるのか不随意であるのかの判別がしにくい微弱微小な運動をかかわりの糸口としていた。これらの報告は，本来であれば目を向けない，あるいは無視をしてしまうような動きにすら着目し，かかわりの糸口を見いだそうとしている点において，大きな意義があると思われる。しかしながら，不随意運動にまで着目することは，超重症児本人の意思が介在していない可能性も考えられるため，かかわりを行うにあたっては慎重な対応が求められよう。今回の取組においては，こうした点を補うべく，自律神経系の作用である心臓血管系活動に着目した。BさんのHRを本人からの発信と捉え，HRの速さに対応したフィードバックを行ったところ，そのフィードバックに呼応するかのようにHRの変動が認められたのである。今回の結果からは，HRの速さに対応したフィードバックが，本人の覚醒状態に影響を与えた可能性が示唆された。しかしながら，こうした手法やかかわりの内容が妥当であったか否かについては今後さらなる検証が必要であると思われる。

参考・引用文献

(1) 菊池紀彦・伊藤綾野「自発的な運動が困難な超重症児に対するバイタルサインを活用した教育支援の展開」三重大学教育学部研究紀要, 70, 2019, pp.391-396
(2) 大村清「難病主治医の立場から」小児看護, 27, 2004, pp.1249-1253

※本項で紹介した各事例は対象者の了解が取れており，個人が特定されないような配慮がなされている。

用語解説

世界保健機関（WHO：Word Health Organization）

国際連合の事業として保健衛生の分野を担当する機関として，1923 年に設置された国際連盟の保健機関を引き継ぐこととなり，1948 年に現在のようになった。その機能は大別して三つである。① 衛生・情報のセンター的機能および研究活動の拠点，② 感染症および非感染症の疫学と対策，③ 公衆衛生の指導，となっている。

量的発達

知能指数などによって測定されるもので，発達を数量化によって表すことをいう。健常児・者の場合，知能指数は 20 歳から 30 歳がピークとされ，その後減少傾向を辿るといわれている。

質的発達

障害をもつ人の発達に量的発達の視点を持ち込むには無理が生じることもある。そこで，発想の転換を行い，障害をもつ人一人ひとりに焦点を当て，その人の発達の質を重視した捉え方である。この視点は障害をもつ人に限らず，健常児・者にも必要である。

高木憲次（1888-1963）

日本で初めて肢体不自由児の定義をして現行の学術，法令上の用語の基礎を築いた。また「療育」の概念を提唱して医学治療とともに教育の重要性を指摘し，今日の肢体不自由の医療，教育，福祉などに多大な貢献を果たした創始者とされている。現在では，その功績により高木賞が設けられている。

脳性麻痺

主として周産期（注：出生前後の時期を表す）における脳の運動中枢系の障害により肢体の不自由をもたらす。肢体不自由の起因疾患としては，脳性麻痺を含む脳性疾患が大半を占めているが，近年，脳性麻痺とそれ以外の脳性疾患の割合は，同程度になってきている。障害の重度・重複化，多様化に伴い，学校において医療的ケアを必要とする子どもも増加傾向にある。

脳室周囲白質軟化症（PVL）

脳性麻痺の原因となりやすい脳室周囲白質軟化症では，脳室の周囲の白質が軟化することにより虚血状態になり，その周囲を通る神経が働きにくくなる。脳室に最も近接している運動神経は，下肢あるいは体幹に及ぶため，主に両下肢の麻痺が強い痙直型両麻痺になりやすい。

（脳性麻痺児に見られる）認知の特性

近年，教育現場においては，脳室周囲白質軟化症による脳性麻痺児に視覚認

知の障害が見られることが知られ，「認知の特性」に応じた指導の工夫や配慮・手立てが講じられるようになってきている。

燃えつき症候群

被支援者の介護や支援が長期期間継続し，被支援者が混乱や葛藤を超えていくのにあたって，支援者は想像以上のエネルギーを消耗することがある。空によって身体的にも，精神的にも枯渇状態となり，無気力，抑うつ状態に陥る症候群である。

内部障害

身体障害者で定める障害のうち，心臓，腎臓，呼吸器，膀胱・直腸，小腸，HIV感染症，肝臓の七つの機能障害を指す。

中途障害

健常者として生まれてきたが，人生の途上で予期せぬ疾病や事故に遭い，障害を状態をもつことをいう。障害受傷後の障害受容が課題となる。

カウンセリングマインド

カウンセリング場面におけるカウンセラー態度で，主体はカウンセラーではなくクライエントであることを指す。つまり，クライエントを尊重し，クライエントに考えてもらい，クライエントに決定してもらうことをいう。

自己研鑽

専門職であるならば，自分自身に関する専門的な知識を深めたり，技術を向上させていくことを指す。

生涯学習

人がこの世に生まれ，生きている間に学び，学習活動を継続していくことである。また，人がこの世に生きている間に経験することなどを含めて考える。

ヴィジョン

自分自身が近い将来に達成したいと持っている姿，あるいは自分がああなりたい，こうなりたいという将来像を描くこと。将来の夢。未来像。

心理的支援

心理的な症状・悩みを改善させるために実施される支援・治療方法。各心理療法の学派によって，アプローチ方法に大きな違いがある。

クライエント中心療法

カール・ロジャーズによって作られた心理療法。「純粋性・自己一致」，「受容・無条件の肯定的関心」，「共感的理解とその伝達」という基本姿勢をカウンセラーが取ることで，クライエントの悩みの改善を促す。

バンク・ミケルセン

デンマークの社会運動家で，ノーマライゼーションを提唱し，社会省の行政官として知的障害者の福祉向上に尽力した人物。

用語解説

1959 年法

　デンマークで「精神薄弱者及びその他の発達遅滞者の福祉に関する法律」が制定された。知的障害者を対象とするサービスに関する包括的な特別立法であり，その前文に「入所施設内で全体的に行われるか部分的に行われるか地域社会内で行われるかに関わらず，障害のある人たちの状況をできる限り普通の状態に近づけることである」

インテグレーション（統合教育）

　障害者を隔離せず一般社会で共に学び，生活していこうとする理念。

インクルーシブ教育

　多様性を尊重して障害のある子どもと障害のない子どもが共に教育を受けられるようにサポートしながら支えあうこと。

障害をもつアメリカ人法（ADA 法）

　障害をもつ人が米国社会に完全に参加できることを保証したもの。

国際生活機能分類（ICF）

　障害者を含む取り巻く社会的な状況（環境因子）などによって活動及び参加の障壁になるという考えで機能障害はあっても社会の環境を整えることで社会参加ができる。

障害者に関する世界行動計画

　1981 年の国際障害者年の成果をもとに検討されたガイドライン。

アジア太平洋障害者の十年

　国連障害者の十年（1983-1992）最終年評価会議では今後十年の戦略として，「アジア大平洋障害者の十年のための行動計画」が採択された。以後 2 回の延長を行い 2022 年までの行動計画が出されている。

意思決定支援

　自己決定に困難を抱える障害者が，日常生活や社会生活に関して自らの意思が反映された生活を送ることが可能となるように，本人の意思の確認や意思及び選好の推定，最後の手段としての最善の利益の検討のために事業者の職員が行う支援の行為及び仕組みをいう。

日本知的障害者福祉協会

　1934 年（昭和 9 年）日本精神薄弱者愛護協会として知的障害児・者関係施設・事業所で発足された組織。

コロニー

　1960 年代の知的障害者を対象に大規模総合施設として郊外に建設された福祉施策として全国的に展開された。

官公需

　国や独立行政法人，地方公共団体等が，物品を購入する，サービスの提供を受ける，工事を発注すること。

全国社会就労センター協議会（SELP）

　昭和 52（1977）年に全国の障害者の働く施設（旧法授産施設）が結成し

た組織。「SELP」は,「Self Help」からの造語であり,役割として「Support of employment,Living,and Participation」の頭文字であり,就労と生活,社会参加を支援するセンターを意味するものである。

「混合利用」制度

障害の種別を越えて利用できる仕組み。

職住分離の推進

働く場や日中活動の場と暮らしの場をしっかり分けてメリハリをつけ幸福を目指す。

日常生活自立支援事業（地域福祉権利擁護事業）

社会福祉協議会が窓口となって判断能力が不十分な方を対象に福祉サービスの利用,苦情解決制度,行政手続き,金銭管理等の援助を行う。

「我が事・丸ごと」地域共生社会実現本部

平成 28（2016）年 7 月厚生労働省で設置され,地域の住民が役割を持ち,支え合いながら,自分らしく活躍できる「地域共生社会」を目指す。

身体障害者程度等級表 （身体障害者福祉法施行規則　別表第5号）

級別	視覚障害	聴覚又は平衡機能の障害	
		聴覚障害	平衡機能障害
1級	両眼の視力（万国式試視力表によって測ったものをいい，屈折異常のある者について測ったものをいう．以下同じ．）の和が0.01以下のもの		
2級	1　両眼の視力の和が0.02以上0.04以下のもの 2　両眼の視野がそれぞれ10度以内でかつ両眼による視野について視能率による損失率が95％以上のもの	両耳の聴力レベルがそれぞれ100デシベル以上のもの（両耳全ろう）	
3級	1　両眼の視力の和が0.05以上0.08以下のもの 2　両眼の視野がそれぞれ10度以内でかつ両眼による視野について視能率による損失率が90％以上のもの	両耳の聴力レベルが90デシベル以上のもの（耳介に接しなければ大声語を理解し得ないもの）	平衡機能の極めて著しい障害
4級	1　両眼の視力の和が0.09以上0.12以下のもの 2　両眼の視野がそれぞれ10度以内のもの	1　両耳の聴力レベルが80デシベル以上のもの（耳介に接しなければ話声語を理解し得ないもの） 2　両耳による普通話声の最良の語音明瞭度が50％以下のもの	
5級	1　両眼の視力の和が0.13以上0.2以下のもの 2　両眼による視野の2分の1以上が欠けているもの		平衡機能の著しい障害
6級	一眼の視力が0.02以下，他眼の視力が0.6以下のもので，両眼の視力の和が0.2を越えるもの	1　両耳の聴力レベルが70デシベル以上のもの（40cm以上の距離で発声された会話語を理解し得ないもの） 2　一側耳の聴力レベルが90デシベル以上他側耳の聴力レベルが50デシベル以上のもの	
7級			

音声機能言語機能又は そしゃく機能の障害	肢体不自由
	上　　　肢
	1　両上肢の機能を全廃したもの 2　両上肢を手関節以上で欠くもの
	1　両上肢の機能の著しい障害 2　両上肢のすべての指を欠くもの 3　一上肢を上腕の2分の1以上で欠くもの 4　一上肢の機能を全廃したもの
音声機能言語機能又は そしゃく機能のそう失	1　両上肢のおや指及びひとさし指を欠くもの 2　両上肢のおや指及びひとさし指の機能を全廃したもの 3　一上肢の機能の著しい障害 4　一上肢のすべての指を欠くもの 5　一上肢のすべての指の機能を全廃したもの
音声機能言語機能又は そしゃく機能の著しい 障害	1　両上肢のおや指を欠くもの 2　両上肢のおや指の機能を全廃したもの 3　一上肢の肩関節，肘関節又は手関節のうち，いずれか一関節の機能を全廃したもの 4　一上肢のおや指及びひとさし指を欠くもの 5　一上肢のおや指及びひとさし指の機能を全廃したもの 6　おや指又はひとさし指を含めて一上肢の三指を欠くもの 7　おや指又はひとさし指を含めて一上肢の三指の機能を全廃したもの 8　おや指又はひとさし指を含めて一上肢の四指の機能の著しい障害
	1　両上肢のおや指の機能の著しい障害 2　一上肢の肩関節，肘関節又は手関節のうち，いずれか一関節の機能の著しい障害 3　一上肢のおや指を欠くもの 4　一上肢のおや指の機能を全廃したもの 5　一上肢の親指及びひとさし指の機能の著しい障害 6　おや指又はひとさし指を含めて一上肢の三指の機能の著しい障害
	1　一上肢のおや指の機能の著しい障害 2　ひとさし指を含めて一上肢の二指を欠くもの 3　ひとさし指を含めて一上肢の二指の機能を全廃したもの
	1　一上肢の機能の軽度の障害 2　一上肢の肩関節，肘関節又は手関節のうち，いずれか一関節の機能の軽度の障害 3　一上肢の手指の機能の軽度の障害 4　ひとさし指を含めて一上肢の二指の機能の著しい障害 5　一上肢のなか指，くすり指及び小指を欠くもの 6　一上肢のなか指，くすり指及び小指の機能を全廃したもの

身体障害者程度等級表

級別	肢体不自由		乳幼児期以前の非進行性の脳病変による運動機能障害
	下　　肢	体　　幹	上肢機能
1級	1　両下肢の機能を全廃したもの 2　両下肢を大腿の2分の1以上で欠くもの	体幹の機能障害により座っていることができないもの	不随意運動・失調等により上肢を使用する日常生活動作がほとんど不可能なもの
2級	1　両下肢の機能の著しい障害 2　両下肢を下腿の2分の1以上で欠くもの	1　体幹の機能障害により座位又は起立位を保つことが困難なもの 2　体幹の機能障害により立ち上がることが困難なもの	不随意運動・失調等により上肢を使用する日常生活動作が極度に制限されるもの
3級	1　両下肢をショパー関節以上で欠くもの 2　一下肢を大腿の2分の1以上で欠くもの 3　一下肢の機能を全廃したもの	体幹の機能障害により歩行が困難なもの	不随意運動・失調等により上肢を使用する日常生活動作が著しく制限されるもの
4級	1　両下肢のすべての指を欠くもの 2　両下肢のすべての指の機能を全廃したもの 3　一下肢を下腿の2分の1以上で欠くもの 4　一下肢の機能の著しい障害 5　一下肢の股関節又は膝関節の機能を全廃したもの 6　一下肢が健側に比して10cm以上又は健側の長さの10分の1以上短いもの		不随意運動・失調等による上肢の機能障害により社会での日常生活活動が著しく制限されるもの
5級	1　一下肢の股関節又は膝関節の機能の著しい障害 2　一下肢の足関節の機能を全廃したもの 3　一下肢が健側に比して5cm以上又は健側の長さの15分の1以上短いもの	体幹の機能の著しい障害	不随意運動・失調等による上肢の機能障害により社会での日常生活活動に支障のあるもの
6級	1　一下肢をリスフラン関節以上で欠くもの 2　一下肢の足関節の機能の著しい障害		不随意運動・失調等により上肢の機能の劣るもの
7級	1　両下肢のすべての指の機能の著しい障害 2　一下肢の機能の軽度の障害 3　一下肢の股関節，膝関節又は足関節のうち，いずれか一関節の機能の軽度の障害 4　一下肢のすべての指を欠くもの 5　一下肢のすべての指の機能を全廃したもの 6　一下肢が健側に比して3cm以上又は健側の長さの20分の1以上短いもの		上肢に不随意運動・失調等を有するもの

乳幼児期以前の非進行性の脳病変による運動機能障害	心臓，じん臓若しくは呼吸器又はぼうこう若しくは直腸若しくは小腸の機能障害若しくは免疫機能障害	
移動機能	心臓機能障害	じん臓機能障害
不随意運動・失調等により歩行が不可能なもの	心臓の機能の障害により自己の身辺の日常生活活動が極度に制限されるもの	じん臓の機能の障害により自己の身辺の日常生活活動が極度に制限されるもの
不随意運動・失調等により歩行が極度に制限されるもの		
不随意運動・失調等により歩行が家庭内での日常生活活動に制限されるもの	心臓の機能の障害により家庭内での日常生活活動が著しく制限されるもの	じん臓の機能の障害により家庭内での日常生活活動が著しく制限されるもの
不随意運動・失調等により社会での日常生活活動が著しく制限されるもの	心臓の機能の障害により社会での日常生活活動が著しく制限されるもの	じん臓の機能の障害により社会での日常生活活動が著しく制限されるもの
不随意運動・失調等により社会での日常生活活動に支障のあるもの		
不随意運動・失調等により移動機能の劣るもの		
下肢に不随意運動・失調等を有するもの		

級別	心臓、じん臓若しくは呼吸器又はぼうこう若しくは直腸若しくは小腸の機能障害若しくは免疫機能障害		
	呼吸器機能障害	ぼうこう又は直腸機能障害	小腸の機能障害
1級	呼吸器の機能の障害により自己の身辺の日常生活活動が極度に制限されるもの	ぼうこう又は直腸の機能の障害により自己の身辺の日常生活活動が極度に制限されるもの	小腸の機能の障害により自己の身辺の日常生活活動が極度に制限されるもの
2級			
3級	呼吸器の機能の障害により家庭内での日常生活活動が著しく制限されるもの	ぼうこう又は直腸の機能の障害により家庭内での日常生活活動が著しく制限されるもの	小腸の機能の障害により家庭内での日常生活活動が著しく制限されるもの
4級	呼吸器の機能の障害により社会での日常生活活動が著しく制限されるもの	ぼうこう又は直腸の機能の障害により社会での日常生活活動が著しく制限されるもの	小腸の機能の障害により社会での日常生活活動が著しく制限されるもの
5級			
6級			
7級			

ヒト免疫不全ウィルスによる免疫機能障害
ヒト免疫不全ウィルスによる免疫の機能の障害により日常生活がほとんど不可能なもの
ヒト免疫不全ウィルスによる免疫の機能の障害により日常生活が極度に制限されるもの
ヒト免疫不全ウィルスによる免疫の機能の障害により日常生活が著しく制限されるもの（注1）
ヒト免疫不全ウィルスによる免疫の機能の障害により社会での日常生活活動が著しく制限されるもの

備考
1. 同一の等級について2つの重複する障害がある場合は，1級上の級とする．ただし，2つの重複する障害が特に本表中に指定されているものは，該当等級とする．
2. 肢体不自由においては，7級に該当する障害が2以上重複する場合は，6級とする．
3. 異なる等級について2以上の重複する障害がある場合については，障害の程度を勘案して当該等級より上の級とすることができる．
4. 「指を欠くもの」とは，おや指については指骨間関節，その他の指については第一指骨間関節以上を欠くものをいう．
5. 「指の機能障害」とは，中手指節関節以下の障害をいい，おや指については，対抗運動障害をも含むものとする．
6. 上肢又は下肢欠損の断端の長さは，実用長（上腕においては腋窩より，大腿においては坐骨結節の高さより計測したもの）をもって計測したものをいう．
7. 下肢の長さは，前腸骨棘より内くるぶし下端までを計測したものをいう．

（注1）社会での日常生活活動が著しく制限されるものを除く

さくいん

さくいん

おわりに

　読者の皆様，本書を手に取っていただき，いかがでしたでしょうか。
　何かお気づきの点がありましたら，ご意見をお寄せいただければ幸いです。

　本書は，まだまだ不十分なところもあるかと思います。今後も世の中の障害
をもつ人やその家族を取り巻く環境を注視しつつ，実践研究を積み重ねていき
たいと考えています。
　そんな中で，今後も本書の第2版，第3版と，初学者から熟練者まで活用し
ていただけるような，より質の高い専門書を目指していきたいと思います。

　最後になりましたが，ご執筆いただきました先生方に敬意を表すとともに，
企画から編集・出版までご担当いただき，我々をサポートしていただきました
学術図書出版社の杉浦幹男さんに深く感謝申し上げます。

　令和4（2022）年4月

編著　目黒　達哉

石牧　良浩

執筆者一覧 （執筆順）

め ぐろたつ や
目黒達哉　　同朋大学社会福祉学部　　　　　　　　　編集, 序論, 第 10 章
いしまきよしひろ
石牧良浩　　同朋大学社会福祉学部　　　　　　　　　編集, 序論, 第 9 章
わたなべまさ と
渡邉正人　　鳥取大学地域学部　　　　　　　　　　　第 1 章
すず き よしたか
鈴木祥隆　　岐阜大学教育学部　　　　　　　　　　　第 2 章
もりわ か こ
森和歌子　　サンビレッジ国際医療福祉専門学校

　　　　　　　言語聴覚学科　　　　　　　　　　　　　第 3 章
お ぐらやすのり
小倉靖範　　愛知教育大学教育科学系特別支援教育講座　第 4 章
もりさきひろ し
森﨑博志　　愛知教育大学教育科学系特別支援教育講座　第 4 章
き むらしゅんすけ
木村駿介　　静岡産業大学スポーツ科学部　　　　　　第 5 章
しい の ともこ
椎野智子　　立命館大学大学院人間科学研究科　　　　第 6 章, 事例研究 2
たかはし　あや
高橋　彩　　三重短期大学生活科学科　　　　　　　　第 7 章
きく ち としひこ
菊池紀彦　　三重大学教育学部　　　　　　　　　　　第 8 章, 事例研究 4
すが　よし き
菅　吉基　　同朋大学非常勤講師　　　　　　　　　　第 11 章
ひろさわみつゆき
廣澤満之　　白梅学園大学子ども学部　　　　　　　　第 12 章
おおはしてつや
大橋徹也　　同朋大学社会福祉学部　　　　　　　　　第 13 章
つづきひろゆき
都築裕之　　社会福祉法人　若竹荘　　　　　　　　　第 14 章
もり
森つくり　　目白大学保健医療学部　　　　　　　　　事例研究 1
あり い か おり
有井香織　　筑波大学附属桐が丘特別支援学校　　　　事例研究 3

障害をもつ人の心理と支援
－育ち・成長・かかわり－

2022 年 4 月 20 日　第 1 版　第 1 刷　印刷
2022 年 4 月 30 日　第 1 版　第 1 刷　発行

編　　者　目 黒 達 哉
　　　　　石 牧 良 浩
発 行 者　発 田 和 子
発 行 所　株式会社 学術図書出版社
　　〒 113 － 0033　東京都文京区本郷 5 丁目 4 － 6
　　TEL03 － 3811 － 0889　振替 00110 － 4 － 28454
　　　　　　　　　印刷　三松堂（株）